おいしさをデザインする

川崎寛也
Hiroya Kawasaki

柴田書店

はじめに

料理に「デザイン」はなぜ必要か?

WHAT … デザインとは何か

この本は、2012年から『月刊 専門料理』誌上で始まった、料理における科学とデザインの融合を目指した対談連載を中心にまとめたものです。

デザインとは、もともと「計画を記号にする」ことが語源と言われていますが、現代では少し解釈が広がり、モノを作る時に計画を目に見える形に表現することを指します[*]。私は、料理人には「デザインする」概念を理解して、ぜひ自身の料理に活用して欲しいと思っています。

料理は「アート(芸術)」であると言われることがあります。たとえば、モネの「睡蓮」は、スイレンという植物を描いてはいますが、モネが表現したいのは、「光とは何か?」という「問い」であると言われています。つまり、アートは、「問い」を提起することが目的であることが多いようです。

一方、「デザイン」という言葉は、車や電話などの工業デザインなど、外観の印象が強いと思われます。しかし、本当のデザインとは、「物事の本質を見出して、ソリューション(解決策)を提案する」ことです。これは料理においても同じではないでしょうか。

つまり、「おいしい料理」を作るためには、必要な材料や作業の本質的な意味を理解する必要があります。そして、料理の見た目だけのことではなく、お客が何を感じるかを考えて、「本質的なおいしさ」というソリューションを提案することが、私が考える「おいしさのデザイン」です。

WHY … デザインはなぜ必要か

これまで、料理は料理人の勘と経験によって作られると、長く信じられてきました。しかし最近は、料理人は自分の技術を科学的に理解することのメリットを十分に理解しています。料理人の技術を科学的に解明し、それを料理人同士で共有することで、効率よく仕事を進められることがわかってきたからでしょう。そして作業や工程の本質的な意味を理解すればするほど、新しい料理を考えるなどの創造性の高い作業に長い時間を割くことが可能となります。

科学的に理解するとはどういうことか、フランス料理の「デグラッセ」を例に考えてみます。デグラッセの一般的な説明としては、「肉を焼いた鍋にこびりついて残った茶色いもの（スュック）をワインなどの液体で煮溶かす工程」と言えると思います。これを科学的な観点で見ると、以下のようになります。

1…加熱によって変性した筋細胞からアミノ酸と糖を含む肉汁が出て、高温の鍋と触れ合うことで濃縮される

2…濃縮された肉汁がさらに加熱されることで「メイラード反応」という化学反応が起こり、茶色い色素とさまざまな香り成分が作り出される

3…それらの成分をワインに溶かし込む

さて、「デグラッセ」は、ワインではなく油では「行えない」のでしょうか？　また、水で「行ってもよい」でしょうか？

実は、濃縮されたアミノ酸などのうま味成分は水溶性で、メイラード反応で生成される成分も水溶性のものが多いことがわかっています。したがって、油には溶け込まず、油でデグラッセは行えないことになります。

一方、水にはそれらの成分が溶け込みますから、水でデグラッセを行うことは可能です。ではなぜワインが多く使われるかというと、ワインにはアルコールが含まれ、メイラード反応に使われるブドウ糖や果糖が入っていますから、メイラード反応が進みやすく、香ばしい風味が濃厚になるためなのです。

しかし、濃厚だからよいと決まっているわけではありません。あえて水でデグラッセすることでピュアな肉の加熱香が生かされると考えてもよいのです。重要なのは、作業や工程の意味を理解して自由自在にコントロールできることです。そうすることで、自分が表現したい料理を、自分の思い通りに実現しやすくなるはずです。

このように、科学的な考え方をツールとして使い、おいしさをデザインしよう、というのが本書の趣旨です。

★…参考：公益財団法人日本デザイン振興会　https://www.jidp.or.jp/ja/about/firsttime/whatsdesign

目次

おいしさをデザインする

川崎寛也

撮影 大山裕平（p.8-27, 38-47, 116-123, 132-141, 164-181）、
ハリー中西（p.28-37, 48-67）、天方晴子（p.68-87, 142-145, 182-191）、
合田昌弘（p.96-115）、高見尊裕（p.145-163）
デザイン 纐纈友洋
編集 丸田 祐

＊本書は『月刊 専門料理』に掲載した下記の記事に加筆修正を加え、再編集したものです。
連載「おいしさ」をデザインする（2013年7月号〜2015年3月号）
連載「アイデア」をデザインする（2015年5月号〜2016年3月号）
温度をデザインする（2014年7月号）
五味をコントロールする（2015年4月号）
おまかせコースにおける前菜の役割とは（2019年3月号）

1

おいしさを
デザインする

dialogue

#01

with

生江史伸

［なまえ・しのぶ］

no.02 ←…… no.01

theme

塩焼きを超える鮎料理

日本料理の"塩焼き"に匹敵する仕立てをめざし、
シーズンごとにアユ料理に取り組んできた生江史伸氏。
ここでは前年に提供していたアユ料理の構成要素を分析し、
生江氏が実現したい点や課題を整理。
これまでにないアユ料理の創作を試みた。

—

#感覚のデザイン　#感動のデザイン　#日本料理へのリスペクト

デザインするということは、お客がどう感じるかをコントロールすることでもある。料理においては、感覚をコントロールすることで、お客に感動をしてもらうことに他ならない。さらにその感動は、料理人自身が感じているものでないと、表現できないと思う。料理は食べるお客がいての商売だからである。

生江シェフは、日本料理のアユの塩焼きへのリスペクトがあった上で、それを超えるような取組みをフランス料理としてできるか？　ということに挑戦した。表現したいことを先に考えて、それを実現するための調理技術を考えるという、普段と違う順序で考えたと思う。

当時の生江シェフは、おいしさや日本料理らしさを表現することを重視していたが、現在は、自然との共生や持続可能性などの表現へと、大きく変化していると思う。再びアユをテーマとするなら、アユは清流で育つということや、養殖アユをいかに生かすかを考えるなど、まったく違った料理になることだろう。

profile

1973年神奈川県生まれ。大学卒業後、アクアパッツァグループに入社してサービススタッフとして修業を開始。退社後、料理人として都内のレストランに勤め、新規店の立ち上げに携わる。その際訪れた米国でミシェル・ブラス氏の本に出会い感銘を受け、2003年「ミシェル・ブラス トーヤ ジャポン」（北海道・洞爺湖町）に入店。'08年、同店を退社し渡英。「ザ・ファットダック」（ロンドン郊外）でスーシェフとペイストリー部門を担当。'09年に帰国し、'10年9月に「レフェルヴェソンス」シェフに就任。

—

L'Effervescence
http://www.leffervescence.jp

Shinobu Namae

鮎の低速調理〜2012 自家製うるかのヴィネーグルレデュイ、ラディッシュ、小松菜、エストラゴン

皮目をあぶったアユにうるかをぬってサラマンドルで温め、身の甘味と肝の脂肪分や苦味を一体化させた2012年の仕立て。ガストリックにうるかを加えた甘酸っぱいソースを皿の手前から奥にむかって濃度が増すように流し、花穂シソと、蓼酢から連想したエストラゴンを散らした。「日本の『アユの塩焼き』とは、味わいを感じさせる流れが逆なのがおもしろい。塩焼きは、脂を吸った香ばしい頭、苦味のある内臓と甘味のある身、塩気のある尾の順に味わいが淡くなっていきますが、こちらは淡い身から食べはじめ、最後に濃厚なうるかが来るように盛りつけられている――終盤に向けて味を強くしていくデザインになっています」（川崎氏）。

図：「おいしさ」のデザインとは？

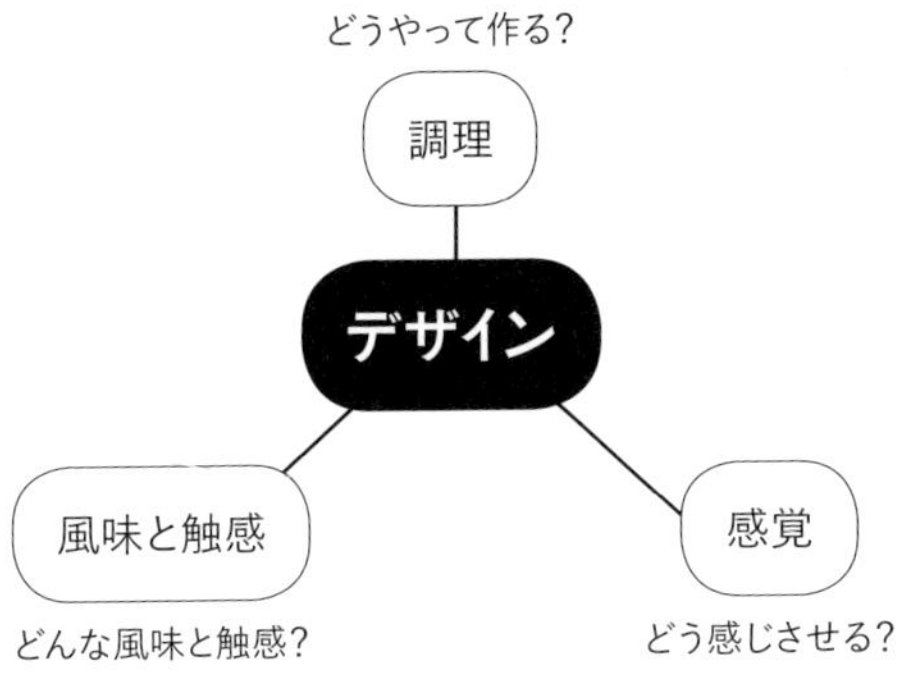

――今月、来月と生江シェフに2品のアユ料理を作っていただきます。今回は、昨年提供されていた品を川崎さんに試食していただきました。

川崎――初めにお話しさせていただくと、料理は「調理」「風味と触感」「感覚」という3つの要素によってデザインされるというのが私の考えです［上図］。そして、各要素を掘り下げて課題を見つけ、最適な解決策を探る。つまり「おいしさ」をデザインすることで、料理の完成度はより高められる――そんな仮説を、生江さんのお力を借りて実証したいと思っています。まず生江さんがこの料理を通して何を表現しようとされたのか、教えていただけますか。

生江――日本人が心の底からおいしいと思うアユ料理は「塩焼き」だという前提から出発しました。アユの塩焼きの魅力である、パリっと焼けた皮の香ばしさ、肝の苦味、そしてふっくらした身の甘さ……これらをフランス料理として一皿にまとめたい。そこで、身はフィレにして皮目をバーナーで焦がし、アユの肝に塩をして真空にかけた自家製うるかをぬって、サラマンドルでさっと焼きました。ソースはガストリックにうるかを溶かしたもの。アユの甘露煮に通じる甘味とコクを意識して濃厚さを出しています。

川崎――非常に意図がはっきりしていますね。では「風味と触感」から考えていきましょうか。触感に関して、頭と骨を使わなかったのはなぜですか？

生江――前菜としてはポーションが大きくなりすぎるのでこの時は省いたんです。ただ、骨の触感もアユの持ち味の一つなので、そこが今年版を作る上での課題かな、と。

川崎――私も触感はポイントだと思います。

生江――頭と骨を使うなら、干してから揚げて、チャンク状に砕いたり……。

川崎――粒子の大きさで、風味を出すタイミングを調整

できそうですね。粗ければ時間がかかるし、細かければ口に含んだ瞬間に味を感じさせられます。後は、アユには「脂」という要素もあると思うんですが。

生江——そうなんです。うるかを作っていて気づきましたが、アユの肝は脂肪が非常に多い。それを料理に生かすため、うるかを身にぬり、ソースにも加えたのですが、さらに強く風味を出したいところです。

川崎——濃縮が足りないのかもしれませんね。

生江——濃縮ですか。うるかを作る時に肝にふる塩を強めにして、水分を出すとか?

川崎——塩の浸透圧を利用する方法だと、細胞からアミノ酸まで溶け出してしまいます。たとえば、低温で加熱しながら混ぜて水分を蒸発させれば、濃縮が進んで濃厚さが出るはずです。

生江——なるほど。すると次は、うるかの脂や苦味をリフレッシュする要素も欲しくなってきますね。

川崎——日本料理では蓼酢を使う部分ですね。蓼酢には酸とタデの辛みによってアユの脂をひと口ごとに洗い流す狙いがあると、「菊乃井」の村田吉弘さんに教わったことがあります。これも「感覚」、つまり「感じさせ方」のデザインと言えます。酸味には甘味、苦味の感じ方を抑制する作用があるので、非常に合理的な考え方ですよね。

生江——そういえばこんなハーブがあるんです。クレソン・アレノアというんですが、辛みが強くてタデの感覚に近いかなと……。

川崎——(食べて)あ、これはおもしろい。ピリピリします。濃縮したうるかのコクに、このくらい強い個性をぶつければインパクトが出るしリズムもつくんじゃないでしょうか。

生江——確かに。だいぶ形が見えてきました。後は、火入れですよね。さらに身をふっくら、しっとりと仕上げたいのですが。

川崎——「調理」の検討ですね。今回の加熱時間はどのくらいですか?

生江——バーナーの後に、サラマンドルで1分ちょっとですね。かなり短いです。調理工程としては時間をかけていますが加熱時間自体は短いということで、低温調理ならぬ「低速調理」と名付けたんです。

川崎——なるほど、そういうことでしたか。ならば次回は、低温・長時間の加熱を検討してはどうでしょう。魚のコラーゲンは牛や豚よりも変性温度が低いので、低温でも溶けて筋線維がほぐれ、身が柔らかくなります。

生江——低温でじっくりと加熱できる熱源ですか。加熱による身の収縮はできるだけ防ぎたいですね。何が考えられるかな……。

川崎——たとえば……ヘアドライヤーとか?

生江——ドライヤーですか! それは新しい(笑)。一度試してみましょう。

デザインの方法論

HOW … どうやってデザインするか

おいしさをデザインするには、料理にどんな「成分」をもたせるか、という観点と、お客にどう「感じさせるか」、という2つの観点が必要になります。

一般的な流れとしては、まず食材があって、それをどう「料理」するかを考えることからはじめると思います。料理という加工によって化学反応が起こり、味成分や香り成分といった「成分」が作られ、それをお客に「感じさせる」ことでおいしさが表現されます。

一方、デザインするということは、その逆のプロセスで、お客にどう「感じさせるか」をまず考え、そのためにどのような「成分」が必要かを考え、最後にどう「料理」するか、を考えるということです。これを「デザイン思考」と言います。言い換えると、お客の求めるものを本質的に考え、半歩先（行きすぎると拒否されるので）を表現することだと思います。

では、「成分」や「感じさせる」ことをどのように理解すればよいのでしょうか。それには、科学的な考え方が重要になります。科学といっても、科学技術と科学的考え方を混同してはいけません。凝固剤などを使うのは科学技術を使っているだけであり、重要なことは、「科学的な考え方」をすることです。

科学とは、物事の成り立ちを本質的に見出す考え方や手法です。その際に重要なのが「因数分解と再構築」という概念です。料理においては、「素材の因数分解」と「調理工程や技術の因数分解」があります。

素材の因数分解とは、素材の特徴や成り立ちを要素に分解して考えることです。たとえば、鶏肉という素材を「皮と筋肉に分ける」とか、「筋肉からうま味成分を分ける」という考え方です。そう考えると、鶏のだしとは、「鶏の筋肉からうま味成分を分けて、水に溶かしたもの」であることが理解できるでしょう。

調理工程や技術の因数分解とは、たとえばオーブン調理（温度を上げて肉のたんぱく質の変性を起こしながら表面にメイラード反応を起こす工程）を、真空調理（低温で肉のたんぱく質を変性させる工程）＋仕上げの加熱（表面を焼き付けてメイラード反応を起こす工程）に分けて考える、というようなことです。

一方、「再構築」はお客がどう感じるかをコントロールするためのもので、何かを表現したいという欲求をもって行う必要があります。クリエイティビティが必要な作業です。たとえば、鴨を骨と肉に因数分解して、骨はだしをとってソースに仕立て、肉はグリエし、皿にソースと肉を盛りつける場合、お客はソースを肉とともに味わうことになります。これは、口の中で鴨の骨と肉を再構築して味わわせていることになるのです。

料理の因数分解と再構築には、時として科学的な知識や技術が必要になります。しかし、それらはあくまで道具の一つだと捉えるべきでしょう。大切なのは、科学的な観点で料理を考えるということです。

参考文献：『デザイン思考が世界を変える』ティム・ブラウン、早川書房

美しい夏の風景〜2013
生き生きと焼いた鮎をその澄んだジュと肝の苦みのガストリックと山山椒のオイル、マンゴー、ラディッシュ、パンプルネル

まず、右上のアユのコンソメを味わうようにすすめる。濃厚かつ清冽なコンソメで期待感を高めてから皿を提供し、歯応えのいいアユの頭のフリット、中骨付きで揚げたフィレ、ヘア・ドライヤーでふっくらと焼いたフィレを順に食べてもらう。うるか風味のガストリックの濃いうま味と苦味、山ザンショウ油をぬったマンゴーの酸味と辛みでコントラストをつけ、皿に散らしたサラダバーネットとラディッシュで軽快なリズムを表現。最後はコンソメの器に注いだ日本酒で、アユの余韻を断ち切って次の料理につなぐ。

業務用ヘア・ドライヤーと非接触式温度計を用いての、アユのフィレの加熱。表面温度40〜45℃を維持するように1分半ほど熱風をあてて、しっとり、ふっくらと仕上げる。身を反らせた時に筋線維がほろりと崩れるようであれば火入れ完了。皮目はバーナーであぶる。

——今月は生江シェフに新作のアユ料理を作っていただきます。この間、お2人はフェイスブックを通じてやり取りを重ねてくださいました。

生江——はい、川崎さんから提案いただいたヘア・ドライヤーでの加熱から付合せの選定まで、そうとう濃密にやりました。ただ、最後の1週間は意識的にやり取りを絶って仕上げたので、食べて驚いていただけると思います。

川崎——それは楽しみです。新たな加熱手段としてドライヤーの活用を考えたのですが、実現するまでにはいろいろな発見がありましたね。

生江——ええ。最初は皮目にもドライヤーで風をあててクリスピーに仕上げようとしたんですが、これが難しくて。

川崎——試行錯誤の過程をまとめたのがこちらです［016頁図1］。全体を見渡すことで見えてくるものがあるかと思って。

生江——失敗例の検証は、多くの学びがあるのでたまらなく好きなんです。皮の加熱にしてもそう。試しているうちに、皮に焦げ目をつけてメイラード反応を起こすとどんな魚もほぼ同じ香りになることに気づき、それよりもアユの身の繊細な香りを生かしていこうという方向性が生まれました。

川崎——そうですね。そして低温で加熱ができ、温風をあてる場所や風力を実際に見ながらコントロールできるドライヤーの有効性も実証できました。

生江——僕にとって大きかったのは、アユの熱変性や加熱法について考えているうちに、皮がパリッとするメカニズムや、アユのどんな特徴を生かすべきかといった問いに自分なりに答えを出せたことです。それにしても、表にしていただいて改めて思いましたが、僕らは本当にたくさんの失敗から、一つの道を選んでいるんですね。

川崎——そうなんです。技術は袋小路に入ることもある。だからこそ重要なのが、コンセプトというか「何を表現するか」というところだと思います。

図1：アユの加熱の検証

部位	調理	評価	メカニズム
身側	ヘア・ドライヤー（以下、ドライヤー）で乾燥	ほの温かく、若干の透明感が残る。食べると火は入っている印象。とても柔らかく、ふっくらした触感	低温の対流熱により、ゆっくりと温度が上昇。身の箇所による温度差が少なく、低温加熱によりたんぱく質の凝縮が強くない
皮目側	身側を冷やしながら、皮目をバーナーで焼く	–	身の温度を上げずに皮のみの温度を上昇させる
	ドライヤーで皮を乾燥。塩をしてサラマンドルで焼く	パリッとならない	乾燥により、皮の組織が緻密になる
	ドライヤーで皮を乾燥。ポワレして、サラマンドルで焼く		
	うるかをぬり、ドライヤーで乾燥。塩をしてサラマンドルで焼く		
	うるかをぬり、ドライヤーで乾燥。ポワレしてサラマンドルで焼く		
	サラマンドルで加熱しながらドライヤーで乾燥	焦げ目が入らない	ドライヤーにより温度が上がらなかった
	バーナーで加熱しながら、ドライヤーで送風	焦げ目は入るが、パリッとはならない	温度は上がった。皮の線維が構造を保てないのは、身が薄いためか

――では、料理の説明をお願いします。

生江――初めに、冷たいアユのコンソメを召し上がっていただきます。

川崎――いただきます。うわっ、肉のコンソメのような強いうま味ですね。余韻でほのかにアユの香りが来て……。

生江――アイス・フィルトレーション［017頁上写真］の手法で澄ませているので雑味なく仕上がったと思います。このコンソメで、「次はアユの料理だな」とお客さんの脳に準備をしていただくイメージです。

川崎――皿の料理は、アユの頭からですね。これも乾燥、揚げ、冷却、再加熱……と多くの組合せを試しました。

生江――その中でもっとも「触感のよさ」を表現できた、低温のオーブンで3時間焼いてから油で揚げる手法で仕上げました。隣の身は中骨を付けたまま揚げ焼きにして、皮目にうるかをぬってバーナーであぶっています。

川崎――頭も中骨もサクッと噛み切れますね。コラーゲンがしっかりと壊れている証拠です。そして、見るからにふわっとしたもう一方の身が……。

生江――ドライヤーを使った加熱、キュイッソン・ア・ラ・カワサキです（笑）。

川崎――（食べて）ちゃんと火が入った感があります。しかもすごく柔らかい。

生江――表面温度が40～45℃を保つように1分半ほど熱風をあてています。これだけ短時間で、低温で火を入れるというのは今までにない手法ですよ。

川崎――コンベクションオーブンだと、低温での加熱は60℃くらいが限界ですからね。科学的に考えて本質をとらえられれば、シンプルなアプローチ、シンプルな機器でも完成度の高い料理が作れる、ということだと思います。それにしてもこのアユ、ソースと合わせるとまたおいしさが増します。

生江――ソースに溶かすうるかを濃縮して、風味が強く出るようにしたんです。

川崎――なるほど。凝縮した風味を点在させることで、〝ヘテロ感〟を出したわけですね。

生江――ヘテロ感、ですか。

川崎――食品化学の分野で用いられる用語で、言い換えると「均一ではない」という意味です。今回の料理で生江さんは、淡くうるかの風味をつけたソースを皿全体に均一に流すのではなく、うるかを濃縮して、スポット的に使われました。これにより時折強い苦味の要素が現れる、つまりバランスが不均一になります。すると、アユの身の甘味やうま味が対比的に増して感じられる――そんな効果が出るんです。

生江――ということは付合せのマンゴーも一役買っているはずです。蓼酢のように酸味でうるかの苦味を洗い流す役割ですが、山ザンショウオイルで辛みをつけています。サンショウを使うのは川崎さんの発案でしたね。

川崎――縄張り意識の強いアユの攻撃性をサンショウの辛みで表現できないかと思いまして。ちょっとコンセプチュアルすぎるかと心配したんですが、この辛みがいいですね。皿全体を通しても、ひと口ごとに風味、温度、触感のコントラストが非常にはっきりしていて、次のひと口への期待感がすごい。一気に食べ進んでしまいました。

生江――ありがとうございます。では最後に、日本酒を召し上がってください。

川崎――ここで日本酒ですか。日本的な素材ということで米をリゾットにして付合せに……と事前に聞いていたのですが、これは日本酒が正解ですね！　アユの余韻が日本酒のアルコールですっと断ち切られて、次の料理を迎え

アイス・フィルトレーションは、コンソメなどのベースとなる液体を凍らせた後、ゆっくりと解凍することにより、液体に含まれるゼラチン質に不純物をからめ取らせて清澄する手法。クリアで凝縮したコンソメがとれる。

図2：ガストロノミーにおける料理人の仕事とは？

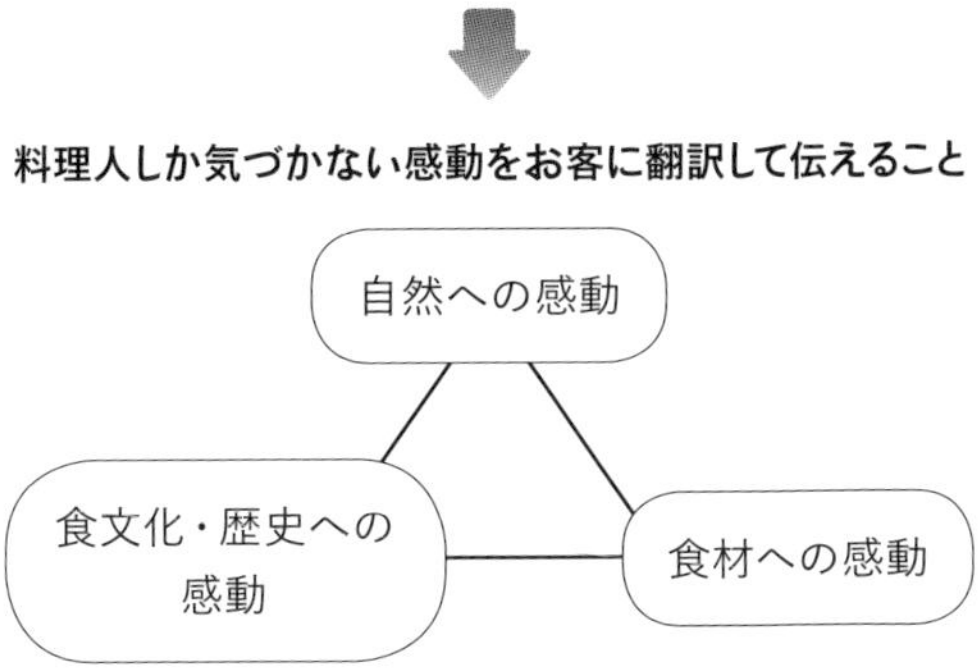

る体勢が整う気がします。

食材への感動をデザインする

――おいしさのデザインという観点では、どんな成果がありましたか。

川崎――私は、ガストロノミーにおける料理人の役割は、「自然」「食材」「食文化・歴史」について自身が発見した感動を食べ手に伝えることだと考えています［図2］。その中でも、今回は生江さんの感じた「食材への感動」にフォーカスし、アユの生かし方を徹底的に考えることができたと思います。

生江――アユを頭、骨、身、内臓とパーツに分解して、別々に調理することで特徴を引き出し、ひと皿に再構築する……。目標としていた日本料理のアユの塩焼きとは異なるアプローチで、アユの魅力を表現できた気がします。

川崎――重要なのは、因数分解したパーツを皿にのせるだけでは再構築にはならないということ。今回のように、それぞれのパーツを食べる順番にも意味とストーリーがあることが必要なんです。

生江――そういえば、川崎さんとのやりとりで印象的なことがありました。僕はマンゴーの青臭さとアユの香りはまちがいなく相性がいいと感じたんですが、両者のフレーバーは科学的にみると同系統ではない。川崎さんに相談したら、「科学がすべてをコントロールするわけではないので、シェフの感覚を信じてください」と言ってくださって。あれで気が楽になりましたね。

川崎――料理に関して科学者にできるのは、仮説を立てるところまでですから。

生江――新しい料理を作る時は、どこか暗闇の中を手探りで進んでいく感じがあるものですが、川崎さんとの仮説・検証の作業で方向性が明確になり、とても動きやすかったです。結果的に盛りつけやストーリー作りに多くの力を注ぐことができました。何より、料理人と科学者が共通の言語を持って共同作業をすることで、「料理はこうあるべき」という先入観から自由になれる。こんなに助かることはありません。

川崎――おっしゃる通りで、科学的思考の重要な点は先入観をなくすということなんです。現象を先入観なく観察し、原理を理解して、効果が同じであれば、道具を先入観なく選択すべき。だからこそ料理として成立させるには技術が必要になる。技術のレベルが上がるとより高い次元でのデザインが可能になり、表現の幅が広がる……料理はそうやって進歩していくのだと思います。

2013年7～8月号掲載

dialogue

#02

with

荒井昇

［あらい・のぼる］

no.04 ＜…… no.03

theme

食文化へのオマージュ

「オマージュ」の荒井昇氏は2013年の取材当時、店を構える浅草という街の歴史や文化を独自に解釈して世界に発信可能な料理に仕立てることを目指していた。この回では荒井氏が好む「山海の食材の取合せ」を出発点に、食文化と食材へのオマージュを表現することを試みた。

#因数分解と再構築　#融合　#食文化の表現　#時間のデザイン　#食材の相性

荒井シェフは、すべてを包み込む優しさを持つようなイメージがある。自身が生まれた環境や食文化を、フランス料理の技術と考え方を使って、ガストロノミーに昇華させようという意図があった。フランス料理の考え方で重要なのは要素に因数分解して再構築していくことだが、それをさらに進めて融合させるために、注意深く食材を選んで味や香りを溶かし込んでいるかのようだ。

この時の料理では、とくに時間変化を重視した。味覚や嗅覚は質と強度の情報だけでなく、「いつ」感じて、「いつまで」続くか、も重要であり、ソースが食材同士のリエゾン（つなぎ）の役割を果たすというフランス料理の基本から、ソースの新たな役割をさらに追求することになった。

荒井シェフはその後、浅草という土地が持つ文化から離れ、より個人の意図を表現した料理をめざすようになった。情報社会の現代において、料理人同士や客との情報共有が進んでいる中、食文化についても新たな考え方が必要とされているのかもしれない。

profile

1974年東京都生まれ。調理師学校卒業後、都内のフランス料理店で修業を積み、'98年に渡仏。「ル・クロ・デ・シーム」（ローヌ）、「オーベルジュ・ラ・フニエール」（プロヴァンス）などで1年間学ぶ。帰国後、洋菓子店で製菓を学び、2000年に出生地の東京・浅草で「オマージュ」を開業。'09年に現在地に移転し、リニューアルオープン。2018年、オマージュの隣接地に姉妹店「noura」をオープン。

HOMMAGE
http://www.hommage-arai.com

Noboru Arai

いわて短角和牛／いちぼのロティ ブルグールと鰻のリゾット添え

赤身の味わいがしっかりとした「いわて短角和牛」のイチボ肉を、赤ワインベースのソース・ボルドレーズの中で加熱。表面にソースの香りをまとわせてから、炭火で焼き上げた。付合せは赤ワインやバルサミコ酢で蒲焼きにしたウナギにブルガー小麦やキュウリを合わせたリゾット風の品。牛肉とウナギを一緒に味わってもらい、「突き抜けた旨さ」（荒井氏）を表現する狙いだ。クネル形のピュレは、ハチミツや米酢で味つけしたキュウリがベース。清涼感と奥行きを感じさせる薬味となっている。

——荒井さんにとって、ウナギは思い入れのある食材だそうですね。

荒井——母の実家が茨城県で川魚料理屋を営んでいたので、ウナギには小さい頃から親しんでいました。加えて、私の店がある浅草はかつてウナギの名産地だったという話を最近知って。江戸時代に、隣の蔵前に年貢米を運ぶために隅田川を行き来する舟から米粒がこぼれ落ち、それをエサに育ったよく肥えたウナギが獲れたっていうんです。それを聞いて自然と、今回のウナギのリゾットが思い浮かびました。

川崎——浅草とウナギにそんな歴史があるとは知りませんでした。ところで、牛肉とウナギを合わせたのはどういう狙いからですか？

荒井——山海の素材を組み合わせると突き抜けた旨さが出るように思うんです。フランスのバスク地方で修業した際、仔羊とイワシ、ウサギとイカなんて組合せに出会って、それが強烈においしかったんですよ。あとは、「土用の丑」と「牛」をかけまして（笑）。

川崎——なるほど、そういうことですか（笑）。そしてフランスでは、牛とウナギは、ともに赤ワインを使う代表的な地方料理がある素材でもありますね。

荒井——はい。牛肉のロティに赤ワインベースのソース・ボルドレーズを合わせるのも、ウナギの赤ワイン煮込み「マトロート」も伝統的な料理。ですから赤ワインを媒介に牛肉とウナギをつなぐことができるんじゃないか、と。

川崎——非常におもしろい発想です。料理には「食材」「食文化」「自然」という3つの要素があり、それぞれへの感動を咀嚼してお客に伝えるのが料理人の仕事だと僕は考えるのですが、今回の荒井さんの料理では、「食文化への感動」が際立っています。しかもそれが浅草という街からフランス・バスクにまでつながっていく。

荒井——そうですね。浅草から、「世界」に向けて料理を作ろうといつも考えています。

コースの流れをデザインする

川崎——ちょっと気になったんですが、コースの中でこうした「食文化」の要素が強い料理を出す場合、前菜には

牛のイチボ肉は、リソレした後にサラマンドルで加熱。次に58℃のソース・ボルドレーズの中で7分間温め（右写真）、炭火で軽くあぶって完成（左写真）。ソースが肉がしみ込むというよりは、表面に赤ワインの風味をまとったくらいの仕上がりになる。

ウナギは赤ワイン、バルサミコ酢、ポルト、フォン・ブランを煮詰めたタレをぬって蒲焼きに。牛肉同様、赤ワインの風味とメイラード反応による香ばしさをつける。

どんな料理を持ってきますか?

荒井――三重県産の岩牡蠣のいいものが入るので（撮影時期は7月初旬）、ブロッコリーのムースと合わせた料理を出しています。

川崎――それは岩牡蠣自体のおいしさをストレートに味わうような……。

荒井――ええ、とてもシンプルな品です。

川崎――やはりそうですか。というのは、コースの流れの中で、食材、食文化、自然という3つの要素は、必ずしも常に等価値である必要はないと思うんです。たとえば、1つの要素、食文化を強調した料理が何品も続くとお客さんは単調さを感じるかもしれない。それを防ぐために、ある料理では食材を強調してみる。また別の料理では自然への感動を強調してみる［023頁図］……そのほうが個々の料理に込めた思いが伝わりやすくなるのでは、と考えたのですが、やはりトップシェフはごく自然にそうしたメリハリをつけているんですね。

荒井――ありがとうございます。でもコースの流れについては、すごく悩んだ時期がありましたよ。僕はアラカルトをベースに修業をしてきたから、コースでも全部の品をおいしく作ろうとしすぎる傾向が強くて。結果、流れが悪くなったりお客さまが食べ疲れしたりということがあったんです。でもあるお店で食事をした時に、それ自体は何ということのない本当にシンプルな品なのに、その後のコースの流れをふり返ると非常に効果的な息抜きになっている料理に出合いまして。メリハリが大切なんだなと痛感しました。

――今回の料理について、技術的な面をふり返っていただけますか。

川崎――牛肉の火入れが特徴的だと感じました。リソレした肉をいったんソースに浸して温めて、それをさらに炭火であぶっていましたね。あれはどういった意図からですか?

荒井――ソースを、牛肉とウナギを一体感を持って食べるための「つなぎ」とするにはどんな調理法が効果的だろう、と考えた結果です。牛肉を漬け焼き風にすることで、蒲焼き風のウナギとの間に統一感を持たせられるのでは、と。

川崎――つまり牛肉とウナギを一緒に口に入れてほしいということでしょうか。

荒井――はい、それを想定しています。

川崎――となるとソースの、つなぎとしての働きが少し弱いような気がしました。とくに、肉に2cmほどの厚みがあるので、一緒に食べた時にウナギのほうが先に口からなくなりますよね。でも、ウナギの香りは残ります。つまり最終的には「ウナギの香りがする牛肉」を食べていることになる。その時、ソースはもうなくなっているから、牛肉とウナギのつなぎとして機能しない。

荒井――なるほど……。

川崎――2つの素材を一緒に食べた時にそれぞれがどう消えていくのかを掘り下げて考えると、荒井さんの意図がより明確に表現できるような気がします。

荒井――言われてみれば、ソースは軽くしたいのでバターでモンテせず、さらっとした感じに作ったんです。もっと余韻を引っ張れるソースにしたほうがよかったのか。

川崎――荒井さん自身、ソースの濃度を高めないとバランスがとれないという課題意識があったからこそ、牛肉をソースに浸けてからあぶるという工程を選んだのだと思います。その考え方は非常に適切ですし、示唆に富んでいます。狙い通りの効果を発揮するためには、口に入

図：皿によってデザインを変えると、コースの中でのメリハリがつく

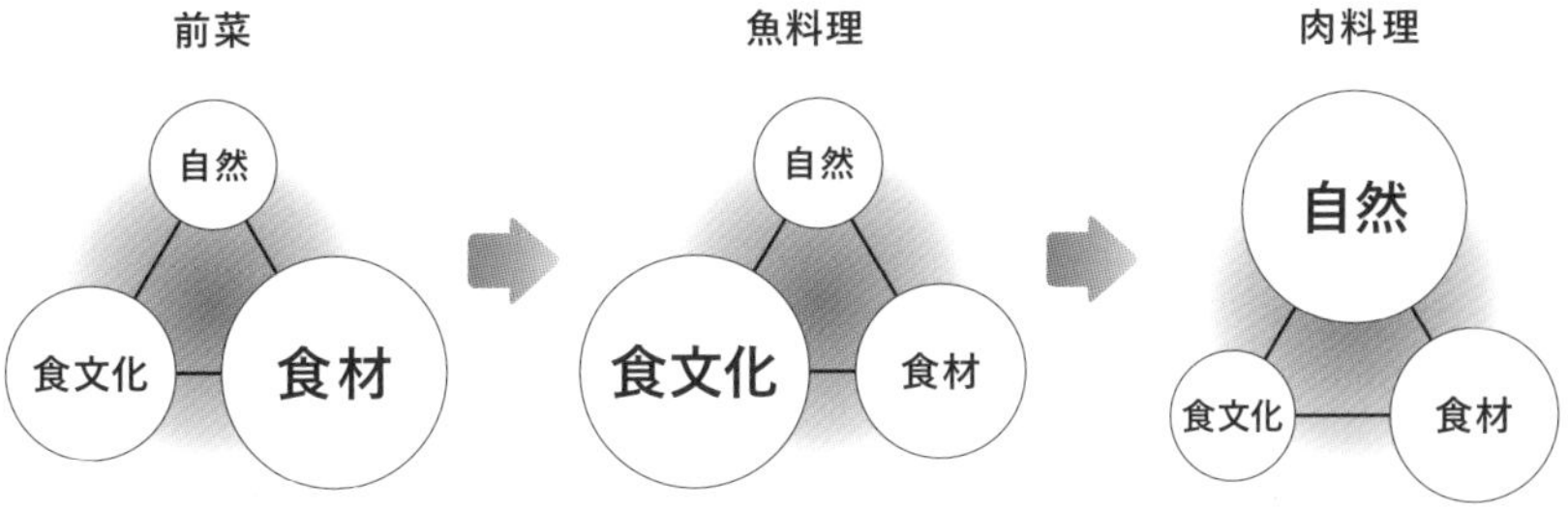

コースの中で、料理ごとに強調する要素を意識的に変えることで、流れにメリハリが生まれる。結果、一つひとつの料理で表現したいポイントを、よりはっきりと打ち出すことが可能になる。右図はその一例。

れた瞬間の味わいだけじゃなく、口の中でソースの風味がどう減衰していくかもデザインしておく必要があるということですね。

日本的アプローチを生かす

——次回の料理は、どんな品になる予定ですか？

荒井——やはり、山海の食材の組合せを自分なりに日本の食文化に落とし込んでいきたいと思っています。今考えているのは、貝のジュで軽く煮たエダマメと焼いた豚肉を合わせた品です。

川崎——それはおいしそうですね。問題はその料理によって何への「オマージュ」を表現するかですが、今度は「食材」への感動ということになりますか？

荒井——そうですね。それも主役は貝でも豚でもなく、エダマメなんです。うま味の塊である貝のジュで、エダマメと豚肉を食べてもらおうと。

川崎——なるほど。それはフランス料理でありながら、日本的でもありますね。

荒井——日本的、ですか？

川崎——ええ。そもそも人が何のために味を感じるかというと、「シグナル」を得るためです。たとえば甘いものを食べると、エネルギーを摂れるというシグナルを脳がキャッチする。エネルギーになる炭水化物には甘味がありますから。同じように、塩味はミネラル、うま味はたんぱく質、酸味は腐敗、苦味は毒物のシグナルと言えます。でも、日本のうどんや野菜の炊合せを考えてみてください。だしのうま味はたんぱく質のシグナルなのに、実際に身体に入ってくるのは炭水化物や野菜、という矛盾が起きていますよね。

荒井——はい。確かに。

川崎——エダマメはたんぱく質の多い豆であると同時に、青臭さのある野菜でもある。貝と豚肉のうま味でエダマメを食べさせようというのは、同じ矛盾を利用した手法と言えませんか？

荒井——なるほど！

川崎——素材を因数分解して、皿に戻して再構築する、というフランス料理的な考えとは異なる、日本的なアプローチだと思います。といっても、荒井さんが料理の中で考えていることを言い換えただけですよ（笑）。

荒井——言われてみると確かにそんな料理を作りたいという感覚でやっています。それを、こんなに掘り下げて考えることができるんだって感激しました。

川崎——荒井さんの料理には、矛盾をはらんだ日本文化の考え方が入っている。なかなかない発想だと思います。とにかく、次回はエダマメが主役ということですね。豆がおいしい料理っていうと何があるかな……。

荒井——エダマメではないですが、カスレとか。

川崎——よし、カスレに勝ちましょう。

荒井——ハードル高いなあ（笑）。でも今日はいろいろと宿題をいただいたので、もう少し練ってみます。

川崎——楽しみにしています！

枝豆のミジョテ／バスク キントア豚のムース／モンサンミッシェル産ムール貝のマリニエール

エダマメの緑に、ラルドのムースの白とムールのオレンジが映える温前菜。フォン・ブランにラルドとムールの蒸し汁を加えて稲わらで香りづけしただしに、エダマメのピュレと塩ゆでしたエダマメを加えて温め、皿に流す。まずはエダマメとうま味たっぷりのソースの組合せを味わってもらい、次にラルドのムースやコリアンダー風味のムールとともに食べるようすすめる。すると、ラルドの油脂とムールのうま味が加わってさらに味わいが補強され、「突き抜けたおいしさ」（荒井氏）に。そしてムースという形状とわらの燻香により、余韻はラルドとは思えないほど軽やかに消えていく。

バスク豚の背脂を塩漬けした自家製ラルドにハーブをまぶし、稲わらで燻す。

――「カスレを超える豆と豚の料理」を荒井さんにリクエストした前回を受けての、本日の取材です。

荒井――えらいことになってしまって（笑）。寝ずに考えて、ラルドとムールでエダマメを食べる品に落ち着きました。

川崎――豚の肉ではなく、脂身を使ったんですね。そこにも意図がありそうです。

荒井――はい。作り方から説明すると、フォン・ブランにラルドとムールの蒸し汁を加えただしにエダマメのピュレを溶かし、塩ゆでしたエダマメを入れて温めます。これに蒸したムールとラルドのムース、サラダをのせて完成です。「カスレにはベーコンを使いますね」という川崎さんの言葉をヒントに、わらを燻した香りを使ったんですがいかがですか？

川崎――（食べ終えて）「とにかくおいしい！」のひと言です。そして、なんて楽しい料理だろうと。わらの香りもとても印象的でした。

荒井――ありがとうございます！　わらはムース用のラルドを燻すのに使ったのと、だしにもオーブンで焼いたわらを浸して香りを移しています。

川崎――だしを飲むと最初にムールのうま味と苦味があり、次にラルドのコクが来る。そして最後に、貝の生臭さをマスキングするようにわらの香りが来て。

荒井――はい。個性的な味わいのだしがエダマメの持ち味を損なわないようにするには、わらの香りでだしの余韻を切るのがいいのでは、と思ったんです。

川崎――エダマメも豆らしさがありつつ、いやな青臭さがまったくなくて。実はフレッシュのエダマメにも、成分的には完熟大豆の青臭いにおい成分が含まれていて、たまにそれを苦手とする人がいるんですが、これならわらの香りのおかげで気にならないと思います。

荒井――よかったです。フレッシュのエダマメのおいしさを表現する料理を作りたかったので。乾燥豆は煮込めば味もしみるし、メイラード反応も期待できるしでイメージしやすいんですが、フレッシュはなかなか……。

川崎――他の素材に負けてしまう？

荒井――はい。最初はムールと豆を混ぜて盛ったんです

右…「干草で香りづけするハムがフランスにあると聞いて」（荒井氏）、木のチップではなく稲わらで燻すことを考えた。**左**…ラルドやムールの蒸し汁の入ったフォン・ブラン。ここに焼いたわらを浸し、3分間ほどおいて香りを移す。

わらの香りのだしにエダマメのピュレを溶かしてソースを作り、塩ゆでしたエダマメを加える。手前の鍋は、仕上げ時に使うコリアンダー風味のムール。

が、ムールがおいしすぎちゃって。それで盛りつけを変えて、豆を食べ進むうちにラルドのムースやムールが出てくる形にしました。

川崎――前回僕たちが得た教訓は、狙った味を実現するには、「口の中でソースや香りがどう消えていくか、持続時間まで考える必要がある」ということでした。それが今回生かされていて、食べ終わるまでの流れがしっかりコントロールされていました［027頁図1］。ラルドをムースにしたのがきいていますね。

荒井――料理に一瞬で溶け込み、ラルドの風味がすっと消える形にできれば、と。ムースによって軽さが出たし、脂っこさを抑えられたように思います。

川崎――あえて肉を使わず、脂身のラルドを活用したのはどんな理由からですか？

荒井――この料理では、食べ手に肉を咀嚼させちゃだめだと思ったんですよ。「肉を食べた」という充実感で、エダマメの印象が薄れてしまいますから。

川崎――なるほど、そうでしたか。聞けば聞くほどこの料理はユニークです。というのは、豚肉を肉と脂に分解して脂のみを使い、肉のうま味の代わりに貝のうま味を用いている。つまり、「脂のコクと貝のうま味」で肉を再現しているわけです。まさに、因数分解・再構築によって素材を表現するフランス料理的なガストロノミーの皿だと思います。

奥深い「相性」の問題

――前回に続き、荒井さんは「山海の素材の取合せ」をテーマにされました。

荒井――やっぱり、山のものと海のものは相性が抜群によくて、突き抜けたおいしさが出ると思いました。

川崎――「相性」というのは、実は科学的にはややこしい問題なんです。荒井さんの助けを借りて考えていきたいのですが、まず、どんな組合せの時に「相性がいい」と感じますか？

荒井――パッと浮かぶのはフォワグラと甘酸っぱいもの、肉と豆、牡蠣と乳製品、チーズと炭水化物……。

川崎――たとえばフォワグラと甘酸っぱいものはどう相性がいいんでしょう？

荒井――フォワグラのコクを酸で切るのと、酸だけでは補えないアクセントを甘味が担っている……。いや、甘味でフォワグラの余韻を引っ張って、それを酸で断ち切るって感じでしょうか。

川崎――では、牡蠣と乳製品は？

荒井――うーん。牡蠣のクリーミーなおいしさを乳製品が引き上げるのかな？

川崎――ハマグリと牛乳や生クリームを使う「クラムチャウダー」もありますし、貝と乳製品は好相性と言える。

荒井――そうですね。なぜかと言われると困るけど、合うと思います。

川崎――そこなんです。なんとなく合うけれど、なぜ合うかの説明は難しい。「相性のよさ」とは何かについて、今のところ科学的には解明されていないんです。「相性の悪さ」は少しずつわかってきているんですけどね。たとえば、ある種の白ワインは牡蠣や魚と合わさると酸化したにおいを増やしてしまう。悪い成分を増やすということは、つまり相性が悪いということです。

荒井――なるほど。においがポイントなんですか。そういえば僕は新しい料理を考える時に、この素材とこの素材を合わせると新しい素材というか、別の食べものにな

図1：味細胞、嗅細胞が伝える情報は強さだけではない

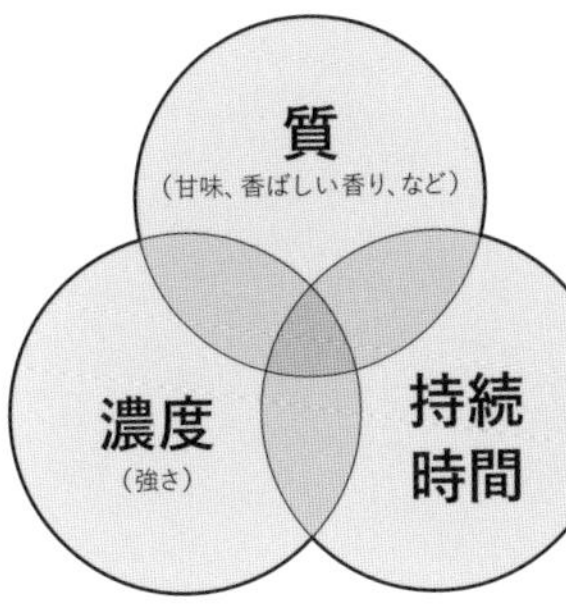

荒井氏はラルドを軽いムースに仕立てることで持続時間をコントロールし、脂っこい余韻を短時間で断ち切ることを狙った。

図2：「相性」の考え方

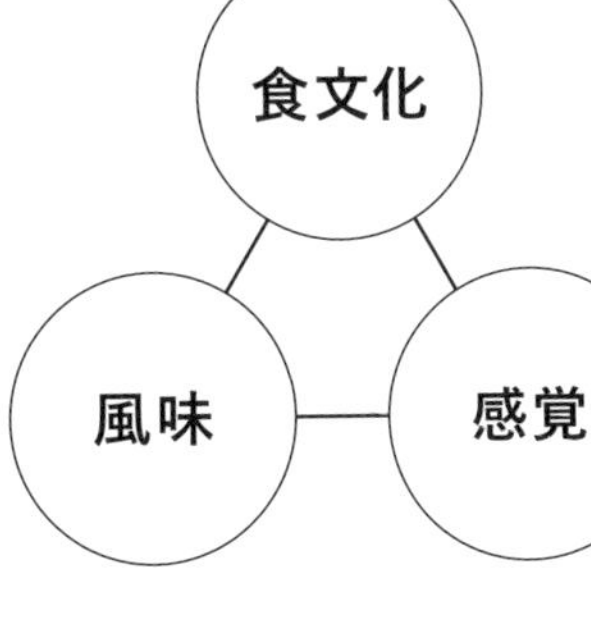

科学的に全容が解明されたとは言いがたい「相性」。図のように食文化、風味、感覚という3つの視点から考えると、料理の幅が広がる。

らないかなと考えるんですが、その際に、においを重視することが多いかもしれません。

川崎――やっぱりそうですか。仮に2つのにおいを一緒に嗅ぐとしますよね。すると人間の脳は、もとの2つのにおいとは別の新たなにおいとして感じ取るようにできているんです。これが味との違いですね。味は、塩味と甘味を一緒にしても甘塩味になるだけですから。

荒井――言われてみるとそうですね。

川崎――他に「フレーバー・ペアリング」というものもあって、これは共通の香り成分を持つ食材同士を組み合わせる手法です。現状では共通の香り成分があれば相性がいい、ということまでは証明されていないんですが。ただ、「ファット・ダック」のヘストン・ブルメンタールがこの手法を使ってホワイトチョコレートとキャヴィアを合わせた料理を作ったように、固定概念をはずして新たな組合せを試すきっかけになる、という意義はあると思います。

荒井――そこまでくると、おいしいと感じる人もいれば、やりすぎだよと思っちゃう人もいるだろうし、受け手の感覚次第になってきそうですね。

川崎――そういう点も含め、現状では相性というものを、「食文化」、「風味」、「感覚」という3つの要素に分類できるかな、と思います［図2］。まず「食文化」は、昔からその土地で食べられている素材同士の組合せですね。京都の「にしん茄子」とか、なぜかわからないけど相性がいいとされるもの。今回荒井さんが使った豚と豆も、フランスの郷土料理、カスレがベースにあるという意味でここに分類されると思います。

荒井――「同じ産地で採れたものはおいしい」って言いますし、実際そんな気もするし。テロワールってことですね。

川崎――次の「風味」はフレーバー・ペアリングに代表される物質レベルの話です。最後の「感覚」は、風味を強めたり弱めたり、悪い風味をマスキングしたりしてバランスをとるということ。これが相性の分類の仕方の一つじゃないかな、と思います。

荒井――わかりやすいですね。3つの要素を組み合わせて考えると、ずいぶん料理が考えやすくなりそうです。いやあ、でも相性問題は奥が深いですね。

――全体を通しての感想をお願いします。

荒井――これまでの料理観が変わるくらいおもしろかったです。僕自身が持っていた感覚的な問題点を川崎さんに具体的な課題として見せていただき、それを1つずつクリアしていく……ひと皿の料理が完成していくプロセスってこうだよなと改めて感じました。

川崎――僕もとても刺激的な体験でした。荒井さんのように自分の感覚に正直に、おいしいと思うものを作りたいと考える料理人が今後増えていくと思うんです。伝統的な料理もヒントにしつつ、新しい料理を作り、コース全体をデザインしていく姿勢が今以上に求められてくるのかな、と思いました。

荒井――コースの流れの見直しは、すごくやりたいんです。それこそ主菜の肉を最初に持ってきたら？　とまで思っていて。でも今回の料理に1ヵ月かかったので、全体となると……。スピードアップが大前提ですね（笑）。

2013年9〜10月号掲載

dialogue

#03

with

藤田政昭

［ふじた・まさあき］

no.06 ←…… no.05

theme

イタリア伝統料理のジレンマ

「ラチェルバ」のオーナーシェフとして
イノベーティブなイタリア料理に取り組む以前、
トラットリアで地方料理の本質的な意味を掘り下げていた時代の
藤田政昭氏が、パスタを題材に「伝統料理の枠」について考える。

#伝統料理のデザイン　#丸い料理　#伝統料理の枠
#20年後の伝統料理　#チーズとオリーブオイルを使わない

イタリア料理は伝統料理、地方料理の集まりとされているが、それを呪縛のように感じている料理人もいるようだ。当時の藤田シェフもそうだったのかもしれないし、今の若い料理人はさらにそれを感じているかもしれない。

イタリア料理はさまざまな要素を融合して全体を「丸い」印象にするというデザイン上の枠がある。それは守るべき枠であろうから、逆にそれさえ守れば、新たなチャレンジを受け入れてくれるのが、伝統料理の懐の大きさだろう。

伝統料理は、人間が本質的においしいと思う料理が、自然に残ってきたものである。意図的にそれを作り出すことができれば、将来伝統料理として残る料理をデザインできるという可能性を、この回で示せた気がする。

profile

1973年奈良県生まれ。大学卒業後、大阪のイタリア料理店を経て渡伊。3年半の滞在中、「ダ ヴィットリオ」（ベルガモ）、「ミラモンティ ラルトロ」（ブレシア）をはじめ各地で修業を積む。帰国後の2007年、大阪・南森町に「タベルナ・デッレ・トレ・ルマーケ」を開業。'15年、同・北新地に移転し、「ラチェルバ」をオープン。
★取材時は「タベルナ・デッレ・トレ・ルマーケ」オーナーシェフ。

LACERBA
http://www.lacerba.jp

Masaaki
Fujita

アニョロッティ・ダル・プリン

水を加えず小麦粉と卵の味を強調した、ツルンとした触感のパスタ生地、仔牛やウサギなど白身肉主体の詰めもの、ゆで上げ後にすりおろすパルミジャーノのうま味、セージの香りを移したバターのコク……すべての要素が突出せず一体となった、穏やかながら奥深い味わいのパスタ料理。作り方によっては家庭的で素朴な味わいにもなりがちなこの品を、薄くのばした生地に淡い味わいの詰めものを合わせ、シンプルかつ完成度の高いレストランらしいひと皿に仕上げた。

1

2

――藤田さんには今回、「アニョロッティ・ダル・プリン」（以下、アニョロッティ）をお作りいただきました。

藤田――アニョロッティはイタリア北部ピエモンテ州の伝統的なパスタで、最近は日本でも見る機会が多くなりました。僕もいろいろなところで食べたんですが、店ごと、料理人ごとに技術や理解度に差があるのを感じて。でも、メディアでそこが語られることはあまりないなあと思っていたんです。

川崎――確かに、「イタリア地方料理＝マンマの味」と大雑把にくくられがちですね。

藤田――でも地方料理の中にもちゃんと技術が詰まっているし、作り手によって大きな差が出るものだと思います。それで、僕はこのように伝統料理をデザインしている、というのがわかる料理としてアニョロッティを選びました。

川崎――私も実は、伝統料理のデザインという点が気になっていました。今回は、藤田さんとのお話を通して、イタリア料理の料理人がどのような要素を使って「伝統」を表現しているかを、明らかにできればと思っています。

「丸い料理」で伝統を表現

川崎――ではまず、藤田さんが考える、「これをはずしたらアニョロッティではない」というポイントを伺えますか。

藤田――何より、パスタ生地のツルッとした触感と、指でつまんだような形ですね。アニョロッティは「羊の群れ」、プリンはピエモンテの方言で「つまむ」という意味で、成形したパスタを集めた姿が羊の群れに似てるから……と聞いたことがあります。

川崎――なるほど。味つけはどうでしょう。パルミジャーノ、セージ、バターがあって……。詰めものは今回は仔牛とウサギが主体でサルシッチャを加えていましたが、他の肉を使うこともありますか？

藤田――より力強い味わいにしたい時は牛肉を使ったり、サルシッチャを多くしたりします。その場合は全体のバランス調整が必要ですね。生地を心もち厚くしたり、詰めものに負けないようソースを付け加えたりすることもあります。

川崎――詰めもののうま味の強さに合わせて、他の要素も強さを一段階引き上げる、ということですね。

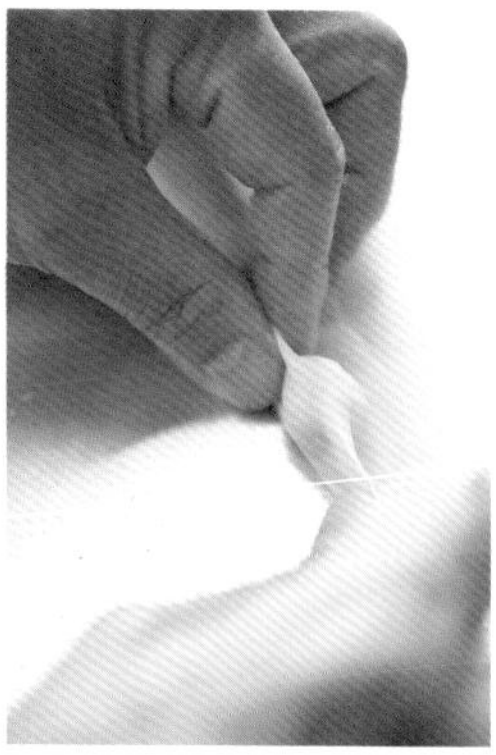
3

4

5

1…中力粉と卵、塩をこねてまとめた生地を厚さ0.5㎜にのばし、ラップ紙で密封して冷蔵庫で締める。2…詰めものは仔牛と仔ウサギの肉にサルシッチャ、タマネギ、鶏のだしを加えて炒め、リゾットを合わせたもの。オーダーが入ったら生地に4㎝間隔で絞り出す。3…生地をかぶせ、詰めものの両端をつまんで密着させる。4…波形カッターで切り離し、塩湯で30秒間ゆでる。5…セージバターで和え、パルミジャーノをふる。

藤田――はい。僕は今回はメイン料理用に仕入れた仔牛の端肉を使ってレストランらしい仕立てにしようと考え、詰めものを繊細で淡い味わいにして、生地も薄めにしています。

川崎――詰めものにリゾットが入っていましたが、伝統的なレシピですか?

藤田――ええ。ピエモンテが米の産地なので。ただ、リゾットは味わいを増すためというよりは、詰めものの触感をよくするという側面が大きいです。

川崎――なるほど。それに、米を入れることによりピエモンテ料理らしさが増すという効果もあるでしょうね。ここでちょっと整理すると、アニョロッティと呼ぶための条件は、パスタの触感と形、それと一体化するような詰めもの、パルミジャーノやバターのコク、セージの風味、そして米の持つ情報というか地方感というか……。

藤田――あと、大事なのがバランスです。食べた時、詰めものが強すぎて「肉を食べた」という感覚になるのも、逆に生地の触感だけが残るのも避けたい。

川崎――バランスが重要というのは、料理をいただいてすごくよくわかりました。言い換えれば、「皿の中で、何も際立たせない」ということに力点がおかれた料理だと思ったのですが、いかがでしょう?

藤田――あ、そうかもしれないです。パスタ料理全般に言えることですが、無意識のうちに、突出した要素のない「丸い料理」を作ろうとしていますね。「パスタは一体感が命」というのは、イタリア料理人にとってのDNAなんじゃないかな。

川崎――やっぱりそうですか。これがたとえばフランス料理だとある種の明確さがあって、この部分を尖らせたい、この食材を強調したいと考え、そのために技術を選択するのが一般的です。ところがイタリア料理、中でもパスタ料理は全体を丸くするために技術を使う。だから、食べた後の印象が「あの食材がおいしかった」ではなく、「何かわからないけどうまかった!」という感覚になるんじゃないでしょうか[033頁図]。

藤田――まさにそれをめざしています。

川崎――これは僕の考えなんですが、人間が最初に作った料理は、「ポトフ」のようなものだったと思っているんです。肉や野菜を一緒に水で煮込み、一緒に食べる――まさに「丸い」料理です。これをだし汁と具材とに因数分解して、濃縮したり、他の具材と組み合わせたりという再構築をくり返す中で、料理のバリエーションが爆発的に増えていったんじゃないかと。

藤田――なるほど。

川崎――でも藤田さんのアニョロッティをいただくと、イタリア料理には古来の料理が持っていた「丸い形」が今も残っている、という気がしてきました。伝統の表現方法としても食材の表現方法としても、そこをわかって作るかどうかで大きな差が出てきそうですね。

あえて「バランスを崩す」

川崎――それから、イタリア料理で大きいのがチーズの存在だと思います。パスタ=炭水化物と肉=たんぱく質の組合せに、おいしさのベースとなるパルミジャーノの強いうま味とバターのコク、さらに今回のようにセージの香りや米を使った伝統表現までが加わる。誰もがおいしいと感じる要素をこれだけ持っているからこそ、世界中に広まったんじゃないでしょうか。

藤田――そう聞くと、何となく中国料理と似ています

図：パスタ料理における伝統の表現方法

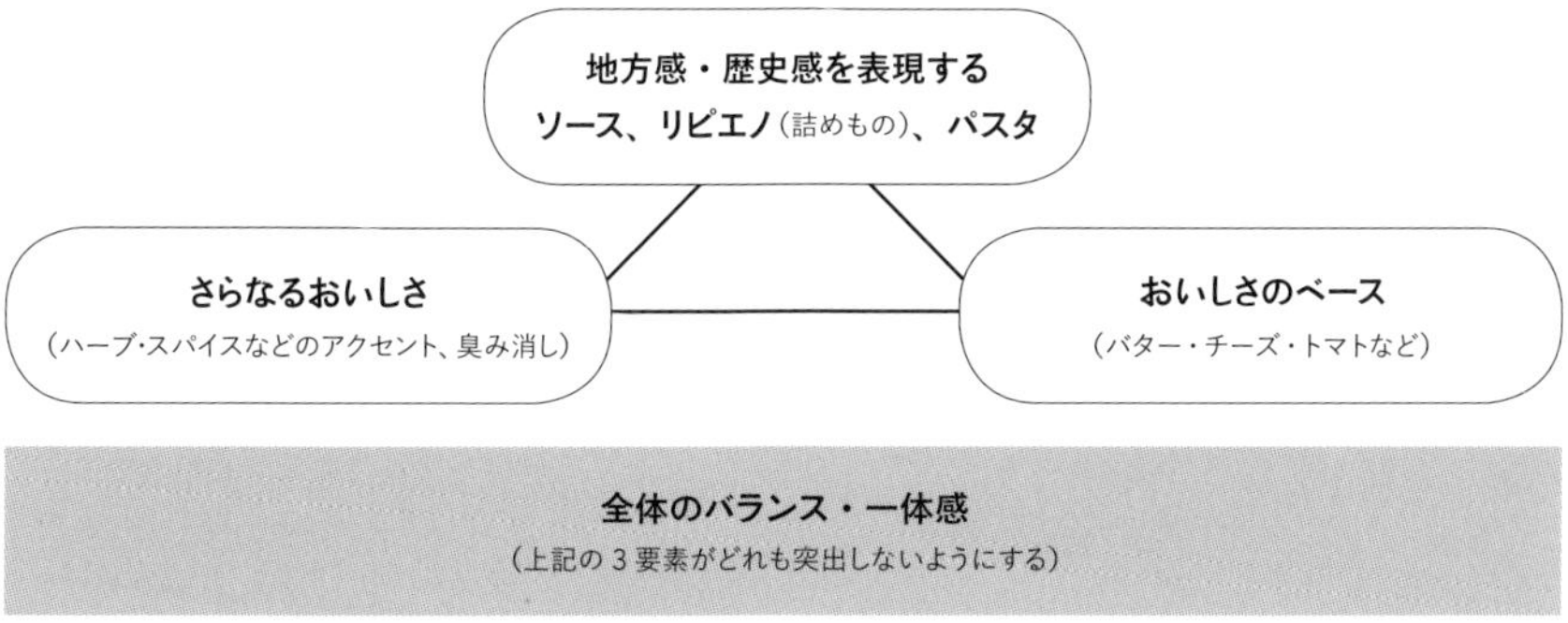

ね。だから中華も世界に広まったのかな。地方ごとに料理のタイプが大きく変わるのも、共通していますし。

——中国料理同様、特定の地方の郷土料理を専門に扱うイタリア料理店が最近は増えているようです。

藤田——僕も最初はもっと郷土色強めでやっていたんですが、徐々に自分の色を出した料理を増やすようになりました。というのは、伝統料理にはある地点で技術的に止まっている部分があるように思えてきて。それは伝統料理の完成度の高さの裏返しでもあるので、イタリア料理の料理人としては喜ぶべきかもしれない。しかし別の見方をすると、伝統料理とは常にディティールの革新や変化を重ねて積み上げられた歴史の結果でしょう。であるからこそ、それを学んだ現代の料理人は、立ち止まらずに一歩前進してもいいのではないか？ 10年先、20年先を見すえて、伝統を越える技術と知識を磨かないと生き残っていけないのではないか？ そんなことを思い、伝統料理に取り組みつつ、自分の料理も作っていこうというのが今の状態です。

川崎——伝統料理の完成度を高めるという方向性もあれば、それをベースに新たな料理を作り出すという方向性もありますよね。たとえば、バランスを重んじるパスタ料理だからこそ、あえてバランスを崩してみるという考え方があってもいいのではないでしょうか。

藤田——ええ、そう思います。ただ、今日も見ていただいたようにイタリア料理には必ず伝統的な原形があって、その完成度がまた高いので、原形をどう崩していくかが難しいところです。崩しすぎるとアニョロッティとは名乗れないし、それは僕自身したくない。伝統のアニョロッティをどう変えるか、どこまでなら変えられるか、悩みどころです。

川崎——ある種、日本料理の料理人が持つのと同じ悩みかもしれませんね。『専門料理』のインタビューで「瓢亭」の髙橋英一さんがおっしゃっていました。「伝統から片足は出してもいい。でもそれ以上飛び出たらあかん」と（2013年1月号）。

藤田——その言葉は身にしみるなあ……。

川崎——明文化されているわけじゃないけれど、そこにいる人には感じとれる枠みたいなものが日本料理にもイタリア料理にもあるのかな、と思います。

藤田——でも、パスタ料理でバランスを崩すという発想は今まで持ったことがなかったので、ぜひ試してみたいです。「これはアニョロッティだな」とわかる形は残しながら、食べてみるとこれまでのアニョロッティとは何かが違う……そんなイメージで。やってみたら結局、「丸い料理」になってしまうかもしれませんが（笑）。

川崎——自分の中で完成度を高めるために、おいしくするためにこうしてみた。すると最終的に元の形に戻ってきた、ということでもいいと思うんですよ。その過程の藤田シェフの葛藤を、ぜひ知りたいなと思います。

白子のアニョロッティ・ダル・プリン タラ、ジャガイモ、トリュフ、うずら豆

アニョロッティ・ダル・プリンの生地に、ふわりとした口あたりのマダラの白子を詰め、ジャガイモ、タラの塩漬け、ケイパーといったピエモンテの伝統的な食材を合わせたソースと、穏やかなコクのあるウズラマメのソースを流した。ソースや仕上げにふんだんに用いたトリュフが、ジャガイモと合わさることで土臭い素朴さを、白子と合わさることで洗練された味わいを表現。チーズやバター、オリーブオイルをいっさい使わずに、奥行きと滋味深さを感じさせる一皿に仕上げている。

アニョロッティ・ダル・プリンの生地にゆでた白子を詰める。「日本の冬の食材だからではなく、触感にチーズとの共通性を感じたので白子を使う――その理由づけも重要でした」（藤田氏）

――今月は「アニョロッティ・ダル・プリン」（以下、アニョロッティ）のアレンジ版を作っていただきました。

川崎――先月の伝統的な仕立てと比べて、見た目にも大きく変わりましたね。

藤田――前回出た「伝統から片足だけ踏み出してみる」という話が頭に残っていて、伝統的なアニョロッティに敬意を払いつつ、自分なりに変化を加えることを意識して作りました。

川崎――前回はセージバターで和えていましたが、今回はソースがあります。

藤田――はい。トリュフ風味のジャガイモのソースとウズラマメのソースに、ケイパーで酸味のアクセントをきかせています。

川崎――ソースの中の白いものは？

藤田――軽く塩漬けしたマダラの身です。タラあるいはバッカラ（塩蔵のタラ）とジャガイモはイタリア全土でよく使われる組合せですし、ケイパーはピエモンテ料理に欠かせない食材です。

川崎――伝統表現の一貫なんですね。

藤田――詰めものも仔牛とウサギ肉から、マダラの白子に変えています。

川崎――白子ですか！　イタリアでもよく使う食材なんですか？

藤田――あまり聞かないですね。ふと、溶けたチーズと白子の触感が似ているなと思いつき、そこから組み立てていったんです。「白子は〝片足〟の範疇を越えているかな？」という考えも頭をよぎりましたが、最終的にイタリア料理に着地させることができれば、と。

2つの味わいを時間差で表現

川崎――ではいただきます。（食べて）あ、おいしいです、これ。ほんまにおいしいなあ。

藤田――ありがとうございます（笑）。

川崎――おもしろいのはパスタの役割の変化ですね。前回はパスタが料理の主役的な存在でしたが、今回はその比重が下がっていませんか？

藤田――そうなんです。たとえば中国料理でワンタン

右…マダラの白子を包丁で叩き、葛粉を加えてゆるくまとまる状態に粘度を調整。これをさっとゆがいて火を入れる。**左**…ザルに上げて水気をきり、詰めものに。あえて裏漉しせず、触感を残して仕上げる。

塩ゆでしたアニョロッティ・ダル・プリンをトリュフペースト入りのジャガイモのソースで和える。

スープを食べた後に「ああ、炭水化物を食べたなあ」とは思わないじゃないですか。パスタ料理でも同じように、たまたま一要素として炭水化物の生地がある、というバランスがあってもいいのかな、と思って。

川崎――その狙いがまさに実現されていますね。パスタがソースと詰めものを隔てる境界線の役割を担っていて、ソースと詰めもの、それぞれを中心とした二重の円による調和と、時間差による味わいの変化が生まれています。

藤田――というと?

川崎――前回、伝統的なアニョロッティを「丸い料理」と表現しました。パスタの触感、パルミジャーノのうま味やバターのコク、詰めものの味わいが全体として一つの円のように調和し、一体感を持ってまとまっている、と。

藤田――はい、そうでした。

川崎――一方今回は、まず一つ目の円としてジャガイモのソースとパスタ生地がありますが、パスタ生地はすぐに弾けて、詰めものの白子の味わいが出てきます。これが2つ目の円ですね。図にするとわかりやすいでしょうか[037頁図]。ポイントは、その間、トリュフの香りとタラのうま味はずっと続いていて、全体に統一感を与えていることです。それにより、最初にトリュフとジャガイモで土臭い田舎っぽさを感じさせ、次にトリュフと白子で一気に都市の洗練を表現する――そんなデザインになっているように思うんです。

藤田――なるほど……。一つの料理に2つの円が重なっているというのはその通りかもしれません。それ自体を意識していたわけではないけれど、「パスタはソースと詰めものをつなぐ役割にしよう」という意識が確かにありました。

川崎――まず「何を表現したいか」というデザインを考えてから「どう作るか」を考えられた結果でしょう。「パスタは生地を主役として食べるもの」という常識を変えたことが、今回もっとも重要なコンセプトチェンジだったんじゃないでしょうか。

藤田――パスタ料理の枠の中で、こういう形でバランスを崩せるというのは僕にとっても発見でしたね。

伝統料理も最初は斬新だった

川崎――今回は、チーズもオリーブオイルも使われていないんですね。

藤田――ええ。前回川崎さんに「イタリア料理はチーズとオリーブオイルに頼りすぎではないか?」と指摘されましたよね。それで悔しかったというのじゃないですけど(笑)、確かにそうした素材を使わずにイタリア料理を作れたらおもしろいと思ったんですよね。

川崎――それは失礼しました(笑)。チーズにしろオリーブオイルにしろ何百年もかけておいしさが実証されてきた素材ですから、これを活用しない手はない、という考え方もよくわかります。でも、無条件に伝統を受け入れるというのもどうなんだろう、と。食材の役割をきちんととらえておいしさの本質を突き詰めて考えれば、今よりも素材の選択を広げることができるかもしれない。すると料理のクオリティがさらに上がるのではないか……そんなことを考えていたんです。

藤田――わかります。僕らがイタリアで修業して見てきたことは、イタリア料理の長い歴史から見ればほんの一コマにすぎない。進化の途中のある部分を見ただけで、「これがイタリア料理だ」と決めつけるのはもったいないことですよね。伝統料理を越えていこうとする力も必

図：パスタ料理と2つの円

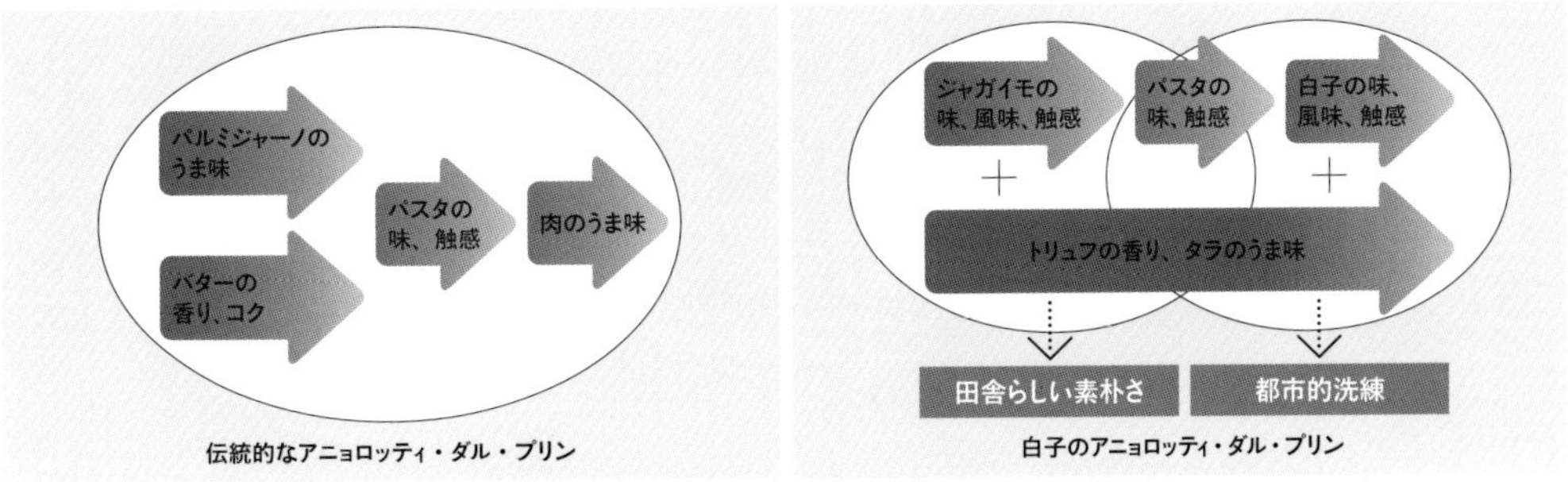

一品の料理に2つの「円」を時間差で感じさせることで、伝統料理的な調和から、都市的洗練への変化を表現する

要なんだと思います。

川崎――仰る通りです。

藤田――そのうえで、やはり「踏み出すのは片足にとどめる」ことが大切だと実感しました。白子を使ったのも、チーズに似た触感があってうま味はそこまで強くない食材は？　生地と詰めものの最適なバランスは？　と全体の調和を考えた結果であって、「日本の冬の季節感を出したい」という発想からではなかった。その結果、チーズもオリーブオイルも使わずに納得のいくイタリア料理ができたことが、自分にとっては大きな成果でした。

川崎――それはすばらしいです。実際にいただいた感想としても、「イタリアの伝統料理です」って言われたら信じてしまいそうなくらいに「イタリア料理」でしたから。

藤田――実は僕も、「これは向こうのリストランテで出てきてもおかしくないな」と思いました。

川崎――そうでしょう。クリエイティブで、同時に伝統料理の堅固な基盤を感じさせる料理でした。そもそも、今では伝統料理とされている料理も、もとを正せば過去のある時代に一人の料理人が発明したのであって、それが生まれた時代にはものすごくクリエイティブな料理だったはずですよね。ならば現代の料理人も本質を追求して、自分の世代で伝統をさらに一歩進められるよう、努めるべきではないでしょうか。

藤田――それがプロの料理人のあるべき姿勢だと僕も思います。ただ、今の日本のイタリア料理界はクリエイティブな料理を作りづらい場所になりつつあるのかな、という気もしていて……。

川崎――それはどうしてですか？

藤田――一時期流行した目新しい素材の組合せや日本食材の活用が一段落して、僕らの世代は伝統料理を深く掘り下げようという傾向が強くなっています。結果、マニアックな地方料理探しとその再現に走ってしまっていないかな、と。この傾向が進みすぎればお客さまは「現地の味」のみを求めて、日本の料理人によるアレンジを受け入れなくなるのではと危惧しています。伝統料理の追求はもちろん大切ですが、しっかりとしたコンセプトを持って取り組まないと、進化も進歩もないジャンルになってしまうと思うんですよ。

川崎――難しい問題ですね。本質的に見れば、伝統を受け継ぐにはクリエイティブな試みは絶対に必要なんですが。

藤田――そういう声が増えてくれればいいんですけどね。今回の料理にしても、川崎さんとの対談がなければ出てこなかったろうなと思います。話の中に発想のヒントがあって、ヒントとヒントが頭の中でくっついて料理ができていくというプロセスが楽しかったです。

川崎――私にとっても、料理としての本質を追求すれば、伝統料理としても成立するような新しい品が自然にできてしまう――それがわかったのは大きな収穫でした。それにしてもおいしかったなあ。今まで食べたイタリア料理でいちばん感動したかもしれません。

藤田――それはちょっと褒めすぎじゃないですか（笑）。

2013年11〜12月号掲載

dialogue

#04

with

宮崎慎太郎
〔みやざき・しんたろう〕

no.08 <…… no.07

theme

自然を分解し、再構築する

パティシエとしてキャリアをスタートさせた宮崎慎太郎氏は、フランス・ブルターニュ地方の伝統菓子である「ファー・ブルトン」を題材に選択。ブルターニュの自然への敬意を一品のフランス料理として表現した。

—

#ブルターニュの自然への敬意　#矛盾のないストーリー　#デザインから考える
#形のないものから構築する　#伝統の本質は何か

伝統料理は、必ずその地域の自然を反映したものになっている。では、その本質はなんだろうか。複数の要素が歴史の中で重なり合っている場合もあるが、最終的にはその地域の人たちが好んできた食材や味の組合せであり、本質をよく考えると、シンプルな答えに行き着くだろう。

今回は宮崎シェフがブルターニュで感じた自然を、一度分解して、改めて構築的に作り上げることができた。すると、伝統料理を俯瞰してとらえた形になったが、もしかするとこの考え方が、伝統料理をアップデートするための基本になるかもしれない。ソースの付け方を含め、食べさせ方まで自然にコントロールするように考えた結果、まるで昔からある伝統料理かのような仕立てが出来上がった。

profile

1975年千葉県生まれ。洋菓子店「ラ・バンボッシュ」(東京・錦糸町)で製菓を学ぶ。その後、「ル・ブルギニオン」(同・六本木)や「オーグードゥジュール」(同・麹町)で料理の研鑽を積み、渡仏。帰国後の2007年、「オー グードゥ ジュール ヌーヴェルエール」(同・丸の内)シェフに就任。'14年よりザ・リッツ・カールトン東京「アジュール フォーティーファイブ」(同・六本木)のシェフを務め、'21年、東京・赤坂に「アマラントス」を開業。

★取材時は「オー グードゥ ジュール ヌーヴェルエール」シェフ

—

Αμάραντος

https://www.amarantos2021.com

Shintaro Miyazaki

スフレ・ファー・ブルトン
塩キャラメルとシードルヴィネガーのソース

牛乳や生クリーム、バターなどフランス・ブルターニュ地方特産の乳製品をふんだんに使い、ドライプルーンの塊を入れた伝統菓子「ファー・ブルトン」を、食後の印象が重くならないようにスフレにアレンジ。ドライプルーンはピュレにしてクレーム・パティシエールに混ぜ込み、メレンゲも加えてふんわりと焼き上げる。塩キャラメルの濃厚な甘味にシードルヴィネガーの泡で鋭い酸味を合わせたソースを添え、ブルターニュの食文化を表現しつつ、食事をキレよく終わらせることを狙った。

左から、**1**…クレーム・パティシエール、**2**…メレンゲ、それらを合わせた**3**…「スフレ・ファー・ブルトン」のアパレイユ。「拡大して見ると、**2**ではまだいろいろな大きさの泡がありますが、**3**では大きな泡が消えて、均一な小さい泡だけになっているのがわかります。この小さな泡の働きにより、なめらかな触感に焼き上がるのでしょう」(川崎氏)

——今回は、連載初のデザートです。「ファー・ブルトン」を現代的に仕立て直した品とのことですが。

宮崎——はい。ファー・ブルトンはもともと好きなお菓子で、店でも一時期デセールとして出していました。ただ、生地ものなので重たいといえば重たい。食事のフィナーレというデセールの役割を考えると、もう少し軽さや斬新さを出していく時代なんじゃないかと思い、しばらくやめていたんです。

川崎——なるほど。もともとはどんなお菓子なんですか?

宮崎——ブルターニュの伝統菓子で、クラシックなレシピは本当にシンプルです。まず全卵とグラニュー糖を軽く混ぜ合わせて、塩を加えます。ここにダマにならないように小麦粉を混ぜて、牛乳と生クリームを合わせて、ラムとヴァニラを加えて……。

川崎——全部が混ぜ合わさる。

宮崎——そうですね。この生地を一日ねかせて、ラムなどに漬けたドライプルーンをゴロンと並べた型に流し入れる。後はバターを散らして焼けばでき上がりです。今回は参考にクラシックなものも作ってみました。どうぞ。

川崎——(食べて)生地が非常にねっちりしていておいしい。バターの香りが濃厚です。

宮崎——ブルターニュはバターの産地でもあるので。おもしろいのは、バターを生地に混ぜ合わせるのではなくて、ぽんぽんぽんとのせて焼くんです。どんな効果が出るのかは私にもわからないんですが(笑)。

——一方、現代版の仕立ては、見た目からしてずいぶん違います。

宮崎——卵、牛乳、ドライプルーンといったファー・ブルトンの構成要素はそのままにクレーム・パティシエールを作り、メレンゲを混ぜ込んでスフレに仕立て、軽さを出しました。「スフレ・ファー・ブルトン」です。

川崎——これはふわふわですね! そして生地にプルーンが練り込んである……。メレンゲという、空気を多く含んだ「泡」を使って生地の触感自体を変えたわけですね[上写真]。

宮崎——ええ、メレンゲを加えることで、生地にきめ細かくソフトな触感が出せると感じたんです。

右…プルーン風味のクレーム・パティシエールに、七分立てにしたメレンゲの半量を加え混ぜる。左…残りの半量も加えメレンゲを壊すようにしてしっかりと混ぜ、生地になじませる。

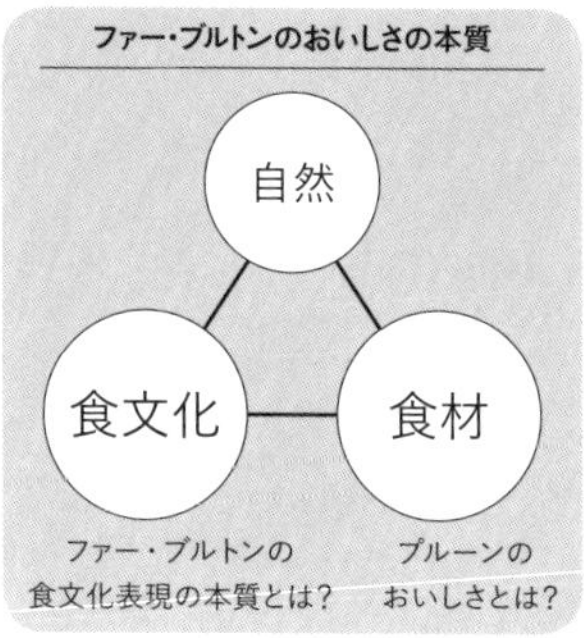

川崎――我々人間が食べものを「重い」と感じる要因の一つは、口腔内の滞留時間が長いということだと思います。今回の品はその逆を行っていて、一瞬で口の中で触感がなくなる泡を活用することで、口腔内で生地が舌に接触する面積を小さくし、ベタッとした感じをなくしたということでしょうね。

宮崎――確かに、細かな泡を無数に作るイメージでメレンゲの泡をあえてつぶすようにして混ぜると、非常になめらかかつ軽やかに仕上がる気がします。焼成時の立ち上がりもよくなりますし。

川崎――触感を楽しみつつ味わうクラシックなファー・ブルトンに対し、風味を楽しむスフレ・ファー・ブルトンという印象を持ちました。クラシックは、生地の表面と内部で触感のコントラストがあり、さらに丸ごとのプルーンも入っている。まず触感があり、後からフレーバーが来る構造です。一方、スフレ・ファー・ブルトンではフレーバーが重視されていて、こうした触感の変化はあまり感じられません。

宮崎――そこなんです、今回お話を聞きたかったのは。僕もスフレ・ファー・ブルトンにはもう少し伝統的な仕立てに近い点があってもいいのかなと思って、そのためには何が必要なのかなと。

川崎――宮崎さんご自身の中で、伝統的なファー・ブルトンとスフレ・ファー・ブルトンのデザインの間に違和感がある、ということですか。

宮崎――今のスフレは軽さという点にフォーカスして作ったもので、それ自体はいいと思うんです。おっしゃるようにプルーンやラムなどのフレーバーでファー・ブルトンを感じてもらう狙いですから。でも、生地の密度もファー・ブルトンのよさでもあるなあと。

川崎――それは正解だと思います。伝統的なファー・ブルトンには、ねっちりした生地があり、たまにドライプルーンの濃厚な味と触感が来るという楽しさがありますよね。そうした体験を再現するのがファー・ブルトンらしさのポイントなのかな、と。

宮崎――なるほど……。軽さを泡で表現するというところを考え直す必要がありそうですね。

本質をとらえれば矛盾がなくなる

川崎――ファー・ブルトンをどうやって新しくするかを考えるためには、ファー・ブルトンの重要な要素は何なのか、を考える必要があります。デザインというとお皿の上の話を思い浮かべがちなのですが、たとえば椅子をデザインする時、流行りのデザインとか材質の検討の前に、「座るとはどういうことか」という本質を考えるはずですよね? 本質をとらえられれば、余分なものが見えてくる。そうすると今度はストーリーに矛盾がなくなるというのが僕の考えです。それで今回お聞きしたいのは、「ファー・ブルトンって何だ?」という現時点での宮崎さんの結論なんです。ファー・ブルトンを、なぜすばらしいと思います?

宮崎――そうですね……そもそもプルーンというものが、こんなにおいしく表現できるのか、というのが最初に受けた感動でしたね。

川崎――あ、プルーンなんですか?

宮崎――ええ(笑)。僕は最初パティシエだったんですが、当時はそんなにドライフルーツが好きじゃなかったんですよ。ドライプルーンにしてもオレンジピールと一緒に焼き菓子に入れるもの、くらいの認識でした。それがブル

伝統的なファー・ブルトン。表面はこんがり、中はねっちりとした生地にドライプルーンの塊が入り、バターが香る濃厚な仕立てだ。

図：ファー・ブルトンのおいしさのデザイン

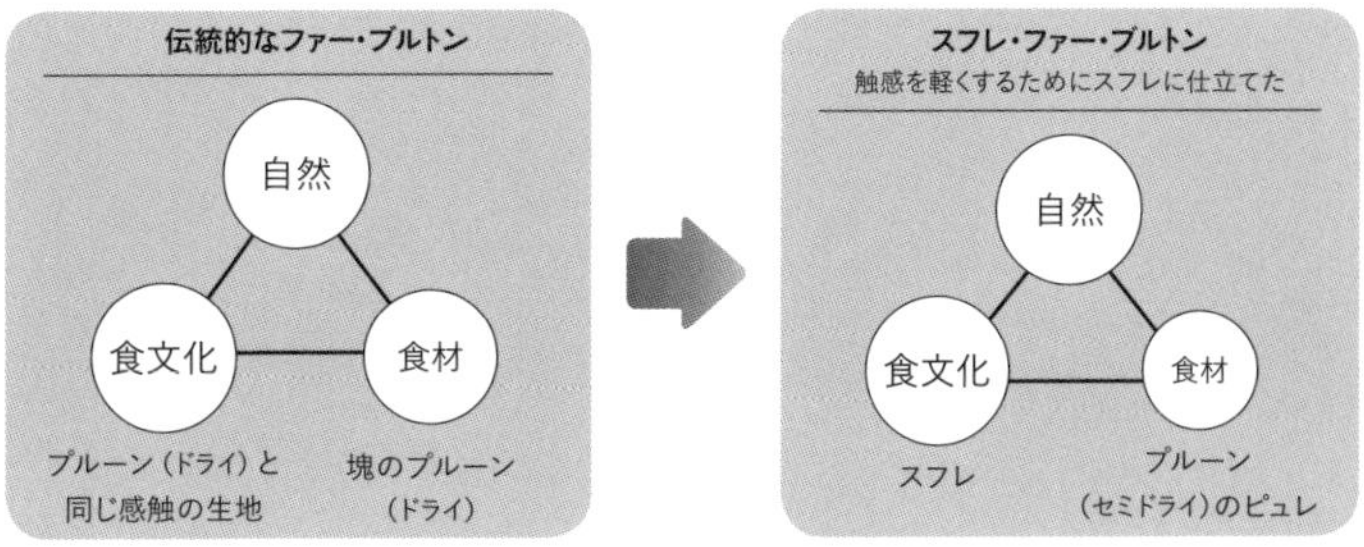

ファー・ブルトンをプルーン風味のスフレに仕立てて軽さを表現した宮崎氏。さらに一歩進め、「ファー・ブルトンらしさ」を強調しつつ、「ドライプルーンのおいしさへの感動」を、食材に焦点をあてて伝えることが提案された。

ターニュで初めてファー・ブルトンを食べた時に、ああ、こうして食べるとドライプルーンっておいしいんだ、と驚いて。現地では、クレープやガレットと同じように街のお菓子屋さんでファー・ブルトンを売っているんです。素朴なお菓子でしたけど印象に残って、ブルターニュの文化に興味を持つきっかけになりました。

川崎——ということは、ドライプルーンを表現する方向性がいいかもしれませんね。私は「食材」「食文化」「自然」という3つの要素への感動をもとに料理を作る、ということを提案しているのですが［上図］、当てはめて考えるとドライプルーンという食材があり、それを生かすものとしてブルターニュの食文化がある……。

宮崎——ブルターニュで食べたプルーンのおいしさを感じさせるものであれば成功ってことですよね。

川崎——はい、宮崎さんが初めてファー・ブルトンを食べた時の感動を、お客さんにも伝えていただきたい。食べた時に「ドライプルーンておいしいな、ブルターニュってどんなところなのかな」という感想が出るような品が理想ではないでしょうか。

宮崎——なるほど、「ドライプルーン味のスフレがおいしいな」ではなく……。難しくなってきましたね。

川崎——シェフが何に感動したかを食べ手に伝える……料理人の仕事の本質はそこだと思うんです。料理人がお客さんの代理人として食の世界をまわり、感動を翻訳して料理に仕立て、伝える。ブルターニュという土地で培われてきた文化と技術、食材や自然が何百年の間に組み合わさった結果、ファー・ブルトンという伝統菓子ができたわけですよね？ そこまで突き詰めて考えた時に、感動を現代の日本のお客さんに伝えるためには、もしかするとスフレどころか、デザートにすらこだわる必要はないのかもしれません。

宮崎——そうだなぁ。たとえば、ドライプルーンのおいしさ、ファー・ブルトンのおいしさっていうのが、それこそ料理の中で出てくるというのもありかなという気がしてきますね。仔羊のロティに、ちょっと塩をきかせたファー・ブルトンを付け合わせるなんていうのもブルターニュらしさがあっておもしろそうとか、アイデアが広がってきます。実は今も「野菜のエクレア」というのをメイン料理の付合せに出しているんですが、パティシエ出身のシェフの店ですし、そういうことをもっと積極的にやっていけたらと思っていたんです。

川崎——発想をぐっと広げて、ファー・ブルトンを生んだブルターニュをひと皿で表現できる品というのもおもしろいんじゃないでしょうか。その結果、一周してやはりお菓子に戻ってくるというのもありでしょうし。

宮崎——結果的に、ブルターニュをストレートに感じさせるものになっていくかもしれないですね。やってみます。ちょっと時間をください。

「ブルターニュ」への敬意を表して……
アワビとプルーンのガレット その肝と海苔のピュレ、おかひじきのフリット添え

レモン果汁でマリネして酸味をまとわせたセミドライのプルーンと、むっちりとした触感の蒸しアワビ――ブルターニュの伝統菓子「ファー・ブルトン」の構成要素から発想を得たこれらの素材を、軽やかなバヴァロワ生地とともにソバ粉のガレットで巻いてロールに仕立てた。ソースはプルーンとアワビの肝を合わせたピュレと、生ノリのピュレの2種。口に入れるとまずガレットの風味とプルーンの甘酸っぱさが広がり、アワビのうま味、ソースの磯の香りが追いかける。まさにブルターニュ尽くしのひと皿だ。お客には、ロールを手で持ちソースをぬぐって食べるようすすめる。

プルーンと蒸しアワビを、ムール風味のバヴァロワ生地とともに円柱状に成形し、クリームチーズをぬったソバ粉のガレットで巻いていく。しばらく冷蔵庫に入れて締めてから、ひと口大に切る。

――先月のデザートから一転して、今月は「ファー・ブルトン」から発想した料理を紹介いただきました。

宮崎――はい。前回の話の中で、「では宮崎さんにとって、ファー・ブルトンのポイントはプルーンなんですね」ということになったじゃないですか。その時点で「あ、この終わり方はやばいな」と思ったんですけど（笑）。

川崎――プルーンのおいしさを生かすにはデザートから離れてもいいかもしれない、という流れでしたからね。

宮崎――でも確かに、ファー・ブルトンのどこが好きかというと、みっちりとした生地にゴロリと入ったプルーンの触感や味だったんです。それでもう一度、プルーンのおいしさを、ファー・ブルトンが生まれたブルターニュの歴史に沿いながら考えてみよう、と。

川崎――その成果が今日の料理ということで、楽しみにしてきました。

宮崎――はい。まずプルーンですが、セミドライのものをレモン果汁でマリネしています。このプルーンと蒸しアワビを、ムールのジュとホイップヨーグルトを合わせたバヴァロワ生地にのせて、ブルターニュ特産のソバ粉のガレットでロール状に巻きました。これをひと口大に切り、表面をカラメリゼして完成です。手で持って、ソースをぬぐうようにして召し上がってください。

川崎――いただきます。（食べて）うん、プルーンがすごくきいていますね！　アワビやムールがもっと主張するのかなとも思ったんですが、プルーンやヨーグルトの酸味とコクのおかげで「貝が旨すぎる」という状態にならず、全体がバランスよくまとまっています。それにカラメリゼされた表面といい、プルーンの姿が見える断面といい、何の情報もなければお菓子かなとも思わせる見た目も楽しいですね。

右…プルーンはレモン果汁でマリネ。梅を思わせる酸味が出る。**左**…アワビは昆布とともに真空にかけ、10時間蒸す。

ひと口大に切ったロールにカソナードをまぶし、バーナーであぶってカラメリゼ。カラメリゼしてから切るより、切ったロールの間にアルミ箔を挟んで作業するほうがカラメル部分がはがれにくい。

宮崎——最初は、単純に「ブルターニュと言えば」とオマールで作ったんです。それもめちゃくちゃ旨かったんですけど、プルーンの存在が生きているか、ファー・ブルトンを彷彿とさせる仕上がりになっているかというと、ちょっと違う。それで、蒸しアワビなら冷製のむっちりした触感がファー・ブルトンの生地のみっちり感に通じるし、うま味も強すぎないかな、と思いついて。

川崎——柔らかさと冷たさで、アワビのフレーバーが口腔に長く残りすぎないように調整しているんですね。その結果、プルーンとアワビのフレーバーがほぼ同時に消えるので、後口としてソースが生きてくる。最後にソースの磯を思わせるフレーバーが残りますが、これは?

宮崎——ソースは2種類で、黒いものがアワビの肝にプルーンを混ぜたピュレ。緑は、生ノリのピュレです。海藻を食べるアワビ、ということで。

川崎——なるほど。まず陸の産物であるプルーンやソバ粉の風味が来て、アワビの味が続き、最後にブルターニュの海をイメージさせるソースがジワーッと広がる……。陸から海へという図式があって、とてもおもしろいです［047頁図］。とくに2つのソースが合わさると、「ああ、海だなあ」という感じが出ますね。ソースがどちらか一方だけだったり、最初から混ざっていたりすると、ここまでの感動はないんじゃないかな。

宮崎——そうなんですよ。最初は肝とプルーンのソースにノリも混ぜたんですが、何だかよくわからない味になってしまって。それで2つに分けました。

川崎——濃度がポイントでしょうね。あえて別々に盛りつけることの意味の一つは、ソースが舌に触れた時に味をしっかり感じさせられるということだと思います。ところが2つのソースを混ぜると、それぞれの濃度は半分になる。つまり薄まってしまうわけです。

宮崎——なるほど、そういうことですか。聞いてみれば単純なことだけど、重要な話ですね。

川崎——盛りつけと言えば、事前のやりとりで試作を見せていただいた時はソースが点描されていましたが、線を描くような形に変更されたんですね。

宮崎——ええ。点描だと、いつ、どのタイミングでソースを付けるのかわからないことが多いじゃないですか。そうではなく、こう食べてくださいという意図がひと目でわかるようにと思って。それに、ブルターニュの海岸に寄せる波のイメージでもあるんです。

川崎——すごくいいですよね。それに、手で持ってソースをぬぐうように食べるというのも斬新で。食べ終わった後の皿は、まるでソースを刷毛に付けて絵を描いた現代美術のようです。下げられるべき皿がこんなに美しいなんて、と驚きました。

宮崎——ああ、確かに（笑）。

デザインから考え、料理を作る

——完成までに苦労はありましたか?

宮崎——プルーンとアワビを何で寄せるかで悩みました。最初はギモーブ（マシュマロ）生地で試したんです。イタリアンメレンゲを入れると甘くなるので乾燥卵白を使って、湯煎にあてながらしょっぱいギモーブを作って……。我ながらいいアイデアだと思ったんだけど、試食したら生地がふわっとしすぎて味が決まらない。あれこれ試して最終的にバヴァロワにたどり着いたんですが、そこに至るプロセスが新鮮で、「料理ってこういうものだよな」という感覚を久しぶりに味わいました。

図：おいしさのデザイン～陸から海へ

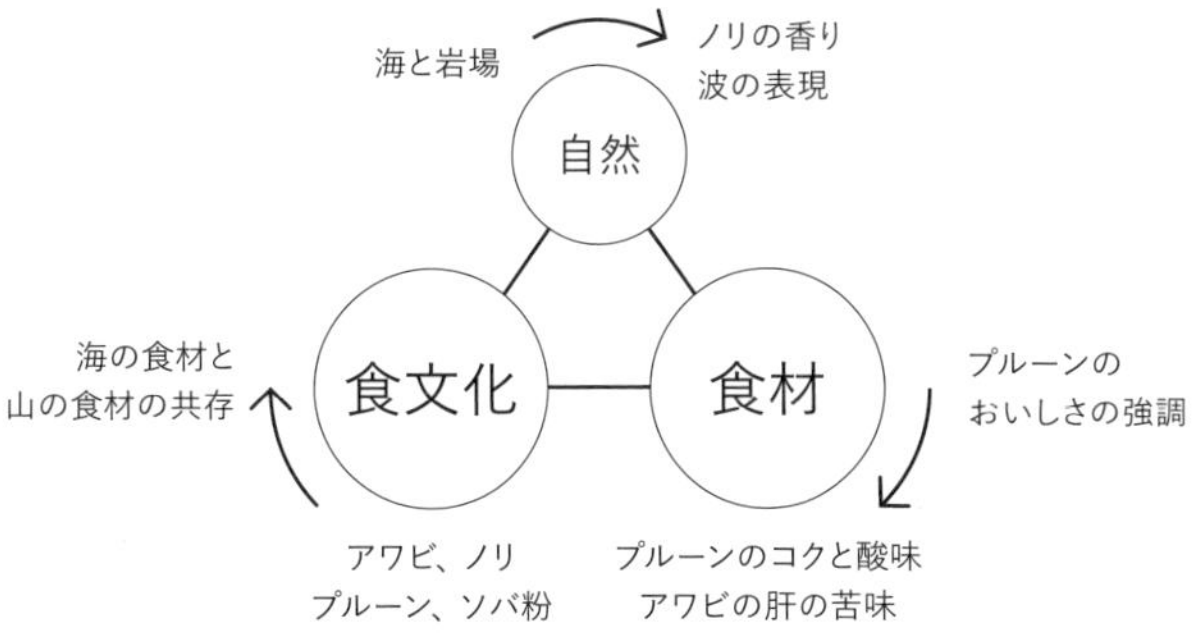

川崎──それは今回、まずデザインを考える──つまり、何をどう食べさせたいのかを考えてから料理を作るということに取り組んでいただいたからじゃないでしょうか。そうすることで、ストーリーに矛盾がなくなります。すると科学的にも文化的にも矛盾がなくなり、無理のない料理ができ上がる、というのが私の持論なんです。

宮崎──今、伝統料理と言われている品々が、まさにそれにあたるわけですね。逆に言えば、文化的にも科学的にも矛盾がないものを徹底的に考えれば、まるで伝統料理のようなものができるんじゃないか、と。

川崎──ええ。その意味で、今日は2つの「創造」があったと思います。一つは、これが今まで見たことのない新しい料理だということ。もう一つは、同時に「実はブルターニュに、ソバ粉のガレットにアワビやプルーンを入れて焼く伝統料理があるんですよ。それを現代的に、より意図を明確に表現したのがこれです」と言われたら信じてしまいそうな料理でもあるということ……。

宮崎──ありがとうございます。確かに、作った僕自身、ちょっとどこにもない料理のような気もするし、どこかにあったかもしれない……そんな不思議な料理ができたという感じはあります。

──2回を通しての感想をお願いします。

宮崎──普段は、自分が失敗したり若い子が失敗したりするのを見て……という中から新しいアイデアを探すことが多いんですが、どうしても自分の中で法則ができてしまい、考える機会が減っていきがちでした。だから、こういった企画はありがたかったです。今は、インターネットで世界中の最先端の料理を見ることができて、真似しようと思えばすぐに真似できてしまう時代。であるからこそ、パティシエ出身の僕がお出しして説得力があるオリジナルな料理を作ることが重要なのかな、と感じました。

川崎──パティシエって料理人とは発想の仕方が違っていて、どちらかというと「形がないところから形を作る」仕事だと思います。今回の品にしても、そうです。宮崎さんの料理のデザインには、パティシエ的な発想が大きな役割を果たしているんじゃないでしょうか。

宮崎──それはありますね。デザートと料理の両方を作ってみて、改めてプルーンの可能性を感じました。これまでは、魚介に対して酸をきかせたプルーンを合わせる感覚は僕にはなかった。今後もアクセントとしていろいろなことに使っていけそうです。

川崎──プルーンが甘い仕立てにも塩気のある仕立てにも合うということは、たとえばメインとデセールの間をつなぐアヴァン・デセールのようにも活用できるんじゃないですか。グラニテのようにさっぱりさせるのではなく、濃いんだけど気持ちを変えるというか、別腹に持っていくような。

宮崎──フロマージュの代わりに、プルーンを使った甘じょっぱい品をお出しするとか……。コースの一品として、そんな視点でやってみたらおもしろそうですね。

2014年1～2月号掲載

dialogue

#05

with

前田元［まえだ・もとい］

no.10 <…… no.09

theme

世界観の融合と、機能美

中国料理とフランス料理の技法を対比し、その本質に迫ることで、2つの調理文化が融合した新たな味を生み出そうとする前田元氏。仏・中に共通する食材の「乳飲み仔豚」を題材に、融合の先にある機能美とは何かを考える。

#融合　#中国料理　#フランス料理　#シンプリシティ　#機能美　#においのパターン　#スペシャリテ

中国料理とフランス料理という壮大な世界観を融合させることはできるのだろうか。単にそれぞれの技術を使うとか、素材を使うとかいうことではないと思う。この回では料理を突き詰めて考えた時の機能美の話に至った。そこまで行って初めて、本質的に融合ができるのかもしれない。前田シェフのそれぞれの料理へのリスペクトあってのことであり、技術を深く理解していないとできないことであった。

フランス料理はさまざまな要素を因数分解して構築していく思想があるため、もしかすると他の料理ジャンルを取り込みやすいのかもしれない。今回、中国料理の技術を分解してフランス料理の皿として出せるほどに昇華できたのではないだろうか。

前田シェフが考えるスペシャリテの概念もとくに印象的だった。「本質的な部分を守れば、季節によって変えるべきところは変えたい」という言葉に、自然をねじ曲げたくないという前田シェフの思いを強く感じた。

profile

1976年京都府生まれ。高校卒業後、京都グランドホテル（現・リーガロイヤルホテル京都）「白鳳（現・皇家龍鳳）」（京都・松明町）、ホテル日航東京「唐宮」（東京・台場）で中国料理の修業を積む。2006年にフランス料理を学ぶため渡仏。「ジャルダン・デ・ランパール」（ボーヌ）、「ラ・マドレーヌ」（サンス）などで1年間修業。帰国後、京都ホテルオークラ「ピトレスク」（京都・河原町御池）、「HAJIME」（大阪・江戸堀）を経て、'12年「MOTOÏ」のオープンと同時にシェフに就任。

MOTOÏ
https://kyoto-motoi.com

Motoi Maeda

ピレネー産乳飲み仔豚のロースト キャベツのデクリネゾン

前田氏が修業したフランス料理と中国料理の調理技術を融合して、肉はしっとりと、皮はサクサクに焼いた乳飲み仔豚のロース肉に、豚のジュを合わせた。付合せは仏中両国の伝統料理でともに見られる「豚肉と発酵させたキャベツ」の組合せから発想し、シュークルート、チリメンキャベツのエテュヴェ、黒キャベツのフリットなどキャベツで統一。風干しして味わいを凝縮させた乳飲み仔豚の肉に、シュークルートの酸味がほどよいアクセントとなって寄り添う。

乳飲み仔豚の骨付きロース肉は、皮のみを一晩塩漬けした後でフックに吊るして風干しする。3～4日間、京都の寒風にさらすことで適度に水分が抜け、柔らかな触感を保ちながらも凝縮した味わいが生まれる。

――今回は、フランス料理と中国料理、双方の経験を積んだ前田 元さんにご登場いただきます。

川崎――よろしくお願いします。お店ではフランス料理をベースにされていますが、中国料理はどのように取り入れていますか?

前田――フランス料理の枠組みを守りながら、中国料理の発想を織り交ぜて、自分なりの表現を探るスタイルをとっています。今回は乳飲み仔豚を題材に、そうした考えで新作に取り組みました。

川崎――仔豚はフランスでも中国でもよく使われる素材ですよね。

前田――はい。以前から、フランス料理の仔豚料理は肉はしっとりと焼けていても皮がベチャベチャになりがちだと感じていたんです。一方、広東料理で定番の「仔豚の窯焼き」は、皮に香ばしさとサックリした触感が出る反面、肉を焼ききるのでジューシーさは楽しめない。ならば両方のいいところを合わせられないか、と。

川崎――たとえば北京ダックは鴨の皮に水飴をぬって焼くことでパリパリに仕上げますが、仔豚も同じような処理をするんですか?

前田――そういう手法もあります。ただ、今回使用した仔豚は脂が多いからか水飴を弾いてしまったので、皮に針で穴を開けて重曹と塩をすり込み、一晩マリネしました。

川崎――重曹なんですね。焼き方は?

前田――皮から塩と重曹を落としたら、3日間ほど風干しして肉の味わいを凝縮させます。次にサラマンドルで皮のみを焼き、皮が充分にふくらんでパリパリの状態になったら、オーブンに移して出し入れをくり返し、肉がしっとりとするように焼き上げます。

川崎――皮がパリパリになるのは、すり込まれた重曹としみ出た肉汁が合わさって加熱され、二酸化炭素が発生するからでしょうね。それにより皮が内側から破裂して、揚がったような状態になるのだと思います。

前田――なるほど、そういう原理なんですか。中国では他にアンモニアパウダーを使うやり方もあるんですが、舌にピリピリした感じが残るように思えるので今回は重曹を使ったんです。

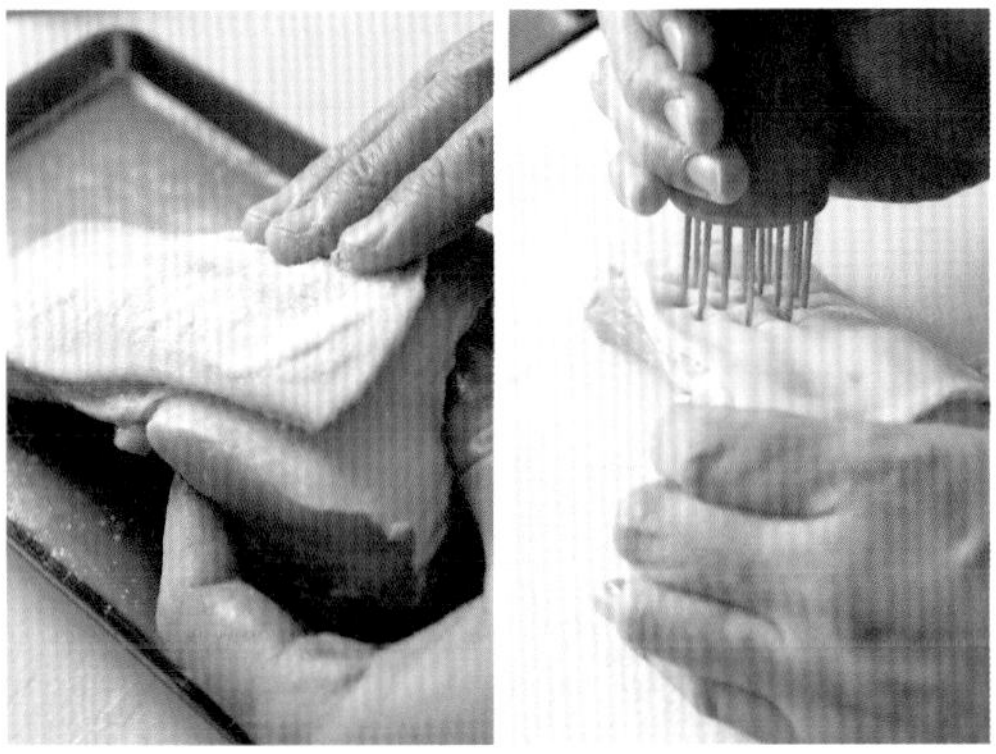

右…針で乳飲み仔豚の皮に穴をあける。塩と重曹をすり込みやすくするのが目的だが、針が皮を貫通すると塩が肉までまわってしまうので注意。
左…塩と重曹を仔豚の皮にすり込み、一晩おく。塩を洗い落としたら風干しに。

風干ししたら、肉の部分をアルミ箔で保護してサラマンドルに。皮にすり込んだ重曹が加熱されて二酸化炭素が発生し、中から弾けてサクサクした触感が生まれる。皮が焼けたら、オーブンに移して肉にも火を通す。

食文化の本質を掘り下げる

川崎――では、いただきます。(食べて)確かにこの香ばしい皮の触感はフランス料理では出てこない……これはおいしいです。中国料理風のサクッとした皮と、フランス料理風のしっとりした肉というコントラストがはっきりしていて、非常に伝わりやすいおいしさがありますね。

前田――本当は皮をもっとこんがりとさせたかったんです。そして皮と肉の間の腱にまで火を入れられれば一体感が高まると思うんですが、まだ完璧にコントロールすることができなくて。

川崎――そうかもしれませんね。でも火入れの方向性としてはある意味究極だと思います。肉の火入れがここまで浅く、皮がここまでパリパリだからこそ一体感が生まれ、口の中にグニャグニャした皮だけが残る事態が防げているわけですから、すばらしいですよ。

前田――ありがとうございます。一体感を重視するという意識が強いのは、皮と肉との境目があいまいになるくらいまでしっかりと焼ききる、という中国料理の影響かもしれません。

川崎――ただ、付合せとの一体感という点では、若干検討の余地があると感じました。このピュレはシュークルートですか？

前田――はい。豚肉とシュークルートはフランスで定番の組合せですが、中国にも豚にキャベツを乳酸発酵させた泡菜を合わせる料理があります。そこから発想して、付合せにさまざまに調理したキャベツを添えています。

川崎――肉とシュークルート、それぞれおいしいんですが、ソースの一部なのか、箸休めなのか……位置づけがもう少しはっきりしていてもいいのかな、という気がします。

前田――うーん……そうですね。フランスと中国に共通する取合せを用いて、キャベツと豚の相性のよさ、さらには両国の伝統を表現しようとしたんですが。いつも思うんですが、フランス料理をやっていると、中国料理には無数にヒントが隠されていることに気付かされるんですよ。中国料理の世界はこんなに豊かなんだと、フランス料理の料理人はもちろん、中国料理の料理人にも知ってほしくなる。それもあって、ちょっと要素を詰め込みすぎたかもしれません。

川崎――同じ食材の組合せであっても、文化が違えば本質的に意味合いも違ってくるはずです。そこまで解釈するとすごい料理ができるんじゃないでしょうか。それで伺いたいのですが、前田さんはフランス料理と中国料理の、どんな点に感動を覚えるのでしょう？

前田――いろいろありますが、中華の大きな魅力の一つに、「熱々」という温度感があると思います。ぐつぐつ煮えたぎった麻婆豆腐のような、迫力のあるおいしさと言うか……。後は、蒸しの技術の多彩さもすごいですね。ごく短時間蒸したり、長時間の蒸し煮だったり。

川崎――では、フランス料理の魅力は？

前田――旨みを凝縮するという考え方でしょうか。液体を煮詰めてソースを作るという発想は、中国料理にはありません。中国料理のスープを煮詰めてみたことがありますが、あまりおいしくなりませんでした(笑)。

川崎――そう、中国料理や日本料理は醤や醤油など既成の調味料を液体で薄める「希釈」の文化なんですよね。対して、フレンチは自分で「濃縮」していくという方向性が明確だと思います。そうした文化性だったり、中国料理の熱々での提供とか蒸す技術といった要素を反映させるのも一案かもしれません。

前田——火入れの精度や付合せも含めて、もう一度考えてみたいと思います。お話を伺っていて思ったのは、シンプルに、豚をおいしく食べることに重きをおいた皿にできればおもしろいかな、と。

「シンプルな料理」とは？

川崎——今、いいワードが出ましたね。実は、私が今年掲げたいと思っているテーマが「シンプリシティ＝簡潔さ」なんです。シンプルといっても単に無駄を排すというのではなく、機能を徹底的に、機能美が現れるようなところまで追求する。言ってみれば、「料理という混沌の中に秩序を見出す」ということを考えていきたいと。そうすることで、「これがスペシャリテだ」と言える料理が完成するのではないかと思うんです。

前田——確かに、世界のシェフのスペシャリテには本質的にシンプルなものが多いですね。瓢亭さんの「瓢亭玉子」なんてその最たるものかなと思います。

川崎——ああいった半熟の卵を作ること自体は、現代の厳密な温度コントロールが可能であれば、簡単かもしれません。では瓢亭玉子の何がすごいかというと、まず実現したい形があり、それを当時の技術の粋を尽くして、ごくシンプルに表現した。だからこそ、感動を呼ぶ料理になったわけです。

前田——本当にそう思います。ミシェル・ブラスの「ガルグイユ」もそうですが、ああいう形で完成されたお皿には、すごく説得力があります。私はこれまで、スペシャリテと言われるような料理をあえて作らないようにしてきたんです。それは、いったん完成したらそこで進歩が止まってしまうんじゃないか、という不安があったからなんですが、裏返してみれば自信の無さの表れでもあるのかな、と。せっかくこういう機会をいただいたので、火入れも付合せも「これじゃないとダメ」という動かしようがないレベルに到達したひと皿をめざしてみたいと思います。

川崎——フランス料理と中国料理という2つの混沌とした世界を合わせて、そこから1つの料理を表現するなんてことは、深く深く考えないとできないはずです。前田さんは、2つの世界を的確に把握して考えられる位置にいる。ぜひ、取り組んでいただきたいです。

前田——自分がそういう立場にいると考えるとワクワクしてきますね。どこまでできるかはわかりませんが、よりシンプルに、深く考えてみます。

川崎——技術的な問題は、科学的なアプローチをすれば確実に解決できます。と、思います(笑)。その先にある、シェフにしか考えられない表現に力を割いてほしい。前田シェフが中国料理とフランス料理から得た感動をガツンとぶつけていただければと思います。

乳飲み仔豚のクルスティアン、シトロンとココ、ポワソンのジュで

香ばしい皮とジューシーな肉が一体感をもって感じられるように焼いた乳飲み仔豚のロース肉。魚のフュメがベースのソース、セージの香りを移したココナッツミルクの泡、さらにはレモンの塩漬けのピュレを合わせ、複雑な味わいを表現した。ソースにセージを加えたのはココナッツミルクの強いにおいをマスキングし、ほのかな甘味のみを抽出するため。エスニックなニュアンスを極力抑え、フランス料理へと着地させた。京都・大原産のシャクシナの塩ゆでを添えて。

ココナッツミルクにさまざまなハーブを浸し、香りにどのような変化が起こるかを実験した。「セージとの組合せはさわやかでほのかに甘く、フランス料理らしさを感じる」と両氏の意見が一致。

——今回の料理について教えてください。

前田——はい。前回の仔豚の品を下敷きに、「スペシャリテ」と呼べるところまで完成度を高めることをめざしました。仔豚の焼き方はある程度方針が見えていたのでそれに沿って進め、ソースや付合せはゼロベースで考えました。

川崎——前回は、仔豚の皮と肉の間にある筋膜まで焼ききるにはどうすればいいか？　という課題が出ましたね。

前田——ええ。風干しした肉をサラマンドルとオーブンで焼くというのは前回と同じですが、今回は皮を真っ黒に炭化させ、焦げた部分を削り取るという手法を用いています。

川崎——厨房でその工程を見せていただきましたが、すごかったです。外側の焦げた部分がはがれ落ちると、下からキツネ色のおいしそうな層が現れて。

前田——皮のいちばん外側の硬い層を焼ききれば、その下にあるコラーゲンの筋膜にまで火が入り、肉との一体感が出るのではと思ったんです。

川崎——元々ある調理法なんですか？

前田——広東料理の豚の窯焼きに用いる技法を応用しました。今回のように焦がして削る人もいれば、そのまま焼き上げる人もいるんです。

川崎——そうなんですか。中華、さすがやなあ。フレンチでは考えられないやり方ですね。

——その他の変更点はいかがでしょう。

前田——新たにココナッツミルクのフレーバーを加えたのが大きな変更点ですね。乳飲み仔豚のミルクっぽい香りにココナッツミルクの甘味が合うと思ったので。ただココナッツミルクはにおいが独特なので、どうしてもエスニックなニュアンスが強くなる。それをフランス料理としてまとめる方法がないか、川崎さんに相談したんです。

川崎——その時お話ししたのは、においが問題なのであれば、何か別のにおいをくっ付けて「質」を変換すればいい、ということでした。におい成分は脂溶性、つまり脂に溶けるものが多いですから、ココナッツミルクという油脂でいろいろなハーブをアンフュゼみては？　と。その後どうなりましたか？

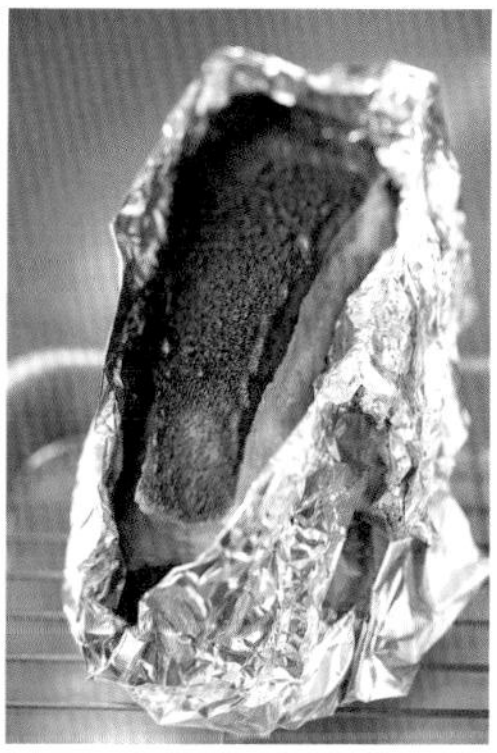

右…塊のまま屋外で風干しした肉を2人分の大きさにカットしてサラマンドルで加熱。皮のいちばん外側の層を、完全に焦がす。**左**…焦がした層をナイフできれいにこそげ取ると、下からキツネ色に焼けた層が現れる。

付合せに用いた京都・大原産のシャクシナ。皿の核となる豚とココナッツミルク、セージの組合せに、京都の自然風土を反映した折々の野菜を添える。

前田――10種ほどのハーブで試したところ、いろいろな発見がありました。こちらです［055頁写真］。

川崎――（嗅いで）お、ショウガはちゃんとショウガの香りが生きてますね。一方、ローズマリーは最初にハーブが来て、最後にココナッツミルクの香りがグンと伸びる感じです。

前田――エシャロットのように、ココナッツ臭がさらに立ってしまうものもあっておもしろかったです。試した中で、私がいちばんフランスらしさを感じたのがこれなんですが……。

川崎――セージですか。あ、確かに他とは異質な感じがします。ココナッツミルクがセージと合わさるとまったく別のにおいになるような。これは、確かに乳飲み仔豚を連想させますね。

前田――そうでしょう？ ココナッツミルク独特の甘味がふくらむんですが、香りは強くなりすぎない。私が欲しい部分をうまく抽出できると思い、今回はこの組合せをベースに、魚のフュメのソース、レモンを塩漬けしたシトロン・コンフィ・サレでフレーバーを組み立てました。

川崎――魚のソースなんですね。

前田――はい。いろいろなソースを試した中で、もっとも相性がいいのがこれだったんです。考えてみると中国料理にも豚のミンチに咸魚（塩漬け発酵させた干し魚）を加えて蒸す料理があったりするので、不思議な組合せではないんですよね。

「コア」のある料理を作る

――では、試食をお願いします。

川崎――いただきます。（切って）ああ、これはいいですね。皮も肉も、その間にある筋膜もちゃんとナイフで切れます。これなら、口の中に皮が残ってしまうこともありません。

前田――味はいかがですか？

川崎――ココナッツミルクの甘味が仔豚の味わいを引き立てているのがよくわかります。ただしにおいはセージのおかげで和らげられていて、最終的に「仔豚の肉を食べた」という気持ちになれる……。おいしいです。

前田――さまざまなパーツを同時に食べてほしい、という意図が伝わるように、盛りつけも皿の中心に集約させました。

川崎――それもあって、とても一体感がありますね。仔豚をおいしく食べる、という本質に沿って考えた結果、伝統と技術がうまく合わさり、料理の完成度が格段に上がったと思います［057頁図1］。すばらしいです。

前田――どうもありがとうございます。それにしても、「におい」というのは掘り下げ甲斐がありますね。

川崎――地球上には約25万種類のにおいがあると言われていますからね。

前田――そんなにあるんですか！

川崎――その中で、人間が識別できるにおいは1万種ほどだそうです。ただおもしろいことに、人間には嗅覚の受容体が400種類ほどしかないんですよ。

前田――受容体400種類で、1万種のにおいを嗅ぎ分ける？

川崎――どういうことかというと、においはパターン認識なんですね。仮に受容体の数が16種類だとしましょう。あるにおい分子が鼻にくっ付いたらAのパターン、別のにおい分子だとBのパターンで受容体が活性化するとします。では、この2つが合わさるとどうなるか。受容体全

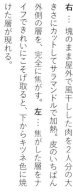

図1：デザインと完成度の関係仮説

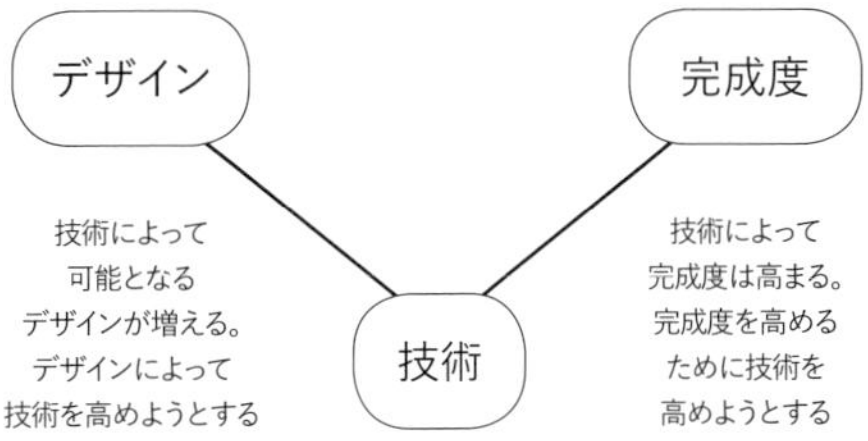
デザイン
完成度
技術
技術によって
可能となる
デザインが増える。
デザインによって
技術を高めようとする
技術によって
完成度は高まる。
完成度を高める
ために技術を
高めようとする

「フランス料理の肉の触感と中国料理の皮の触感への感動を具現化したい」
というのが今回のデザイン。仔豚の皮を焼ききる技術により課題をクリアし、
完成度が飛躍的に高まった。

図2：香りはA+B＝C

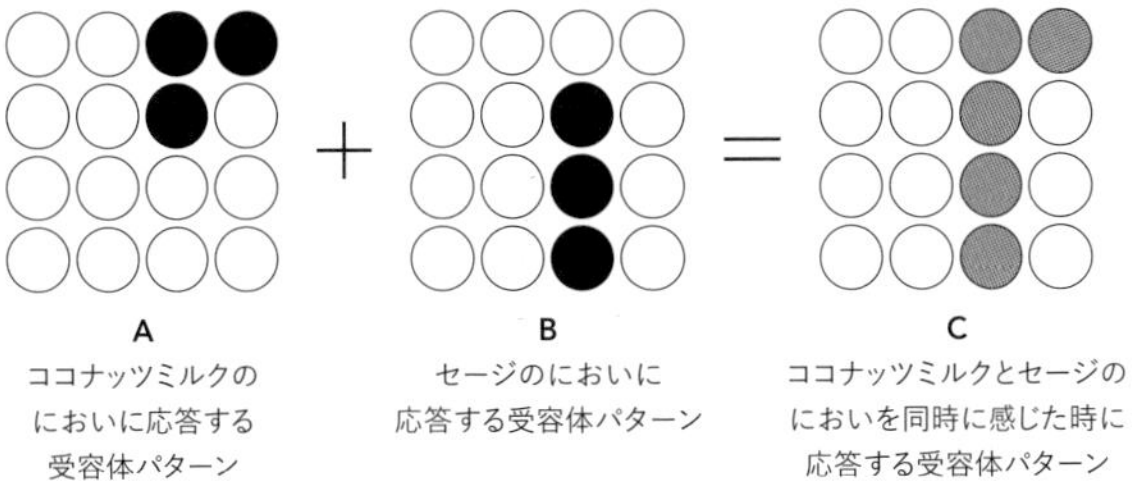
A
ココナッツミルクの
においに応答する
受容体パターン
B
セージのにおいに
応答する受容体パターン
C
ココナッツミルクとセージの
においを同時に感じた時に
応答する受容体パターン

人の嗅覚受容体が16種類と仮定した時のパターン変化イメージ図
（本来は400種類程度あり、1万種類ほどのにおいを嗅ぎ分けられると言われている）

部が活性化して、新たにCというにおいに感じられることがあるんです［図2］。これは、「味覚」が甘いと塩っぱいが合わさると甘塩っぱいになる——つまりA＋B＝ABになる——のと比較して大きな違いです。

前田——つまり、今回はココナッツミルクとセージが合わさって、Cという別のにおいになったと。

川崎——はい。そして、料理全体の時間経過の中で見ると、そのCというにおいからセージのにおいに戻り、最後にはそれも消えて豚のにおいが残った。だけど食べ終えた後にはほんのりとココナッツのにおいもする……。そうした時間差がうまく重なり合い、仔豚料理に着地できたのではないでしょうか。

前田——そう考えるとおもしろいですね。デザインの一つとしてにおいの合わせ方や消え方を考えて自分なりにルールを持てば、料理に秩序が生まれるはずですよね。すると、素材選びに間違いが起こりにくくなるような気がします。

川崎——私もそう思います。さらに言うと、そのルールをはずすことで、新しい発見が生まれる可能性も出てくるはずです。そもそも、異なるにおいを合わせて新たな価値を作り出すというのはとてもフランス料理的な発想ですよね。

——最後に、2回を通しての感想を。

前田——何より大きいのは、ひと皿の料理を筋道立てて考える中で、自分にとっての「スペシャリテ」の位置づけが明確になったことです。これまでは、スペシャリテというからには、付合せまで含めて一年を通して同じ形で提供できる皿でなければだめだと思っていました。でも、大事なのは意図を持って、コアがしっかりとした料理を作ることなんだと気づかされました。

川崎——今回でいうと、「仔豚とココナッツをセージがつなぐ」というのがコアの部分ですよね。そこさえ守れば、他はどんどん変えていくのがスペシャリテの条件かもしれません。変わらない料理は、残ることができませんから。

前田——はい。一年を通して同じ料理を作ろうとすれば、自然をねじ曲げざるを得ません。でもそれは、僕の哲学ではない。今日、付合せにシャクシナを使いましたが、実はこれ、今朝見つけて初めて使ったものなんです。

川崎——そうなんですか？

前田——はい（笑）。大原の畑に野菜を探しに行ったら中東久雄さん（「草喰なかひがし」主人）にお会いして、こんなのあるよと教えていただいて。料理と向き合うことでこんな偶然の出会いもあるし、そこから得た感動や視覚的表現、味覚、哲学……さまざまな要素をひと皿に集約して表現できる。すごく大変ですけれど、料理でしかできないことだと思います。

川崎——「表現する」というのは自分自身を削っているのと同じですものね。削るためにはどんどんインプットして、大きくなっていかなければいけない。その結果生まれた料理は、実質的にお客さんの身体の一部になっていく。料理人という仕事は、本当にすごいものだと思います。今回はどうもありがとうございました。

2014年3〜4月号掲載

dialogue

#06

with

髙橋義弘

［たかはし・よしひろ］

no. 12 <…… no. 11

theme

煮物椀の一体感とヘテロ感

京都の老舗料亭として伝統的な茶懐石の精神を守りながら、
いちはやく科学的なアプローチを取り入れて
日本料理の可能性を広げ続ける「瓢亭」の髙橋義弘氏。
煮物椀という、日本料理のもっともベーシックな品を題材に
日本料理がどのようにデザインされているかに迫る。

#一体感とヘテロ感　#煮物椀　#シンプリシティ　#機能美　#季節の香り

今回、髙橋さんと、日本料理で重要とされる煮物椀を改めて考える機会となった。煮物椀とはどういう料理だったのか、というところまで要素を削ぎ落として考えたことで、煮物椀の機能美を感じさせる料理に至ったかもしれない。

日本料理は「和」が重視される。和とは、さまざまな要素を取り込み、一体感を感じさせることであろう。一方で、それを白々しく感じさせたくないのが、京料理の美意識であった。意図的でないように、まるで自然にそうなった、と思わせたいということだろう。料理で何を表現するか、意図は何か、という議論がそれこそ白々しく感じるような気さえした。深く考え、技術を尽くしているが、それを感じさせない、というのがお客に対する思いやりなのかもしれない。

profile

1974年京都府生まれ。「瓢亭」十四代当主・髙橋英一氏の長男として生まれ、大学卒業後、「つる幸」（石川・金沢）で修業。'99年に瓢亭に入り、現在は十五代目若主人として、海外料理学会への参加や、「日本料理ラボラトリー研究会」「日本料理アカデミー」をはじめとする研究活動にも従事。日本料理の普及に積極的に取り組んでいる。

瓢亭
http://hyotei.co.jp

Yoshihiro
Takahashi

煮物椀　清汁仕立て
蛤しんじょう　筍　蓬豆腐　木の芽

蛤しんじょうを椀種とした春らしい煮物椀。ハマグリは生のまましんじょう生地に包んで蒸しているのでふっくらとジューシーな仕上がり。食べ進むうちにハマグリの汁がマグロ節ベースの吸い地に溶け出し、味わいが変わっていく――そんな時間経過による変化も意識した一品だ。添えたのはタケノコと蓬豆腐。軽くえぐみを残したタケノコと、ほのかな苦みと青臭さのある蓬豆腐がアクセントになり、食べ手に「またしんじょうを口にしたい」と思わせる。木ノ芽のさわやかな香りを添えて。

右…白身魚のすり身に卵黄と太白ゴマ油を合わせて乳化させたものを加え、すり鉢でする。二番だしで溶いた葛粉とハマグリの汁を加えて、さらにすり鉢でする。**左**…しんじょうの生地で、切ったハマグリをざんぐりと包む。約10分間蒸す。

――髙橋さんと川崎さんは、ご一緒される機会が多いそうですね。

髙橋――実は昨晩もお会いしました（笑）。

川崎――「日本料理ラボラトリー研究会」という、料理人と研究者が共同で日本料理の可能性を探る試みをしていまして、髙橋さんも私もメンバーなんです。でも、1対1でというのはめずらしいですね。楽しみです。

髙橋――いやあ、料理を選ぶのが難しかったですよ。お造り、煮物椀、炊合せのような料理だとカテゴリーがきっちりしすぎているし、強肴のように決まり事が少ない料理だと逆にちょっと西洋かぶれみたいなところが出てきてしまう。それならベーシックな品のほうが発見の余地があるかと思って、結局煮物椀にしました。お椀であればだしを引く、野菜を炊く、今回のしんじょうのように椀種を蒸すなど、技術的にもいろいろと探れるかと思いまして。

川崎――確かに、料理人の持つ技術を注ぎ込むことができる料理だと思います。

髙橋――そこが、煮物椀が日本料理の要と言われる所以かもしれませんね。

「白々しさ」を排除する

川崎――先ほど厨房でしんじょうを作る工程を見せていただきましたが、すり鉢というのは実におもしろい機器だと思っていまして。乳鉢と似ていますが、乳鉢は溝がついていないので砕くだけなんですよね。一方すり鉢は、鉢の溝とすりこ木で材料をせん断している。

髙橋――ああ、確かに。海外のフェアなどですり鉢がなくてロボクープでしんじょうを作ることがあるんですが、フワフワになってしまうんです。やっぱりしんじょうはすり鉢やなと思いますね。

川崎――蒸す際は、スチコンではなく蒸し器を使われていましたね。

髙橋――アナログでしょ。蒸し器は微妙に火の入りにムラが出るんですが、それが逆にうちらしいかなと思っていて。整いすぎていると、白々しい感じが出てしまう気がするんです。

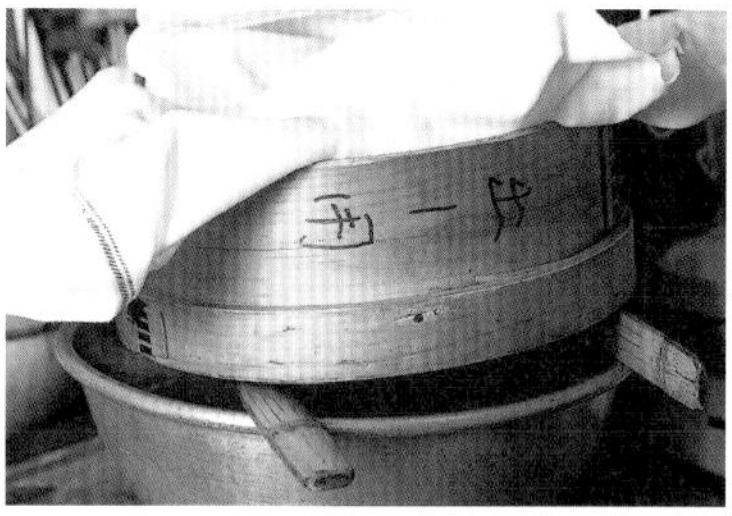

右…瓢亭の一番だしは、昆布だしにマグロ節をたっぷりと加えて静かに味を抽出したもの。穏やかな風味と、素材に自然に寄り添う味わいが特徴だ。
左…漉す時に圧を加えると雑味が出る。けっして力を加えず、自然に布漉しする。

川崎——白々しい感じ、ですか。

髙橋——ええ。しんじょう生地に入れる葛もそうですね。多すぎるとムチンとしたちょっと変わった触感になって、やはり白々しい。量を少なめにして、ホロリと崩れるような触感に仕立てています。

川崎——なるほど。葛粉というのは凝固剤の役割を果たしていますが、一つの凝固剤の割合が多くなると、料理にもその特徴が強く出ます。でも、このしんじょうの場合、魚のすり身のたんぱく質凝固、卵黄の凝固、葛粉のデンプンのα化——その3つがあって、しかも油の乳化も加わってとても複雑なものになっている。白々しくない、というのは言い得て妙です。

髙橋——形についても同じで、昔からしんじょうはカチッとした形にまとめないんです。お椀の中に一つ形のきれいなもの、今回で言えば蓬豆腐があったら、もう一方はざんぐりしているほうがいい、と考えるんです。

川崎——それはおもしろいなあ。日本料理の独特な点だと思います。西洋的な考えだと、逆にすべてがきれいに整っていることをよしとするでしょうね。

髙橋——ええ。だから洋皿に日本料理を盛るのは難しいです。ざんぐり感を白い洋皿にのせると、逆に白々しくなってしまう。日本料理は器に助けられているところがすごくあると思いますね。季節感や彩りを器に委ねるところが大きいというか……。

川崎——「委ねる」というと負けた感じがするので（笑）、日本料理は器も含め、食べ手にある程度の想像力が必要な料理ととらえたいですね。

髙橋——想像力が必要というのは、その通りです。最近は、西洋風に料理の内容を細かく説明する文化が日本にも浸透しているじゃないですか。あれは日本料理と相性が悪いなあと思っていて。最初から全部説明してしまうと、料理の背景を読んだり想像力を働かせるのをやめてしまうことがありますから。

川崎——今回義弘さんと話したいと考えていたのがまさにその部分で、日本料理で重要な部分は「品」だと思うんです。品＝想像力とも言えますが、日本料理では、はしり、盛り、名残の食材を一つのお椀に合わせることで食べ手に時間の流れを想像させたりしますよね？　それってめちゃくちゃ高度な表現でしょう。

髙橋——そう言われると、そうかもしれません。西洋だと、季節感にしろサプライズ的な要素にしろ、誰にでも伝わることを重視しますよね。

川崎——もちろん、「日本料理がわからんやつはわからんでええんや」ということではありません。でも、西洋料理との違いはそういう点にあるということは、意識すべきだと思います。最近の北欧や南米のモダン・ガストロノミーでは「自然への感動」を料理にしようという試みが多く見られますが、考えてみると、これって日本料理が昔からやっていることなんですよ。

髙橋——確かにね。日本料理は懐石がベースにありますから。季節や歳時について主人から無言の問いかけがあり、それに対して客が自分の意見をどう持ち、背景をどう読み取るか、というのがお茶事の基本でもありますからね。

複数のヘテロ感をコントロール

——実際に召し上がった感想を。

川崎——しんじょうとタケノコの触感のコントラストが非常に印象的でした。義弘さんのお話にもざんぐりとかカ

図：感覚におけるヘテロ感の例

	味覚	嗅覚	触感・温度
質（異なる質）	・吹寄盛り ・鮨	・海老芋と針柚子 ・お造りとわさび	・天ぷらの衣と食材 ・鯛松皮造り ・クレームブリュレ（固さ）
強度（異なる強さ）	・ジュレにしたものとしていないもの	・柚子オイルと柚子	・フローズンフォワグラ ・パウダーとコンソメ（温度）
時間（時間差）	・白味噌仕立ての辛子 ・お造りと醤油	・煮物椀の吸口 ・泡のソース	・鮎塩焼き（頭、身、ヒレの触感） ・麻婆豆腐（挽き肉、豆腐の触感）

本来、「ヘテロ」とは、不均一であることを示すが、質が同じでも強さが異なる状態や時間差がある状態にまで概念を拡げている。

チッとさせないという言葉が出てきましたが、まさに私がこの連載を通して言ってきた「ヘテロ感」、つまり均一でないことがポイントの料理だな、と。

髙橋——タケノコはけっこうアクもあったでしょう？　食べた時に「吸い地としんじょうがおいしいな」と思って欲しいんです。だからタケノコや蓬豆腐は、それらがあることで全体がよりおいしくなるという、ある種の「まずさ」を出してもいいのかも、と思って。

川崎——たしかに思ったより渋くて、思ったより苦いという一面がありました。それによってまたしんじょうに戻りたくなる。それを意図的にデザインしているということなんですね。

髙橋——あと、途中で吸い地の印象が変わっていくというのもおもしろいかな、と思うんです。うちはマグロ節のだしがスペシャリテみたいなところがあるので、最初はそのまま味わっていただく。食べ進むにつれてハマグリの味が少しずつ溶け出していく、というイメージです。

川崎——時間のヘテロ感ですね。

髙橋——新たな言葉ですね（笑）。

川崎——ヘテロ感を構成する要素は味覚、嗅覚、触感・温度に分けられると思います。それらについて質、強度、時間をコントロールすることでヘテロ感を表現していくものだ、と［上図］。こう図解すると、料理人の意図が説明しやすくなると思いませんか？

髙橋——（図を見て）なるほど、たとえば吹寄は味の異なる品を盛り合わせているから、味覚の質のヘテロ感ということですね。

川崎——はい。私は、今回の煮物椀は触感の質と強度に着目した料理なのかな、と感じたんです。吸い地＝液体、しんじょう＝ゲル、タケノコ＝固体という触感のヘテロ感によって切れ味の鋭い一品になっている、と。ですが、義弘さんが時間差で吸い地の味を変えることを意識した、というのは非常に印象的です。次回はそこにフォーカスしてみるのもいいかもしれませんね。

髙橋——それはおもしろいですね。新しい形ができそうな気がします。パーツごとの食べる順番というのもポイントになるだろうし、食材の組合せや仕立てももう一度考えなおしてみます。

川崎——時間のヘテロ感というテーマに関して、思い描く形をリアルな料理に落とし込んでいただければ。それにしても、つくづく煮物椀って不思議な料理だと思います。粘度のついていないだしと固形物を一緒に食べる……非常にめずらしい料理ですよね。しかも、大事とされる吸い地は黒い器によって見えなくさせる。最初に誰が考えたんやろと思いません？

髙橋——言われてみると、確かに。僕ら料理人は煮物椀とはこういう料理だ、という常識にとらわれがちですけど、そもそもの最初は誰かが発明した料理なんですものね。

川崎——そうなんですよ！　義弘さんが、自分が400年前の料理人で、煮物椀を発明したとしたらお客さんにどう食べてほしいか……。それを京都の自然表現とともに見せていただけたらさらに新しい発見があるんじゃないでしょうか。

煮物椀　蛤しんじょう
～薫風～

存在感のある大ぶりの蛤しんじょうの中には、ヨモギのペーストを練り込んだ緑色の小さなしんじょうが隠されている。椀妻や吸口すら省いて、椀種と吸い地のみで季節感や複雑味を表現する試みだ。ハマグリはさいの目にきざむことでしんじょう地との一体感が高まり、かつ触感もよくなる。吸い地はごく淡い味つけとし、量も少なめにして、まさに「椀種を食べる」ための一品に仕立てている。しんじょうに被せた透明な膜は桜の香りを移した葛。最初に桜が香り、ハマグリのうま味を経てヨモギの香りに至る……という時間差のデザインにより、季節の移り変わりを表現する。

六割方蒸したしんじょうを、もったりとした葛でコーティングして再度蒸す。葛は桜の葉の香りを抽出した湯で練ってあり、しんじょうにほのかに甘い桜の香りをまとわせることができる。

——今月の料理は、前回の「蛤しんじょう」の発展版とのことです。

川崎——先月の品［060頁］と比べて要素が減ってずいぶんシンプルになっていますね。

髙橋——そうなんです。前回話題に上がった季節感や自然の表現、盛りつけといったことをいろいろと考えて試作した結果、最終的にはやはり蛤しんじょうをおいしく食べてもらえる料理がいちばんだ、という結論に落ち着いて。余計な要素を省いていったらこうなりました。

川崎——蓬豆腐もタケノコも姿を消して、しんじょうの存在感が際立っています。

髙橋——前回はヨモギの香りをきかせるために蓬豆腐を使ったわけですけれど、蓬豆腐のベースは胡麻豆腐です。しかし、この料理にゴマがほしいわけではない。かといってヨモギをちぎってしんじょうに入れると見た目が汚いし……と考えて、ヨモギを練り込んだ小さなしんじょうを、蛤しんじょうで覆うような形にしました。タケノコは、ハマグリの弾力ある触感を浮き立たせられるかと思ったんですが、蛤しんじょうが主役と考えると実際にはタケノコのエッジがきいた触感が邪魔だと感じたので、思いきって省きました。

川崎——先ほど試食させていただいて驚いたのですが、しんじょうがとても柔らかで、吸い地との一体感が格段に上がっていましたね。前回はハマグリが細切りで入っていたので食べるうちにぽこっとはずれることがありましたが、今回はさいの目にきざんであるのでそういうこともない。逆に、たまに舌にあたるハマグリの内臓の味わいの濃さや触感の変化がとても楽しかったです。

髙橋——しんじょうが柔らかいのは、生地にメレンゲを足して空気を含んだ柔らかさを出しているからですね。

川崎——なるほど、メレンゲの泡の入った生地で包むことで、ハマグリと生地との一体感が増すわけですか。

髙橋——だしをしっかり飲んでいただくのが目的なら前回の仕立てでいいのですが、しんじょうを食べてもらうことを第一目的にするならこちらかな、と。吸い地の量も、しんじょうに潤いを与えられる最低限の量に抑えて

右…しんじょう地にヨモギのペーストを加えてよくすり、八分立てにした卵白を加える。10gほどの丸にとって蒸す。**左**…さいの目に切ったハマグリ、ハマグリの汁、八分立てにした卵白を加えたしんじょうの生地を手のひらに取り、ヨモギのしんじょうをざんぐりと包むように成形する。4〜5分間蒸してから桜の風味の葛をかけて仕上げる。

マグロ節で引いた一番だし。ここにハマグリの汁と酒、ごく少量の塩と淡口醤油を加えて薄めの味にととのえる。

います。

川崎——だから、しんじょうから吸い地に溶け出すハマグリのジュの味わいが豊かに感じられるんですね。それと、ほのかに香る桜の香りが印象的でした。

髙橋——桜の葉の塩漬けを煮出したお湯に葛を加えて練り、糊状にしたものをしんじょうに薄くかけて蒸しています。しんじょうの表面を桜の香りを移した葛でコーティングするイメージです。

川崎——葛のシートのつるんとした触感と桜の香りが、和菓子を思わせもしますよね。

髙橋——はい、和菓子を参考にした仕事です。このところ、和菓子の表現力の豊かさに意識がいっていて。しんじょうの中にヨモギの生地が入っている構造も含めて、一見おまんじゅうのようで、でも食べると料理として成立しているというのもおもしろいかな、と。

川崎——西洋料理でも製菓の技術を取り入れることは結構あって、エスプーマのサイフォンなんかも確かそうですよね。和菓子独特の技術や考え方でも、料理に応用できるものは多そうです。

髙橋——そう思います。和菓子ってシンプルだけれど食べ手に季節感を強く連想させるじゃないですか。それは根底にある歴史や地域性を知らないと完全には伝わらない高度な文化なんですが、一方で、そうした下地がなくてもどことなく感じられるものもあると思うんです。和菓子が海外で受けるのは、そういうことからなんやろうな、と。

川崎——和菓子の表現の簡潔さには学ぶことが多いと思いますよ。「薫風」という料理名も和菓子の銘みたいですね。

髙橋——新緑の薫風をテーマに、季節の移り変わりを表現できないか、と思いまして。先ほどの香りの話にもつながるんですが、折々の季節感を何で感じ取るかと考えたら、僕の中では「香り」なんですよね。料理における季節とか自然というものは、香りに大きく依存しているような気がして。

川崎——今回の料理でいうと最初に桜が香り、食べ進むうちにヨモギの香りに変わってきます。他の余計な香りの要素は排除されていて、桜の季節から新緑への時間の移り変わり、いわば「時間のヘテロ感」を香りで表現するというデザインが徹底されていました。

髙橋——思ったんですが、桜の香りって長続きせず、すぐに消えていきますよね。あれはどういったことなんでしょう?

川崎——桜の香りはクマリンという成分によるのですが、クマリンはほとんど水に溶けない脂溶性です。だから、最初のぱっとした香りを残してすぐに揮発してしまう。一方、ヨモギの成分も脂溶性ですが、しんじょう生地に加えた油のおかげで長く余韻を残していましたね。

髙橋——なるほど、そういうことですか。

川崎——それにしても、口の中で時間とともに香りが変化し、それにより季節の移り変わりを表す……西洋人は思いつかないやろうなあ。しんじょうの柔らかさも相まって、五月の風の柔らかささえ感じられるような、非常に高度な表現だと思いました。

髙橋——同じように、香りで地域性を表現することもできるんじゃないかと思うんですよね。たとえば、米国の料理、フランスの料理、ブラジルの料理……その国の文化をよく知らなくても、食べた時に感じる香りの違いによって、文化の一端を感じ取ることができますよね。それがグローバルな意味で料理として成立するというこ

図：食べ手に「どのような体験をさせたいか」をデザインしてから作り方を考える

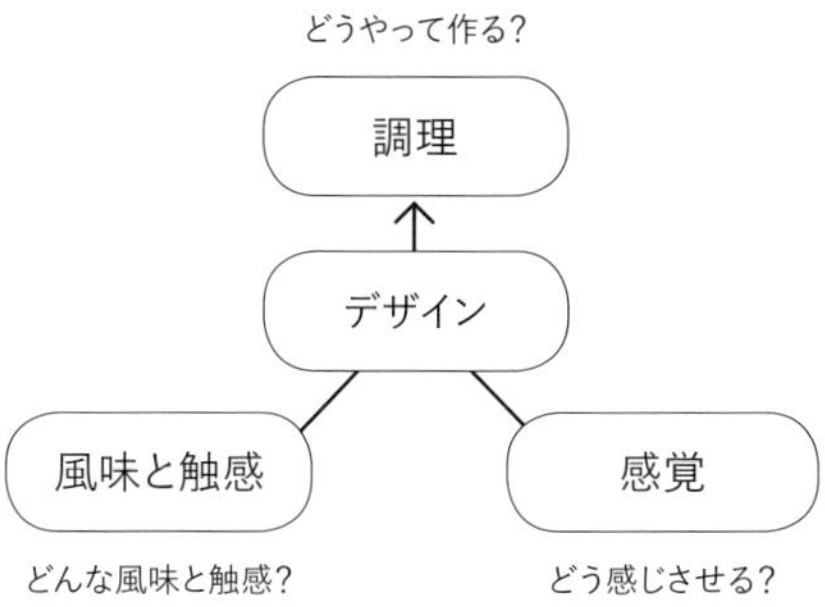

となのかな、と。

一体感のあるヘテロ感

――2回を通した感想をお願いします。

川崎――今回、髙橋さんは自然の表現として「薫風」を選び、香りによって日本の食文化を伝えました。さらにハマグリという食材の魅力も存分に引き出されていて、「自然」「歴史・食文化」「食材」それぞれへの感動が表現されていた。この3つの要素を念頭に置くと完成度の高い料理を作ることができる、という事実は多くの料理人の参考になるのではないでしょうか。

髙橋――2回にわたり試作をくり返してみて、最初は邪魔な要素が多かったことがよくわかりました。今回は今回で、見た目はぼってりしているし、「シンプルすぎるかな、大丈夫かな」と迷う気持ちもあったんですが。

川崎――ここまで要素を削れるというのは本当にすごい勇気だと思います。何を表現したいか、どう感じさせたいかを突き詰めて考えた結果、食材や調理法の選択肢が広がり、そこからぐっと要素が削ぎ落とすことで、これだけ一体感がある料理が完成したわけですよね[上図]。実際、ハマグリをそのまま食べる以上にハマグリらしさを感じました。

髙橋――「素材より素材らしく」ですね。確かにそれが大事やと思いました。

川崎――そして、煮物椀という料理の進化した形であると同時に、もしかしたら400年前の煮もの椀はこういう形だったかもしれない、と想像させるようなところもありました。

髙橋――それは僕も少し思いました。日本料理はもともと、こういう一体感のある料理だったんじゃないかな、と。

川崎――ですよね？　私は、料理の起源はポトフのようなごった煮にあると考えています。それを洗練するために分解・再構築という手法が取られるようになった、と。ただ、それ以外の方向性はないんだろうか？　という思いもあるんです。

髙橋――というと？

川崎――つまり、原始のごった煮のようにさまざまな要素を一体に合わせることで、初めて出てくる味わいもある。そこに立ち戻ったうえで洗練させることを考えれば、一体感のあるヘテロ感というか、もう一段階上の世界が見えてくるのでは？　と感じていたんです。そうしたら今日、まさにそれが表現されている料理を作っていただけた気がして、とても感激しました。

髙橋――一体感のあるヘテロ感、ですか。なるほどね。

川崎――料理には、歴史や文化を保存する博物館のような料理もあれば、お客を刺激し、感動させる美術館のような料理もあります。今回の料理は、非常に美術館的な料理だと思いました。

髙橋――美術に近代美術もあれば現代美術もあるように、料理にもいろいろな形がある。そういう観点でお店に来てもらえると、見えてくるものも違うのではないでしょうか。そうすれば、今回のようなシンプルな料理を、おいしさだけでなく、その背景まで楽しみながら食べていただける気がします。

2014年5～6月号掲載

dialogue

#07

with

飯塚隆太

［いいづか・りゅうた］

no.14 ←…… no.13

theme

マリアージュのデザインを考える

料理とワインの関係性はこれまでもさまざまに語られてきたが、
この回では純粋に「味わい」の感覚に徹して
マリアージュの意味するところを議論。
飯塚隆太氏の協力のもと、
料理に欠けた要素をワインで補えるか、について実験を行った。

#ペアリング　#マリアージュ　#感覚のデザイン　#質と強度と時間

フランス料理においてワインとのマリアージュは古くて新しい、そして、重要なテーマである。

これまで言われているマリアージュはワインの色によるものや生産地によるものなど、味わいの感覚とは関係ない場合も多かった。確かにそうしたマリアージュもあるかもしれないが、味わいとしての感覚に特化してマリアージュを分類することができるのではないか、ときっかけをもらった対談だった。

飯塚シェフはワインにとても詳しいため、あえて料理からハーブの要素を除いて、それをワインで補うということもチャレンジされたが、料理とワインの両方を理解されているからこその料理だった。現代ではノンアルコールの需要も高まっているため、料理人の感覚でノンアルコールの飲み物を考えて合わせていくこともおもしろいだろう。

profile

1968年新潟県生まれ。「ロアラブッシュ」（東京・表参道）などに勤めた後、'94年に「シャトーレストラン タイユバン・ロブション」（同・恵比寿。現「シャトーレストラン ジョエル・ロブション」）に入店。渡仏を経て、2005年「ラトリエ ドゥ ジョエル ロブション」（同・六本木）シェフに。'11年独立。

Restaurant Ryuzu
http://restaurant-ryuzu.com

Ryuta Iizuka

2008

八色しいたけのタルト

肉厚のシイタケと、干しシイタケを加えたマッシュルームのデュクセルをフイユタージュにのせ、ラルドをかぶせて焼き上げた飯塚氏のスペシャリテ。豚のジュと干しシイタケのヴィネグレット、ルーコラ・セルヴァティカのピュレを添えて提供する。キノコの濃厚なうま味とバターやラルドの油脂分が、リッチな味わいを醸し出す一品だ。合わせるワインは「穏やかな酸が長く続き、口の中の脂を流してくれるタイプ。熟成してキノコのようなニュアンスが出てきた、1970年代のワインなら理想的です」(飯塚氏)。

図1:料理とワインのマリアージュとはどのような感覚か

相性がいい	料理とワインが合わさることで単独では得られない風味を感じ、それが感動的なほどすばらしい
相性が悪くない	料理とワインで同じ香りを感じる
相性がよくない	料理またはワインのどちらかの強度が強すぎるか、感じる時間が長すぎる
相性が悪い	脂質酸化物が口の中で発生 (魚介類とワインの鉄分の反応など)

——今回は料理とワインのマリアージュがテーマです。

川崎——最初にお断りしないといけないことがあって、私はワインを飲むのは大好きなんですが、詳しくはないんです。初歩的なところから伺うことになりますが、よろしくお願いいたします。

飯塚——こちらこそ、お願いします。

川崎——まず前提として、「相性がいい」というのはどういうことなのか? を考えていきたいと思います。パターンとしては相性が「いい」「悪くない」「よくない」「悪い」の4つがあるのかな、と思うんですね[図1]。

飯塚——今日は料理に合わせて僕の思う「合わない」ワインも選びましたが、図で言うと相性が「悪い」というよりは「よくない」にあたるかもしれません。この、「悪くない」というのは?

川崎——料理とワインで同じ香りの要素を合わせることがありますよね。

飯塚——ああ、ベリー系のソースにベリーの香りのワインだとか……。

川崎——はい。実は、双方に共通の香り成分があると相性がいいということは、科学的に証明されてはいないんです。でも、実際は多くのソムリエや料理人がそうした基準でワインを選んでいる。それはつまり、共通の香り成分があれば、マリアージュをある一定の状態にまではもっていけるというのを経験的に知っているからだろう、と。それを「悪くない」という言葉で表しました。

飯塚——なるほど。僕はマンゴーとかパッションフルーツを料理にしのばせることがあるんですが、そこにほのかに甘くてトロピカルなワインを合わせる、という選び方をすることはありますね。

川崎——まさにそういうことです。対して、ワインと料理を単体で味わうのとは別次元の、すばらしいおいしさが出てくるようなマリアージュもあるはず。それを「いい」と表現したわけです。

「欠けている要素」をワインで補う

——では、試食・試飲をお願いします。

川崎——ワインと料理を口に入れる順番はどうしましょうか。というのは、ワインが先か料理が先か、または同時かで香りの感じ方が変わってくるという実験結果がある

飯塚氏が考える「八色しいたけのタルト」とワインの相性

相性がよくない

ブラン・ド・ランシュ・バージュ 2012
シャトー・ランシュ・バージュ ③
ボルドーの白。「キレのいい強い酸がこのヴィンテージのポイント。余韻が短く、ラルドやバターの油脂分が流れる前に酸が切れてしまう」(飯塚氏)

ヴァンソーブル・レ・ミューズ 2010
ドメーヌ・ド・ラ・ペケレット ④
グルナッシュとシラーを使ったコート・デュ・ローヌの赤。「特徴的な鉱物っぽい香りがキノコのふわりとした香りを覆い隠してしまう」(飯塚氏)

相性がいい

シャトーヌフ・デュ・パプ 2008
メーヌ・デ・セネショー ①
シャトーヌフ・デュ・パプの近隣はトリュフの産地でもある。「酸の余韻が長い。キノコの産地のワインをキノコに合わせるというストーリーも込みで相性がいい」(飯塚氏)

ボーヌ・シャンピモン・プルミエ・クリュ 2009
ドメーヌ・シャンソン ②
ボーヌの赤。「アルコールが強すぎずバランスがいい。タンニンは感じるものの、キノコの香りやバターと好相性」(飯塚氏)

んです。飯塚さんの感覚では、どれが相性判断に適していると思いますか？

飯塚――先にワインを飲んで次に料理、という順番が普段は多いですね。ただ、今回は同じ料理に違うワインを合わせていくので、まず料理を食べて、その余韻が残っている時にワインを飲むのが自然かなと思います。

川崎――料理の後でワインを口に入れるほうが、ワインの印象を判断しやすくなるということですね［073頁図2］。では、それでいきましょう。

飯塚――まずは相性がいい白、シャトーヌフ・デュ・パプ［①］です。

川崎――いただきます。あ、これはおいしい料理に、おいしいワインが寄り添ったという感じですね。

飯塚――穏やかながら酸を感じ、その余韻が長く残ります。バターにラルドに豚のジュと油脂分を多く使った料理なので、すっきり食べるにはこういうワインがいいだろう、と。料理がキノコのタルトなので、欲を言えばもっとキノコを思わせる枯れた感じが欲しいんですが、そういう熟成感は年を経ないと出てこない。といって、1970年台のワインを取材のために開けるわけにもいかないので（笑）。

川崎――なるほど（笑）。でも熟成が進むとそのぶん酸は抑えられませんか？

飯塚――ええ。その代わり、ワインの熟成感によってキノコのボリューム感が引き立つはずなんです。この料理は秋冬にはセープやトリュフを使うんですが、それらにはやはりしっかりと熟成したワインを合わせたいですね。

川崎――酸が消えても、全体のバランスで料理に合わせられるということですね。では、次に赤ワインを。

飯塚――ボーヌのワイン［②］です。先のシャトーヌフ・デュ・パプはアルコールを強く感じたと思うんですが、こちらはやさしい印象のはずです。

川崎――確かに。ワイン単体だとタンニンを感じますが、料理と合わせるとすんなり入ってきます。タンニンは口の中の唾液中のたんぱく質とくっ付いて唾液がなくなり、局所的に乾燥を起こすことで、いわゆる「渋み」を感じさせるという説があるのですが、この料理のように油脂が入っていると渋みをマスキングできますよね。

飯塚――ええ、ワイン単体より料理と合わせたほうがバランスがいいです。これがグラン・クリュクラスになるとワイン単体のバランスがよくて、どんな料理にも合わせやすいんですが、逆を言えばワインだけで飲んだほうが楽しめるということにもなってくる。マリアージュでおいしさを引き出すという点では、そこまでバランスが整っていないワインのほうがおもしろいですね。

――次は、「合わないワイン」です。

飯塚――これは合いませんよ。樽香をしっかりときかせたボルドーの白［③］です。

川崎――あ、ワインが料理より明らかに強いですね。酸が強いというか。

飯塚――キノコの旨みと喧嘩するでしょう。しかも酸の余韻が短いので、料理の油脂分が切れないんです。赤のほうはコート・デュ・ローヌ［④］。これも非常に強い、濃いワインです。

川崎――ううん……。これもワインが勝っていますね。タンニンも強いですし。

飯塚――クリームやバターをさらにたっぷり使うような濃厚な古典料理なら合うでしょうが、現代的な料理だとなかなか厳しい。ただ、臭みが出るような相性の悪さではないですね。

図2：料理とワインの順番がマリアージュに及ぼす影響

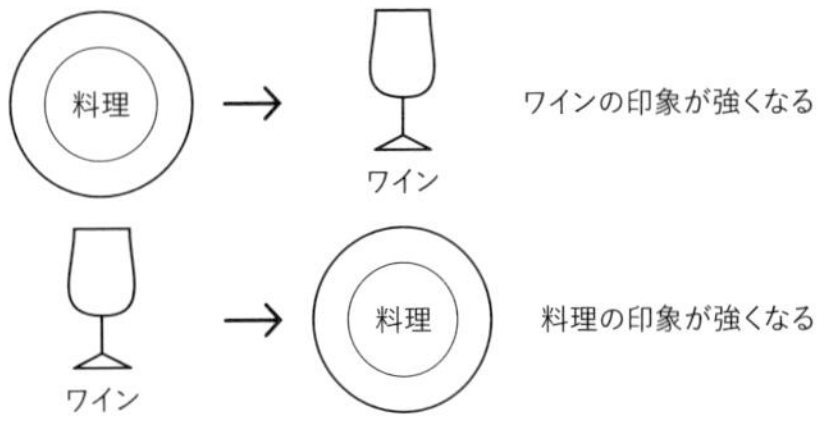

料理を食べてからワインを飲むか、ワインを飲んでから料理を食べるかで、食べ手が受ける印象は変わる。後に口に入れたものの印象が強く残るため、ワインが後であればワイン寄りの、料理が後であれば料理寄りのマリアージュとなる可能性が高い。

図3：フランス料理とワインの関係と、日本料理と日本酒の関係の違い

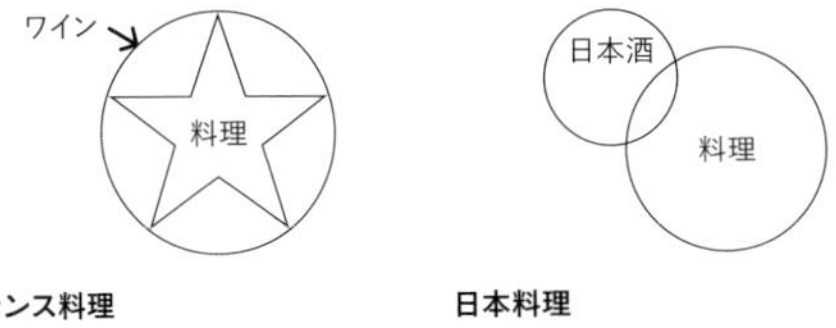

フランス料理
フランス料理はワインと合わさることで「和を以て貴し」となす

日本料理
日本料理は料理だけ、日本酒だけで「和を以て貴し」となす

料理において重要なのは、何かの風味が突出したりせずに一体感があること。フランス料理において素材をあえて突出させる仕立てとする場合、ワインも個性の強いものを合わせることで全体として「和」が生まれるのではないか？

川崎――臭みの発生という意味では、原因となるのは大抵、脂質酸化物です。つまり、脂が酸化した香りですね。これはいろいろなものに含まれていて、魚の生臭さや料理のアクなんかもそうです。ある種のワインの場合、鉄分が脂質酸化を促進させて、口の中で臭みがぐわっと広がるということが起こります。今回はそういうワインではなかった、ということですね。

飯塚――そういう原理なんですか。カニとブルゴーニュワインみたいに、想像するだけで口の中に臭みが広がるような組合せがありますが、あれが脂質酸化物の臭みなんですね。

川崎――その可能性があります。

飯塚――そう考えると、ワインというのはフランス料理を魅力的にしている反面、難しくもしている飲みものですよね。相性を知らないと選べないんですから。その点、日本酒はすごいなと思います。カニでも何でも合わせられるし、現代的な油脂を控えたフランス料理の場合、ワインより日本酒のほうが合うなんてことも多いんじゃないですかね。

川崎――確かに日本料理は酒と料理のマリアージュをそこまであれこれ言いませんね。イメージとしては、料理と酒がともにバランスのいい輪の形をしていて、それぞれが「和を以て貴し」となすものになっている。一方、現代フランス料理では素材が際立っていることが大事とされ、料理にもワインにもとんがったところがある……であれば、出っ張り引っ込みのある料理に対して、その凹凸を埋めるようなワインを選ぶこともできるのではないでしょうか？［図3］

飯塚――それは考えたこともなかったな。ワイン選びの常道と言えば、料理と共通する要素を探すというものでしたから。でも料理に足りないところを探してワインで補うというのは、ありかもしれません。たとえば、うちの定番でオマールにヴァニラの甘い香りを合わせて、清涼感を出すためにミントやコリアンダーを混ぜ込むという料理があるんですが、そのハーブをあえて料理からはずして、清涼感をワインに求める、なんていうのはどうですか？

川崎――ハーブのニュアンスが感じられるワインを飲んで、初めて料理が完成する……いいじゃないですか！

飯塚――次回はそれでいきましょうか。

川崎――はい。さらに香りの質だけではなく、強度や持続時間にも着目すると新しいマリアージュが生まれるのでは、と思います。楽しみですね。

飯塚――とはいえ、合うワインを探すのは難しいんですが(笑)。地方性で選ぶ、とかなら簡単なんですけどね。

川崎――同じ土地のワインと料理を合わせるというのは、やはり基本になると思います。文化に依存する相性というのは、確実にありますから。一方で、まったく異なるアプローチで感動を呼び起こすのが、「ガストロノミーのマリアージュ」ではないでしょうか。

飯塚――それを証明できればいいですね。

川崎――期待しています！

ブルターニュ産オマール海老をオーロラソースでハーブの香るズッキーニとマンゴーを添えて

下ゆでしたオマールをプランチャで焼き、少量のカレー粉をきかせてサラマンドルで温めてプリプリの触感に。ここに、ソース・アメリケーヌとマヨネーズで作るオーロラソースを合わせた。付合せはスペアミント風味のズッキーニと、マンゴー。マンゴーはショウガのコンフィとレモンの塩漬け、コリアンダーの葉、レモン果汁で和えてあり、複雑な風味が感じられる仕立てだ。付合せは清涼感でオマールとソースの甘味を緩和するとともに、主素材とワインを橋渡しする役割も果たす。

今回の料理に使われているコリアンダー、ミント、レモン、ショウガ。これらの要素をワインの風味で置き換えることができるかどうかを試した。

——今回も4本のワインを選んでいただきました。

飯塚——まずブルゴーニュのシャルドネ［①］です。ニュートラルなので判断基準になれば、と。2本目のリースリング［②］はハーブのニュアンスと、マンゴーのようなトロピカルな感じもあります。3本目はロワールのヴーヴレ［③］で、これもマンゴーのような甘さが特徴。最後のゲヴュルツトラミネール［④］は甘味が強く複雑味があり、ショウガやエピスの風味に合うと思います。

川崎——甘さに強弱がある4本ということですか。

飯塚——①～④の順に甘くなりますね。

——料理は、オマール料理からハーブ類を抜いたものと、通常通りハーブを加えたものをご用意いただきました。

飯塚——まずはハーブ抜きをどうぞ。本来は付合せのズッキーニにミントが、マンゴーにレモンとショウガ、コリアンダーの葉が入ります。ソースは共通で、オーロラソースです。

川崎——付合せの香りの要素が欠けているということですね。それをワインで補うことができるか？　というのが今回のテーマですが、さてどうなるか……。食べる時の順番はありますか？

飯塚——自由な順番で食べられるように作っていますが、最初はソースとオマールを、それから付合せも口にしていただき、ソースの甘さに複雑味を合わせる、という流れが自然でしょうか。

川崎——さっそくいただきます……オマール、おいしい（笑）。

飯塚——ハーブがなくても普通においしいですよね。ただ、食べ続けると……。

川崎——なるほど、風味のアクセントが欲しくなってきます。

飯塚——はい。オマールにもソースにも甘味があるので、清涼感が必要になるんです。ではワインを合わせましょうか。まずはブルゴーニュ［①］です。キリッとした辛口で、「普通の食事」という感じになると思うのですが。

川崎——なるほど。これがニュートラルということですか。料理の邪魔をしないけれど、広がりもしないかな？

飯塚——次にリースリング［②］。少し甘味が出てきます。

川崎——お、南国風な香りが強いですね。先にワインを

飯塚氏が考える「ハーブの香りを補うためのワイン」

ヴーヴレ ル・クロ
ドメーヌ・ヴァンサン・カレーム 2008 ③
「ハーブ香は少ないが、奥深いショウガの苦味と通じ合います」(飯塚)。「料理にハーブがなくても物足りなさを感じさせず甘味も強すぎないです」(川崎)。

ゲヴュルツトラミネール
ローリー・ガスマン 2009 ④
「複雑味があるタイプです。ショウガやアニスのニュアンスもあります。もう少し甘味が弱いといいのですが」(飯塚)。「料理に覆い被さってきますね」(川崎)。

ブルゴーニュ・ブラン
ジャン＝フィリップ・フィシェ 2010 ①
「シャルドネです。味わいがニュートラルで樽香もきいていないので、判断の基準に、と」(飯塚)。「キレがいい。料理の邪魔はしないけれど広がりもないですね」(川崎)。

リースリング
アルベール・ボクスレ 2012 ②
「ミントやコリアンダーなどのハーブ、そしてマンゴーのニュアンスが感じられます」(飯塚)。「マンゴーと合わさると、トロピカルな香りが広がりますね」(川崎)。

飲んで、その余韻が残る中で料理を食べたのですが、最後にオマールの甘味がぐんと強まるので、またワインを飲みたくなる……。オマールの甘味を洗いたくなるというか。

飯塚――ワインのマンゴーっぽい香りが料理とリンクしているんだと思います。味が広がっていく感じがありますね。

川崎――逆に、④のゲヴュルツトラミネールは料理に覆い被さって、シャットダウンしてしまう感じがします。

飯塚――甘味が強すぎるんですよ。

川崎――ワインの甘味のせいなんですか。オマールの印象を消してしまいますね。

飯塚――ただ、甘味に加えて複雑味もあるので、料理にハーブやショウガが加われば案外合うかもしれません。

川崎――比べて、③のヴーヴレはいいですね。甘味が強すぎず、料理にハーブがなくても物足りなさも感じません。ワインにハーブの香りがするわけではないと思うんですが、清涼感でオマールの甘味を切るといった、ハーブが果たすべき役割を担えている気がします。

飯塚――これはよかったですね。最初は付合せのマンゴーの味が残って、それを引っ張りながらオマールの味が来て、ワインを飲むともう一度マンゴーがよみがえるという感じです。

川崎――マンゴーとオマールを同時に口に入れると、オマールのうま味と甘味が強いので、マンゴーの味は先に減退します。そこで、マンゴーを思わせる風味のワインが生きてくるんですね。何より、料理がワインと合わさって複雑さが増しました。それも、質的な複雑さと時間的な複雑さがともに感じられるようになったのが驚きでした［077頁図左］。

「質」「強度」「時間」の3つを考える

――次は、ハーブを加えた料理に同じワインを合わせてみます。

飯塚――ハーブが入ることで料理のニュアンスが大きく変わるので、ワインの印象も変わってくるはずです。

川崎――本当ですね。シャルドネとリースリングはそこまで大きな変化はないけれど、ゲヴュルツトラミネールが甘くなくなりました。これはおもしろい。

飯塚――ワインの甘味をコリアンダーやショウガがうまく和らげていますね。

川崎――ここでのハーブの本来の役割は、甲殻類の生臭さを消すことですよね。でもハーブの余韻が残っているおかげで、料理の味わいにワインに負けない強さまでもが生まれている気がします。

飯塚――ハーブなしの時は、酒の甘味が勝ってしまっていましたからね。ショウガもコリアンダーもあえて少し大きめに切っているので、余韻が長く続くんだと思います。では、ヴーヴレです。これはいかがでしょう?

川崎――あ、めちゃくちゃおいしいです! 今までとまったく違う感覚が生まれたというか。料理だけだとこれはオマールの味だな、これはコリアンダーだな、とわかりますよね。それが、ヴーヴレと合わせると「何かわからないけどすごくおいしい」という状態になる。マリアージュってこういうことかなと思わせられます［077頁図右］。

飯塚――マンゴーの甘味をショウガの苦味が切ってくれて、料理のよさも発揮されるし、同時にワインのよさも持ち上がってくる。お互いをより高め合っています。ヴーヴレはワインだけだと甘くて飲み疲れるイメージを持っていたんですが、オマールにヴーヴレ、いいですねえ。このお

図：ハーブ（コリアンダー）の有無によるマリアージュへの影響のイメージ図

風味の感じ方の経時変化を色で表現した。同じ色は同じ風味を示す。

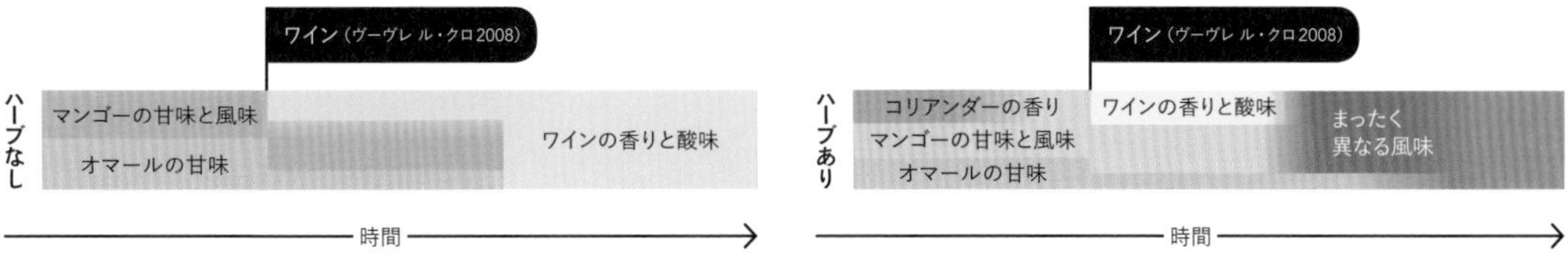

最初、オマールの甘味とマンゴーの甘味、風味を感じ、ワインを飲むとワインの香りがマンゴーの風味と合わさって、異なる香りになり、オマールと組み合わさる。

コリアンダーの香りとマンゴーの甘味、風味が合わさって、マンゴーとは別の香りを感じ、オマールの甘味と混合される。ワインを飲むと、ワインの香り、コリアンダー、マンゴーが合わさってまったく異なる風味に感じ、オマールの甘味と混合される。

今回の実験結果。ハーブの役割をワインがある程度まで補完できるが、「まったく異なる風味」を感じさせたのは料理にハーブが入った時だった。

皿にはこのワインがピッタリ合いました。

川崎――ピッタリという言葉がまさにピッタリです。

飯塚――マンゴーのトロピカルなイメージ、ミントの冷涼感、レモンの清涼感……すべての要素がワインにも感じられるのがいいんでしょうね。

川崎――ワインの「質」「強度」「時間」という3つの条件をちゃんと考えて組み合わせるとここまでよくなるんだ、というお手本ですね。質はトロピカルなイメージとハーブ、強度は甘みをちょうど覆い隠すような強さ、時間はハーブといつ競合してくるかというタイミング。ヴーヴレはその3つがピッタリと合っていました。一方、他のワインは、そのどこかでワインが勝ってしまっていたのだと思います。

飯塚――店でも料理とワインのペアリングをやっていますが、本来はここまで突き詰めて一品ごとにワインを選ばないといけないんですよね。正直、その余裕がない時もあるんですが……。

川崎――それを補うのがソムリエの経験値じゃないでしょうか。記憶というのは情報の蓄積が多ければ多いほど覚えやすくなりますから、知識豊富なソムリエは新たな情報を蓄積し、とっさに引き出すことが上手なはずです。

飯塚――ソムリエも今日、この場に呼べばよかったな（笑）。あとは、ワインは年代によっても畑によっても状態が違うので、そこですよね。2009年のゲヴュルツトラミネールはこんなに甘かったけど、もしかしたら前年は甘味が弱いかもしれない。逆に言えば、これだけ甘いワインでも、料理の酸味をより強めたら合うかもしれない……。

川崎――まさにそういうことだと思います。ワインという液体の状態を料理人がコントロールすることはできません。でも料理はソースの粘度や素材の切り方で強度と時間をコントロールできます。料理を通してマリアージュをコントロールする術を持っている――それが、料理人の可能性だと思います。

――ハーブの役割をワインで補えるか？　という問いが出発点でしたが。

川崎――役割を補う、という点ではある程度結果が出たのではないですか？

飯塚――はい。ワインによってハーブのニュアンスを出すことは可能だと思いました。ワインにそのハーブを使っているわけではないので、ワインだけで補いきれるものではないな、というのも実感ですが。でも、そういう選び方をすることで新たなマリアージュが生まれるかも、という期待は持てました。

川崎――僕が印象的だったのは、ハーブを抜いた料理の時は「足りないものを補う」ためにワインを飲みたくなったのに、ハーブが入って完成した料理とワインを合わせた時に別次元のおいしさ、爆発的な感動を体感できたことです。フランス料理の底力というか、トップレベルの相性を見せられた思いです。どうもありがとうございました。

飯塚――ありがとうございました！

2014年9〜10月号掲載

dialogue

#08

with

髙橋雄二郎

〔たかはし・ゆうじろう〕

no.17 ←…… no.15

theme

発酵と熟成

「発酵・熟成による奥深い味わいを、醤油などの日本の発酵調味料に頼らずに表現する」ことを目標に、難易度の高いテーマに取り組んだ髙橋雄二郎氏。さまざまな穀物と野菜を使い、麹発酵、乳酸発酵、酵母発酵に挑戦した。

#発酵　#熟成　#メイラード反応　#フランス料理らしさ

発酵や熟成は、フランス料理人にとって興味深いテーマであると思う。対談時（2014年）はそこまで一般的ではなかったと思うが、今では多くの料理人が取り組んでいるだろう。

高橋シェフが意識したのは、単にこれまで扱ってこなかった素材を発酵させるというのではなく、フランス料理らしさを失わずに発酵を使うということであった。結論としては、メイラード反応と油脂がキーポイントであった。

発酵や熟成のデザインという意味では、食材の成分が何で、使う発酵がどういうものか、によってできる成分が決まるため、それらを理解して進めることで、欲しい風味が得られる。そして、発酵したものをさらに炒めたりジュを取ったりというフランス料理の技術を使うことが、フランス料理としての完成度を高めた要因であると思う。

profile

1977年福岡県生まれ。大学卒業後、調理師学校へ。東京都内のフランス料理店を経て2004年に渡仏し、「ルドワイヤン」、「ラミ・ジャン」、ブーランジュリー「メゾン・カイザー」、パティスリー「パン・ド・シュクル」（すべてパリ）で経験を積む。2007年に帰国し、「オーグー・ドゥ・ジュール・ヌーヴェルエール」（東京・丸の内）スーシェフを経て、「ル・ジュー・ドゥ・ラシエット」シェフに就任。'15年、東京・六本木に「ル・スプートニク」を開業。

le sputnik
https://le-sputnik.jp

Yujiro
Takahashi

ラカン産仔鳩のロースト そのジュと内臓のアンチョビ

仔バトを味わいつくす一品。胸肉はローストし、腿肉はミンチにして豚の網脂で包み焼きに。砂肝のソテー、頭のロースト、骨のフリットを添えて、ジュ・ド・ピジョンを流した。味のアクセントは、チリメンキャベツにまとわせた「内臓のアンチョビ」。仔バトの心臓と肝臓が持つ独特のコクになれた塩気が加わり、皿全体の風味に奥行きが増す。

アユの内臓を生のまま塩蔵する「うるか」から発想した「ハトの内臓のアンチョビ」。加熱後、最低3週間ほどおいてから使いはじめる。

——今回は、髙橋さんから「発酵・熟成に興味がある」と伺っています。

髙橋——発酵や熟成した食材が持つ独特の風味って、発酵調味料の醤油に慣れた日本人にとっては非常に親しみやすい味だと思うんです。僕も自分の料理に取り入れたいと思うんですが、フランス料理には同じような発酵調味料は見当たらない。かといって醤油は使いたくない……それで、仔バトの内臓を使って自家製のうるかというかアンチョビのようなものを作ったんですが、自己流なのでいろいろ伺いたくて。

川崎——どんなものなんでしょう?

髙橋——仔バトの肝臓と心臓をよく水洗いしてから塩漬けして、66℃の油でコンフィにしてからねかせるんです。今は、ジュ・ド・ピジョンをソースにするハトのロティに、これをアクセントに散らしています。夏場は内臓でモンテした濃厚なソースは重すぎるので、内臓の使い道は他にないかな、と。

川崎——(味見をして)あ、おいしい。上品で魚臭くないアンチョビというか。

髙橋——これで3週間ほどねかせています。そのくらい経つと、パテ・ド・カンパーニュなども相当強い熟成感が出てくるので頃合いかなと。ただ、実際に発酵・熟成しているかどうかが自分だとわからないんですよね。

川崎——発酵なのか熟成なのかでも違ってきますね。発酵は微生物の酵素によって素材のたんぱく質が分解されること。熟成は酵素によってたんぱく質が分解されることを言います[083頁図1]。それにより独特のうま味や風味が出るのですが、逆に言えば、微生物や酵素が活動できる環境でなければ発酵・熟成は起きません。今回は60℃以上で加熱しているため酵素が失活している可能性があって、熟成は期待できないかもしれませんね。

髙橋——そうなんですか……。本当は火を入れずに長期間ねかせたいんですが、さすがに衛生面で怖くて。でも、時間が経つと味がこなれる気がするんですよね。どうしてなんでしょう。

川崎——うーん。発酵もちょっと考えにくいので、塩が全体にまわることで、食べた時に塩の濃度を薄く感じてまろやかな印象を受けた、という可能性が高いように思います。パテ・ド・カンパーニュの風味が変わるのは、肉の脂質が酸化したためかもしれませんね。ただ、料理とし

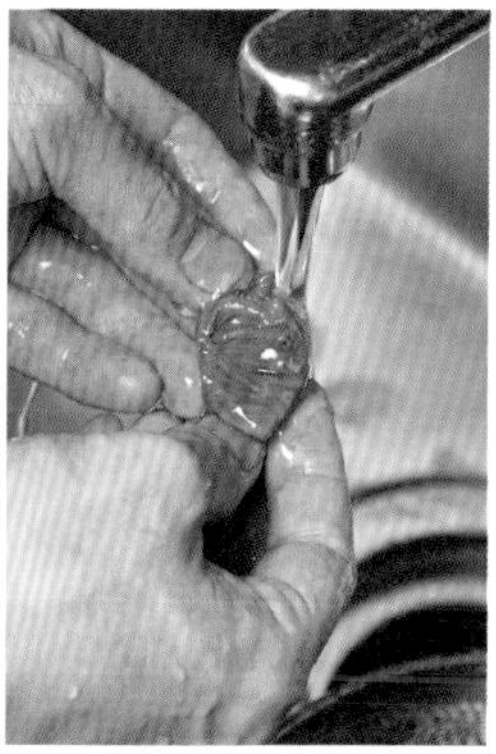

右…アンチョビにはフランス・ラカン産の仔バトの内臓を使用。心臓と肝臓を適宜の大きさに切り、30分間ほど流水にさらして血抜きする。左…脱水シートに包んで一晩冷蔵庫におく。

脱水した心臓と肝臓に多めの塩と黒粒コショウ、ショウガの薄切り、ニンニク、タイム、ローリエをまぶし、冷蔵庫に2日間おく。水洗いして、再び脱水シートで包んで半日おく。66℃のオリーブオイルでコンフィに。その後、裏漉ししてE・V・オリーブオイルに漬ける。

て見れば「ねかせるとおいしくなる」こと自体を、「熟成」と定義してもいいと思いますけれど。

髙橋――そうなんですか。なかなか難しいですね。

川崎――発酵も熟成も、腐敗と隣合わせだという問題も大きいですね。うるかのように食文化として定着しているものは、私たちは経験的に安全だと知っています。でも、新たに挑戦すればリスクも出てくる。「ノマ」や「ファット・ダック」といったレストランが日本の麹菌なども使って発酵を研究していますが、彼らも科学者と組むことでリスクを軽減させているようです。

洋の素材を麹菌で発酵させる

川崎――ちょっとまとめると、髙橋さんは今回、塩でハトの内臓の水分を抜き、うま味を濃縮させました。これは、伝統的なフランス料理が鍋の中で行っていた濃縮の作業を、鍋の外で行ったといえます。タイミングは違えど、フランス料理の濃縮と同じ効果を得ていたということです。でも、その「効果」自体を変えたいというのが髙橋さんの狙いなのではないでしょうか。

髙橋――はい、何か新しい独自のフレーバーを出せないかと思っています。

川崎――ではまず、素材と料理の関係をまとめましょうか。これは、素材を料理にするためにどういうアプローチがあるかを日中仏の各国で比較したものです［083頁図2］。基本の調味料として各国共通で「塩」があり、そこにうま味や油脂が付け足されて、おいしくなっていく。その後、フランス料理なら加熱によるメイラード反応が、日本料理は醸造・発酵によって長期間かけてメイラード反応が加わり、さらにハーブなどの香りの要素が出てきます。おもしろいのは中国料理で、加熱と発酵、両方の反応をうまく使うんですよ。

髙橋――発酵もメイラードなんですか。

川崎――長期熟成をすれば、低温でもメイラード反応は起きます。赤味噌なんかがそうですね。今回、テーマになるのは、この図で言うと「文化に依存する要素」の部分なんだと思います。つまり、単なる濃縮、単なる加熱によるメイラード反応では足りないと髙橋さんは考えている――それはこれまでのフランス料理と同じ方向ですから。ではどうするかというと、独自の香りの要素が加わればいい。そこで、「発酵」を使うとがらりと違うものができる可能性があります。ただ、文化的にフランス料理らしくなくなるというリスクもありますが……。

髙橋――個人的にはそちらに踏み出したいです。日本でフランス料理をやっていると、「醤油って旨すぎてずるいよな」と思うことがあるんですよ。日本で育ったフランス料理人として、そういう発酵調味料の旨さにチャレンジする意味はあるんじゃないかと思います。

川崎――となるとどんな菌を使い、何を発酵させるかですね。使いやすいのは乳酸菌です。伝統として経験が蓄積されているし、塩をたっぷり使えば危険も少ないですから。ただ、乳酸菌は酸味と香りがメインで、うま味はあまり出ないかもしれません。逆に、麹菌はうま味と甘味が強く出るはずです。

髙橋――麹菌と塩麹は別物ですか?

川崎――塩麹は米に麹菌をつけて塩とともに発酵させた調味料ですね。せっかくやるなら、何かに麹菌をつけるところからになるでしょう。つまり発酵させる対象はハトの内臓でいいのか……。

髙橋――ハトの内臓のアンチョビを作ったのは、ハトの料理

図1：熟成・発酵・腐敗の共通点と相違点

	熟成	発酵	腐敗
変化の要因	筋肉などの酵素によりたんぱく質が分解し、うま味成分を生成したり、化学反応や物理反応により香気成分を生成	有用菌の持つ酵素によりたんぱく質や炭水化物が分解し、うま味成分や甘成分が生成	腐敗菌により毒性のある物質を生成
食品の例	畜肉、果実、発酵後の味噌、発酵後のチーズ、発酵後の酒類など	味噌・醤油（麹菌）、酒類、パン（酵母菌）、チーズ、ヨーグルト（乳酸菌）など	

熟成と発酵はゆるやかにつながっており、発酵を熟成に含む分類もあるが、今回は微生物の介在の有無によって分けてみた。

図2：調味料の原則仮説

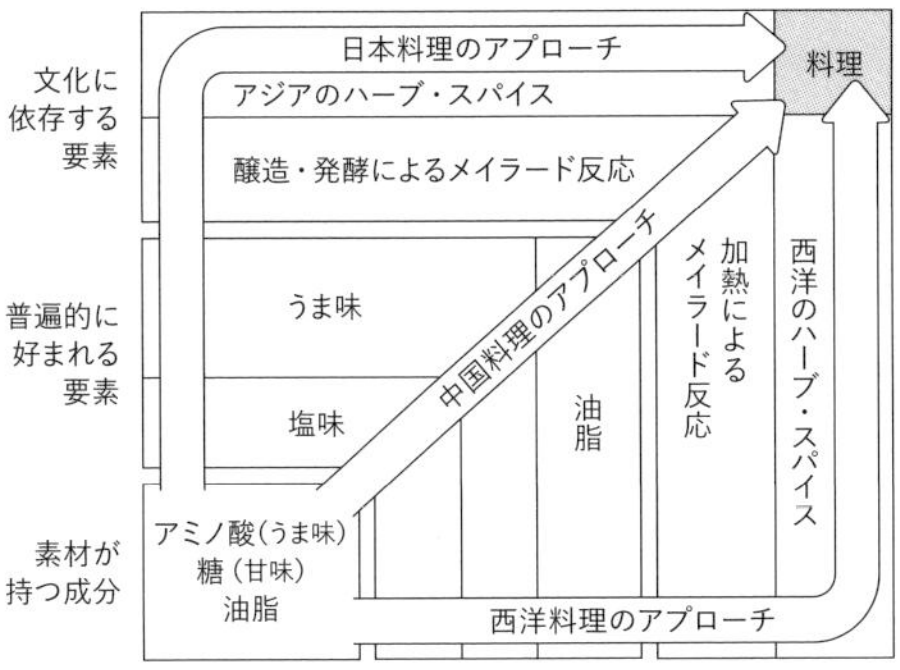

にはハトの内臓を、というストーリーの一貫性が欲しかったからなんです。相性がいいだけでは料理として説得力が薄いのではと思って。でも、ハトの内臓を発酵させるのはちょっと現実的じゃなさそうですね。

川崎——であれば、たとえば豚の料理に豚が食べているドングリの粉を合わせる、というようなストーリーに沿ったアプローチは考えられないでしょうか。

髙橋——ハトが食べているエサってなんだろう。よく喉に入っているのは、木の実ですね。緑の草に混じって……。

川崎——草ですか。ハーブを発酵させることは可能だと思いますよ。

髙橋——そんなこともできるんですか？　あと、ちょっと心配なのは麹菌を使うことで「和の調味料、和の料理」になってしまわないかということですね。これまで、「日本の調味料を使わない」というルールを自分なりに決めて料理を作ってきたものですから。

川崎——それは大丈夫ですよ。麹菌自体は東アジア独特の菌ですが、問題は何を発酵させるかですから。たとえば、乳酸菌で牛乳を発酵させたヨーグルトは外国の文化だけれど、乳酸菌で米糠を発酵させた糠床は日本文化ですよね。菌も食材も、土地に依存するものです。そして、菌を使って何を発酵させるかが食文化を決めてきたのだと思います。

髙橋——とすると麹菌を使ってフランス料理に着地させることも可能な気がしてきますね。かなり興味が湧いてきました。

川崎——洋の食材を麹で発酵させて、新たなフレーバーを探す……これ、すごいなあ。乳酸発酵のほうがハードルは絶対低いんですよ。でもおもしろいもの、予想を超えたものができるとしたら、私も麹菌だと思います。ただし肉や魚を発酵させるのはリスクが高いですから、やるなら穀物系でしょうね。

髙橋——スペルト小麦とか豆とか……。そうすると、主素材もハトはやめて、前菜のサラダに近いものか、酒の肴みたいな料理になるかもしれません。そう言えば、以前店で天然酵母のパンを焼いていたんですが、あれは酵母菌による発酵ですよね。

川崎——あ、酵母菌もありましたね。酵母菌で小麦粉以外のものを発酵させたらおもしろいかもしれませんよ。

髙橋——ですね。どこまで形になるかわかりませんが、両方試してみます。さっきの話にもありましたけど、ノマとかファット・ダックとか、外国人が日本人が慣れ親しんだ麹菌で新しい挑戦をしている。そこにちょっと悔しい思いがするんです。日本のフランス料理人として、こんなに身近にある素材なのに負けちゃうのは残念ですから。

川崎——大きなテーマになりましたが、次回を楽しみにしています。

dialogue
#08
no.16

dialogue
#08
no.17

上

麹発酵させたキヌアの温かいタブレ そのエキス

クスクスのサラダをイメージした温前菜。麹発酵させたキヌアを炒めて甘味を高め、トマトやハーブと和えて清涼感をプラス。これをゆでたニンジンとともに皿に盛り、キヌアのスープをかけて提供する。スープは、炒めた発酵キヌアを水で煮出し、レモングラスやミントの香りをつけたもの。発酵により柔らかくなったキヌアにスープがしみ込み、口に運ぶと穏やかなうま味が広がる。

下

鴨のロティ　稲わらの香り 肉醤ともろみのソース

稲わらで瞬間燻製した鴨の胸肉のロティに、アワとキビを使った自家製のもろみのソースを合わせた。ソースには、鴨とハトの端肉の塩漬けから取った水分を「肉醤」として加え、麹発酵させたアワとキビを水で煮出したスープで濃度を調整。鴨のガラを使わずに、さまざまな発酵物を組み合わせることで奥行きある味わいを表現しようと試みた。もろみの醤油を思わせる風味が食欲をそそる一品だ。

黒い皿に並ぶのは麹発酵させた穀類。左からレンズマメ、スペルト小麦、キヌア、アワ、キビ、クスクス。表面に白く菌が付いている。後ろのガラス瓶は左から、麹発酵させたアワとキビを塩水に漬けて1ヵ月おいたもろみ、乳酸発酵させたネギ、赤キャベツ、カブ。

——前回の撮影からほぼ1ヵ月間、発酵に取り組んでいただきました。

髙橋——手探りでのスタートだったので、まずは勉強からはじめて、川崎さんの意見を伺いながら進めました［087頁欄外］。試したのは麹菌と乳酸菌、酵母菌による発酵です。雑穀類に麹菌を付けたり、近所のパン屋さんにお願いして麹発酵のパンを焼いてもらったり、キャベツやネギを塩水に漬けて乳酸発酵させたり、天然酵母液を作ったり……。今日はその中から、手応えを感じた麹菌を使った料理を2品お出しします。まずは「麹発酵させたキヌアの～」からどうぞ。

川崎——相当いろいろと取り組んでいただいたので、楽しみです。早速いただきます。（食べて）あ、キヌアが甘くて柔らかい！　プチプチした触感が気持ちいいですね。これはどのように？

髙橋——蒸したキヌアに種麹をまぶして、30℃前後に温度調整しながら2日間ほどおくときれいに白く菌が付くので、それを炒めて使っています。

川崎——この甘みは麹菌により炭水化物が分解され、糖が出てきたんでしょうね。かかっている液体が、事前におっしゃっていたキヌアのスープですか？

髙橋——はい。麹菌を付けたキヌアを炒めて、水で煮出したスープです。いい風味が出ていませんか？

川崎——おいしいです。ちょっと経験のないような複雑な風味が出ていて、これはおもしろいなぁ。

髙橋——レンズマメだとかスペルト小麦だとか、いろいろな穀物に麹菌を付けてみたんですが、いちばんよくだしが出たのがキヌアだったんです。

川崎——主素材でだしを取り、それを皿にもどしたということですね。動物の骨でフォンを取り、煮詰めてソースにする……というのと同じ手法をキヌアで行ったわけで、非常にフランス料理的なアプローチだと思います。

髙橋——そうですね。クスクスのサラダというフランスで日常的に食べられている料理を、日本の麹菌を使って違和感なく仕立てようと考えた料理なので。逆に、2品目の自家製のもろみをソースにした鴨のロティは、日本らしさが強く出ていると思います。

川崎——もろみはどのようにして作ったんですか？

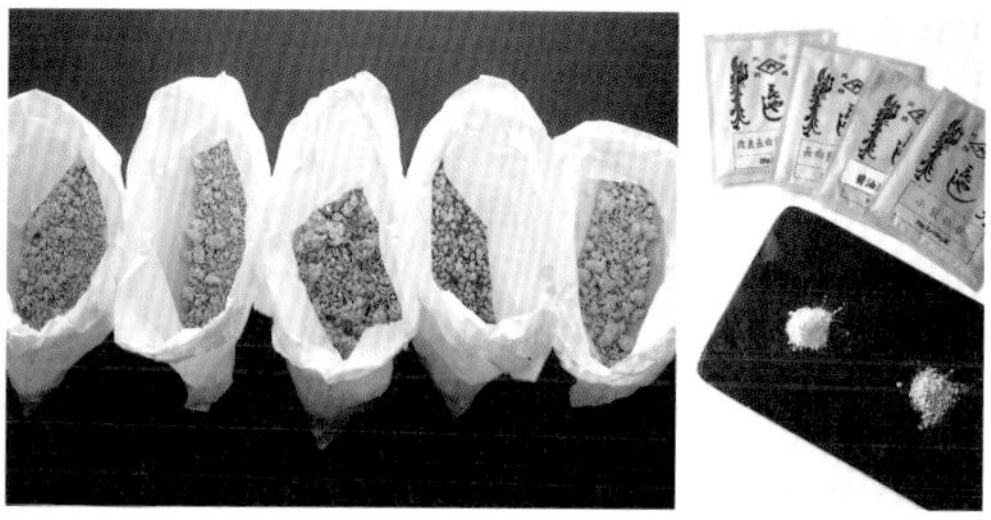

右…京都の老舗種麹店「菱六」の麹菌。今回はキヌアに「改良長白菌」、もろみに「醤油用旭菌」を使用した。**左**…麹菌を付けた穀類は写真のように紙袋に入れ、上から新聞紙で包んで保温効果を高め、25℃を下まわらないようにして保管した。

髙橋氏が懇意のブーランジュリーに依頼し、通常の酵母菌ではなく、麹菌を使って発酵させたバゲットとプティパン。ふくらみが足りず硬く締まった焼き上がりになったが、「独特な香りがクセになる」と川崎氏に好評だった。

髙橋——キビとアワに麹菌を付けてから全粒粉を合わせて、20％の塩水に浸けて1ヵ月ほどおきました。醤油の作り方を参考に、大豆をキビとアワに変えて期間を短縮した感じです。

川崎——（食べて）このソースはうま味がすごいですね。鴨のジュなどは入っていないんですよね？

髙橋——はい。今回はあえて発酵の力だけで味を出してみようと思って。ただ、自家製の「肉醤《にくびしお》」を加えて味わいに深みを出しています。鴨とハトの生肉に塩をして1ヵ月間ほどおき、にじみ出てきた水分を漉したものなんですが、どうですか？

川崎——もろみのうま味が強いからか、肉醤の風味自体はそこまで感じませんが、それにしてもこのソースはすごいですよ。肉にたっぷり付けて食べたくなるおいしさがあります。もろみのちょっと醤油っぽいところとか、日本人が好きな味になっていますよね。そして、先ほどの料理と比較すると、素材自身のだしを使うのではなく、あえて外部の素材で作った調味料を合わせるという考え方が、日本料理的だと感じます。

髙橋——オリジナルの調味料を作るというのは、自分でも意識していた点です。料理人仲間とたまに話すんですが、僕たちは自分自身の感性で料理を作ってはいるけれど、調味料まで自作できるわけではない。だから、何となくプラモデルを組み立てているような感じがしてしまうことがあるんです。それをなんとかできないかな、と思って。

川崎——既成の調味料だと、他人と同じパーツを使って組合せを変えているだけだ、と。

髙橋——ええ。それで、もっと深く突き詰めた料理を作るには、たとえば発酵によって、自分なりの調味料を作るという選択肢もあるのでは、と考えました。そういうものを欲している料理人は、案外多いと思うんですよ。

川崎——自分だけの皿を作りたいという欲求があるのが、料理人の証ですからね。思ったんですが、調味料を「食材と料理をつなぐもの」ととらえると、より料理人にとっての可能性が広がるんじゃないでしょうか。たとえば肉を焼くという作業だって、ある種の「調味料」だと思うんです。焼かれることで肉からアミノ酸が出てきて表面に付着し、それが加熱されてメイラード反応が起こる。それにより独特の風味が生まれるのだから、料理人は食材を加熱しつつ、調味もしているんだ、と。

髙橋——なるほど。それは考えたこともなかったな……。

危険を回避するための観察眼が必要

——2回を通していかがでしたか？

髙橋——失敗している時間もあまりないという状況だったので、最初がかなり大変でした。種麹と米麹の違いすらよくわかっていませんでしたから。

川崎——そこから素材を集めてこれほどの料理につなげられたわけですから、すごいことですよ。麹は、麹屋さんから買ったんでしょうか？

髙橋——はい。こんなふうに、醤油用とか味噌用とか、いろいろ種類があるんです［本頁上写真］。

川崎——これが、全部生きているわけですからね。すごいなあ、発酵って。

髙橋——麹を入手したはいいんですが、食材に菌を付けるというところに精神的なハードルがあって、最初はなかなか踏み込めなくて（笑）。菌が付いたら付いたで、これ本当に食べられるのかな？　と心配になるし、いろいろと勇気が必要でした。でも、麹を付けた穀類から日本酒みたいないいにおいがして、食べてみたら意外においしくて止まらなくなっちゃんったんですが。

川崎――失敗してお腹を壊した、なんてことはありませんでしたか？

髙橋――幸い、それはなかったですね。逆に食べすぎたからか、お腹の調子がよくなりすぎました（笑）。

川崎――それはよかったです。発酵や熟成というのはどうしても衛生面の危険性が伴いますから。

髙橋――麹菌の場合、説明書に書いてある温度を守ればそんなに失敗しないという印象を持ちました。ただ、温度が高すぎる、水分が多すぎる、時間が長すぎる……というようなことがあると、よくないカビが出てきます。料理人である以上、腐敗の危険性は常に意識していますが、発酵に取り組むことでさらにそこに意識がいくようになった気がします。

川崎――新しいことをするには、そうした観察眼が大事ですね。変化に気づけないと、腐敗したものを出してしまうことになりますから。

髙橋――そうですね。今後は味噌や醤油のような長期間熟成も試したいんですが、そのためには衛生面を含め、かなり注意が必要になりそうです。

――川崎さんはどんな感想を？

川崎――キヌアの料理をいただいて思い出したのが、リチャード・ランガムという文化人類学者が唱えた、「料理は消化の外部化である」という説です。ほとんどの動物は食料を生で食べるのに、ヒトはなぜ火を使って料理するのかというのがテーマなんですが、動物は加熱されていないたんぱく質を生で食べるので、消化にすごく時間がかかるんですね。そのために多くのエネルギーを消費するから、一日のほとんどを寝てすごすわけです。一方、ヒトは加熱して消化しやすくした食料を身体に取り入れるので、食べた後でもすぐに活動できる。これにより、時間を有効に使えるようになったのだ、と。

髙橋――へえ！　おもしろいですね。でも、そのお話とキヌアの料理とが、どう結びつくんでしょう？

川崎――ランガムは加熱についてのみ論じているんですが、同じことが、発酵についても言えるんじゃないかな、と。キヌアという本来は硬い穀物を発酵させると、繊維が切れて柔らかくなる。すると、そのまま食べるよりも消化が早くなるはず。これもまた、「消化の外部化」に他ならないと思いませんか？　そういう料理の原点みたいなものが、加熱と発酵の両方にあったんじゃないか。髙橋さんの料理から、そんなことを考えさせられました。

髙橋――ありがとうございます、すごく大きな話ですね。今回は自分の中でも殻を破ることができた実感があるので、うれしいです。豆、芋、コーヒーと発酵させたらおもしろそうな食材はまだいろいろあるので、引き続きチャレンジしてみたいと思います。

2014年11〜12月号掲載

取材当日までのやりとり

今回は「発酵」という難しいテーマだったこともあり、髙橋・川崎両氏は事前にFacebookでやりとりを重ね、方向性を定めていった。その一部を紹介する。

高橋　○月×日
お疲れさまです。麹、酵母発酵はやはり難しく、環境作りの菌を付着させることから苦戦してますが、いちばんはそれらをどういう形で味に持って行くかで悩んでいます。具体的に少しずつ試しながらできることを絞り込んでいきたいと思います。

川崎
具体的にどんな感じか教えていただけますか？　目的は発酵を、「使う」ことではなく、それによってどのような新しい表現ができるか、ですので、ぜひ一緒に考えさせてください。

高橋　○月×日
麹、酵母発酵を今お店で行なっています。麹菌でレンズマメ、スペルト小麦、キヌア、クスクスを発酵させました。味は甘くまろやかになり日本酒の香りがします。その他にリンゴ、レーズンなどで天然酵母液を作りました。まだ発酵の原理を勉強している段階ですが、どういう形にできるか何パターンかに絞り込んで考えています。一つは麹菌の甘み、旨みを生かしてフォワグラをマリネしてテリーヌを作る。もう一つは肉醤のようなもので、漬け込む時間が短いので単体ではまだ使えないと思いますが、発酵させた何かを加えて醤油のように抽出して甘み、風味を補ってみる、などです。

川崎
拝見しました。お忙しい中、かなり試されたようで驚きです。麹菌も見た目繁殖しているようですね。フランス料理というものを考えた時、発酵だけのものより、それにメイラード反応を加えることがフランス料理に関係しているのではないでしょうか。その考えに立つと、麹菌が付いている豆などはローストしたりするのはどうでしょうか。ローストしたものを潰したりパウダーにしたり、液体で抽出して味と香りを出したり。肉醤も、炒めて味を濃縮し、それをそのままかペーストにするか、液体で抽出する、などはどうでしょう。

高橋
メイラード反応と発酵、確かにフランス料理として表現しやすいような気がします。今日はお店が休みなので明日からまたいろいろ試してみますが、多分うまくいかない事ばかりだと思います。その時はまた相談させてください。ちなみに酵母発酵させたリンゴ液などに肉を漬け込むと何か効果が得られるのでしょうか？　パチパチと毎日音立てて発酵しています。

川崎
酵母によってアルコールが、乳酸菌によって乳酸ができるはずです。それでマリネすることで、肉が加熱しても柔らかくなります。

高橋
なるほど。ありがとうございます。

高橋　○月×日
お疲れさまです。麹菌を付けたキヌアを炒めてみたのですが、旨み、甘みが増してかなりおいしいパラパラのチャーハンみたいなのができました。さらにそこに水を加えて煮ると、だしを入れたわけでもないのにスープができました。まだどのような料理を作るのかいろいろ考えていますが、かなり勉強になっているのは確かです。

川崎
作られたのは、塩も含まれているので、だしというか醤油のようになっていると思います。薄めればソースのベースにもなるでしょうし、濃いものをグラス・ド・ヴィアンドのように使うこともできるかもしれません。バターやクリームとの相性はどうなのでしょうか。

高橋
クリームを入れてみたのですが、これもかなり旨みが重なりおいしかったです。バターとの相性もいいと思います。麹を炒めた時にバター醤油のような味になっていましたので……。

川崎
やはり。それはおいしそう。また、だしにする前の粒が残っている状態も良いですよね。プチプチして。液体にしてしまうと、全体に味がまわりますが、固体のままだと噛んだ時に味と香りが出て、ヘテロ感を演出できますね。

高橋
キヌアだと粒がはっきりしていてかなりおいしかったです。明日はレンズマメと、日本の食材ですがキビとアワも試してみようと思います。あと3日頑張ります！

column 2

伝統・文化・プラットフォーム

料理のプラットフォーム

料理において、伝統や文化が重視されてきたのは当然のことです。そもそも、調理とは、自然にある動植物を選び取り、人間が消化吸収できるように、物理的および化学的変化を与えることです。自然は多様であり、その多様な気候の違いや変化に対応するように、動物や植物は進化してきました。

二百万年前に出現した人類は、アフリカを出て遠くまで歩けるように進化しましたが、世界中に散らばっても栄養欲求は大きく変わりませんでした。遠くに行ったとしても、その土地で食べられるものを選び取って、自分達がおいしいと感じるように加工したのです。

おいしさとは、栄養を得るために与えられた快感です。したがって、栄養欲求が変わらなければ、何をおいしいと感じるかも、ある程度の範囲に収まってきます。日本人がフランス料理を食べてもおいしいと感じるのはそのためです。そして、多様な自然から選び取ったものを、栄養欲求通りにおいしく食べられるように変化させるために、調理が多様になったと言えます。その多様性が文化であり、安心してその土地の人が食べられるように、伝統として伝えられてきたのでしょう。食において伝統とは、自然の取り扱い方を指すのかもしれません。

若い料理人の中には、日本料理は伝統と格式に縛られて自由がない、とか、フランス料理の枠から離れて料理を作りたい、といった意見を持つ人もいるでしょう。そんな時は、伝統や文化を、ある様式や作品を後世に伝え、学べるようにした「プラットフォーム」と捉えてはどうでしょうか。プラットフォームとは、もともと、台地や乗降場などの意味を持ちますが、ITの分野では、ある機器やソフトウェアを動作させるのに必要な、基盤となる装置やソフトウェア、サービス、あるいはそれらの組合せ（動作環境）を指します。伝統や文化を枠ではなくプラットフォームとして捉えれば、それを「利用」して自由に考えてみよう、という気持ちになるでしょう。

料理を考えるためのプラットフォームはどうあるべきか。4つの条件を挙げてみます。

・おいしい
・ルールが明確
・分解しやすい
・料理人の創造性を刺激する

この条件を踏まえて、料理の体系としてのプラットフォームと、一皿の料理としてのプラットフォームに分けて考えてみましょう。

料理の体系としてのプラットフォームとして、茶懐石を例に挙げると、400年前にそれが発明され、最初に飯と汁、向付を出し、次に煮物椀、焼き物、八寸と続く、というようなプラットフォームが提案されました。その中で、どのような汁にするか、どのような向付にするか、などにクリエイティビティが発揮されてきたのでしょう。また、料理ごとに明快なルールがあるため、どの料理で、どんな思いを表現するかという創造性を刺激できたと思われます。たとえば、最初に煮えばなの飯を出すことで、「あなたのために」というもてなしの気持ちを表現したりしていて、必然性のあるプラットフォームになっていると言えます。

一皿の料理のプラットフォームとしては、たとえば煮物椀が挙げられます。煮物椀のルールとして、椀種、汁、青み、吸い口があり、それぞれ季節によって何をどう組み合わせるか、で創造性を発揮したのです。

茶懐石と同様に、ハンバーガーもプラットフォームといえるでしょう。丸いパンで何かを挟む、というくらいにざっくり捉えると、肉ではなく魚を挟むこともできますし、グルメバーガーのように贅沢な素材を挟むことで価値を出すこともでき、料理人の創造性を刺激する優秀なプラットフォームと言えるのではないでしょうか。

現在、プラットフォームとして活用されている料理は、前述した4つの条件に当てはまっていると思います。そういう料理を見つけて、自分なりにアレンジすることで新しい料理、スペシャリティができるのではないでしょうか。さらに、そのようなプラットフォームを発明した最初の一人の料理人が後世に名を残せるのでしょう。そもそも伝統とは固定的なものではなく、誰かが発明したり発見したりしたものを、後の料理人が採用し続けた結果生まれるものだからです。

新時代のプラットフォームとは

既存のプラットフォーム自体に変更を加えるのは大きなことで、ジャンルそのものの定義に関わるため、抵抗感も大きくなると思います。では、これから新しいプラットフォームは生まれるのでしょうか。

料理の体系として、少量多皿のコースを出すレストランが増えています。フランス料理のムニュ・デギュスタシオンからの進化で、料理人の思いを表現するプラットフォームのようになっているかもしれませんが、まだそのルールが定まったとは言えないでしょう。それは料理を出す順序や意味づけに何らかの必然性がないためで、ストーリーを感じさせるようなルールを決めて、プラットフォーム化することは可能であると思います。

一皿の料理では、食材の欠点を補ったり、保存したりするという目的から、最初にできたときは必ず理由があったはずです。たとえばフランス料理の「コンフィ」はもともと保存食であり、鴨などの腿肉を保存するために塩を強くして油に漬けるという技術が発明され、そのおいしさが一人歩きして、現代では、鮎を低温の油で加熱するといった調理技術としてのプラットフォームに変化しています。必然性のあるプラットフォームこそが、伝統料理なのです。ところが、現代では技術的にできることが多い一方で、あるべきはずの必然性が失われているのかもしれず、新たなプラットフォームを作るのが困難になっていると思います。

必然性を、「何らかの制限」と言い換えると考えやすいと思います。たとえば、肉や動物性脂肪を使えないという制限があるヴィーガン料理はその一つかもしれません。ただ、フランス料理の技術を用いて、野菜を肉に見立ててグリエするなどしているので、新たなプラットフォームとまでは言えるかどうか。インド料理のベジタリアンフードの方が、野菜をそのまま生かして肉に見立てずに作っていくプラットフォームになっているので、もしかすると参考になるかもしれません。自分で新たなプラットフォームを考えるハードルは高いですが、他の食文化のプラットフォームをよく理解して、応用すると考えやすいでしょう。

今はまだ世界中の料理人が新たなプラットフォームを模索している段階ですが、次第に「これだ」というものが定まることを期待しています。他の料理人がおもしろがって、発展させたくなるようなプラットフォームが出てくることを……。そのような時代に料理人と関われるのが楽しみです。

column 3

頭の中を「見える化」する

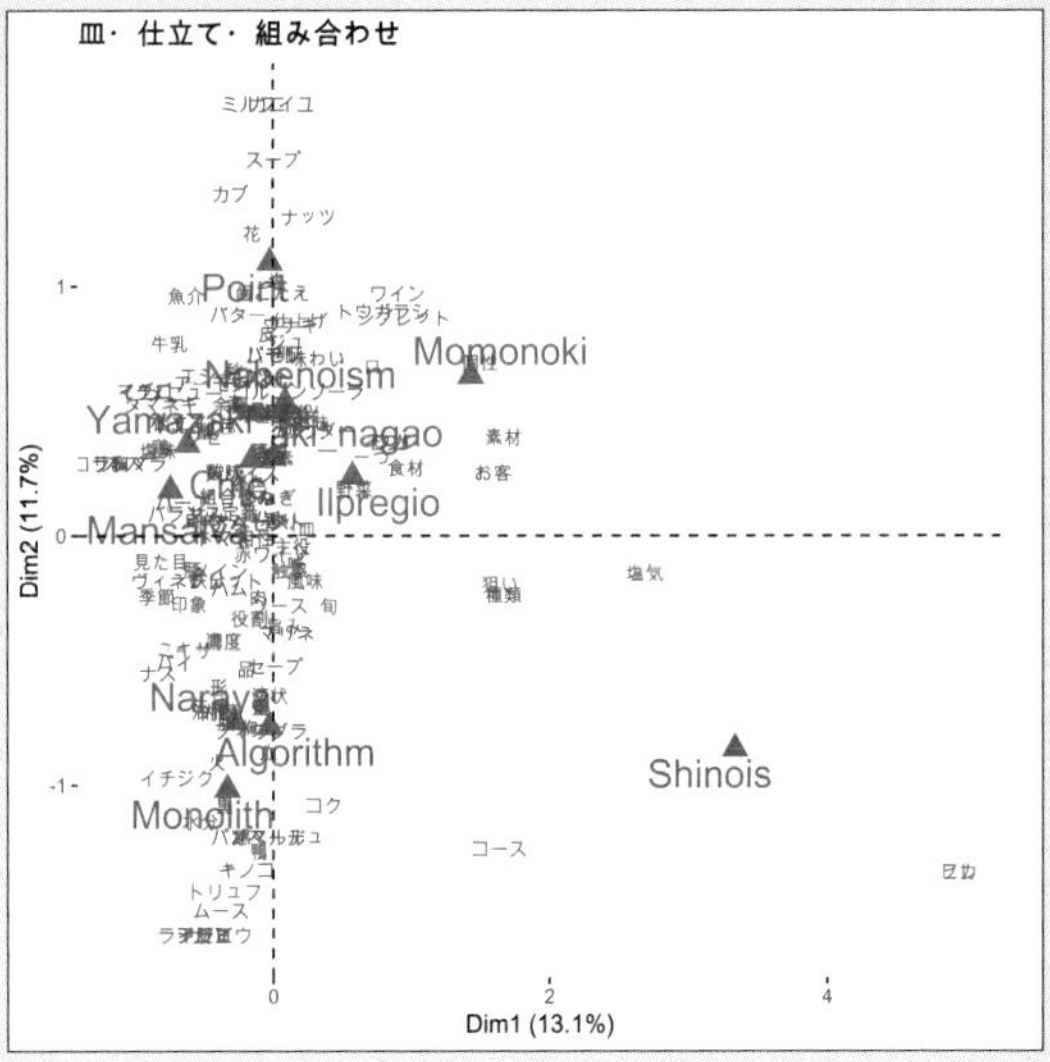

図1（上）：

「組合せ」について多く使われた言葉

文字が大きいいほど多く使われたことを示す

図2（左）：

「組合せ」について使われた言葉の料理人による違い

位置が近いほど使った言葉が近いことを示す

新しい料理はどのように考えたらよいのでしょうか。そもそも新しい料理を考える「方法」はあるのでしょうか。一流シェフにインタビューすると、「自然に触れている時に思いつく」、「美術館で思いつく」など、個人のインスピレーションのように思えることが多いのは確かです。しかし、これらは、すでに多くの料理を考えてきた料理人だからできることです。その境地に至るためには、論理的に考える訓練が必要ではないでしょうか。まずは論理的に考えられるようになり、それを他人にも伝えることで、考え方も磨かれていくでしょう。

そこで、新しい料理を考えるための「見える化」の方法を整理してみました。見える化して初めて、頭が整理され、他人と議論することができます。と言っても難しいことはなく、文字やイラストにするだけです。見える化にはこのような種類があると考えられます。

・盛りつけ、調理法
・味わいの感覚
・コンセプト

盛りつけや調理法の見える化は、すでに多くの料理人が行っているように、絵としてデッサンすることが一般的でしょう。調理技術であれば、温度を測ったりすることも見える化です。

味わいの感覚は、月刊専門料理の連載時に、お客がどのように味や香りを感じるかをデッサンで表現することにフロリレージュの川手シェフにチャレンジしてもらいました［137、141頁参照］。盛りつけは皿全体のイメージを示していますが、お客はそこから一口分を取り、口に入れます。その一口分の感じ方もデザインするべきという考えのもと、見える化できることを示しました。そうすることで、作業するスタッフへの指示も的確になったそうです。

そして、これらの盛りつけや味わいの感覚は、すべてその料理のコンセプトを表現する手段に過ぎません。コンセプトは、なぜその料理を作るのか、なぜその料理をお客に提供するのかを示します。言わば、料理の存在意義です。それを考えるためには、言語化することが基本です。あまりそのような機会はないと思いますが、あえてやってみると、自分の料理感のようなものが見える化されるはずです。

新しい料理のコンセプトを考える時には、考え方の癖のようなものが表れます。とくに、修業してきた料理の「プラットフォーム」［088頁参照］は、その考え方の基礎になります。フランス料理の修業をしてきた料理人が日本料理を見ても、フランス料理のプラットフォームでとらえるでしょう。その癖を抜け出す手段が「見える化」であり、見える化することで自分を理解し、あえてそこから離れるということもできるようになります。

第一線で活躍する料理人の頭の中を見える化できれば、若い料理人の参考になると思い、連載ではデザインの観点で料理を考えたり、柴田日本料理研鑽会での議論を研究対象にしたりしてきました。

月刊専門料理２０２０年11月号の特集「一問一答」で、仏・伊・中の12名のシェフがさまざまな観点で、自分の料理のコンセプトついて答えていました。これを見える化してみたいと思い、記事の内容をテキストマイニングという手法を使って解析してみました。

「組合せ」

まずは、「なぜこの食材やソースを組み合わせたか」や

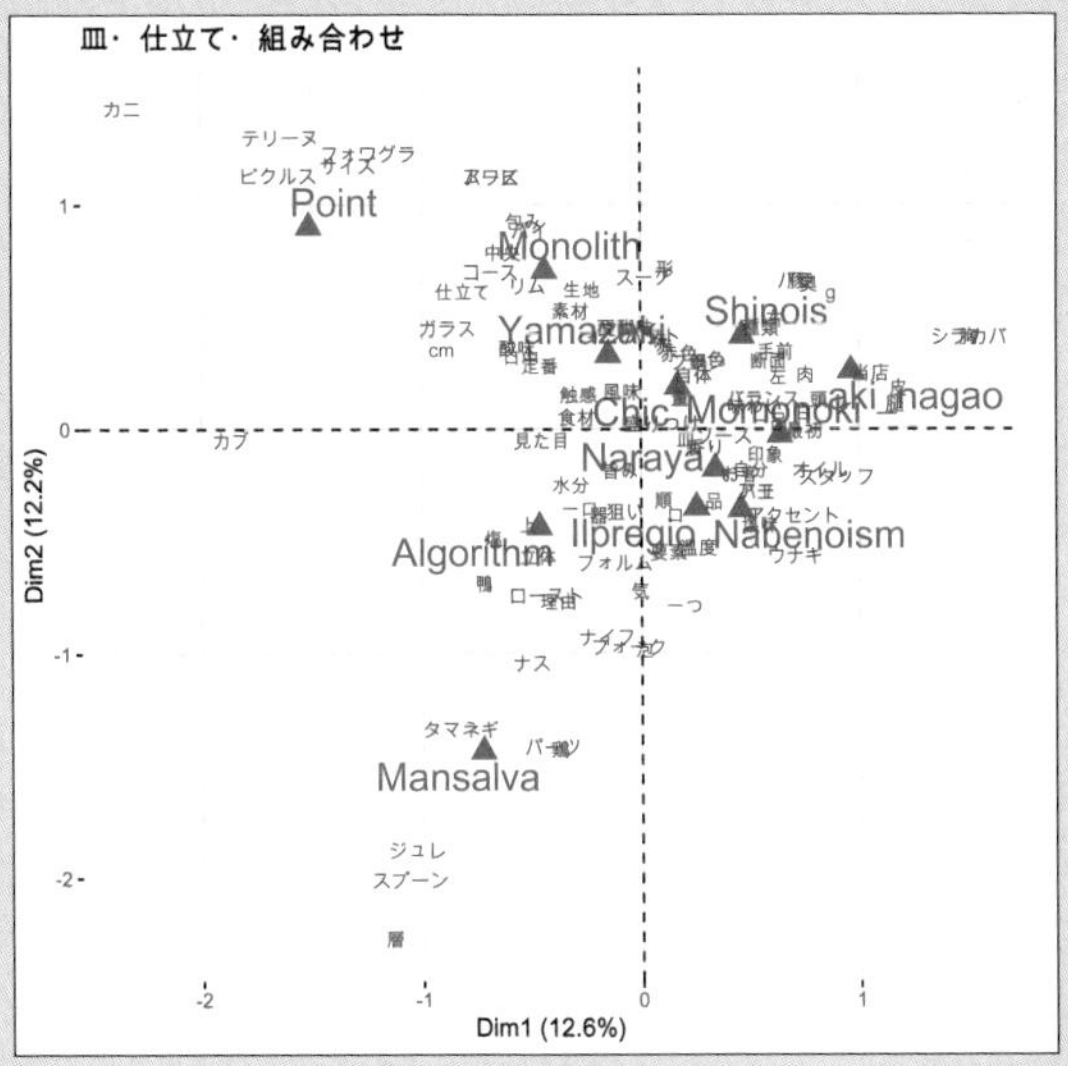

図3(上):

「皿・仕立て・盛りつけ」について多く使われた言葉

文字が大きいほど多く使われたことを示す

図4(左):

「皿・仕立て・盛りつけ」について多く使われた言葉の料理人による違い

位置が近いほど使った言葉が近いことを示す

「なぜ相性がよいと思ったか」の問いに対して、回答で多く使われた言葉を示してみました[図1]。「香り」や「味」、「触感」「風味」など五感に関する言葉が多く使われており、食材やソースの組合せを考える時には、自分の五感から発想していることがわかります。

さらに、料理人ごとの違いも見てみました[図2]。これは、各料理人が、どのような言葉を使って回答していたかの傾向を示しています。データ数が少ないので科学的な研究とまでは言えませんが、納得感はありそうな解析結果となりました。赤字が料理人(ローマ字表記)で、青字が「組合せ」についての回答で使われた言葉です。たとえば、桃の木(Momonoki)さんは、「個性」や「素材」の近くにあるので、それを何度か使って回答していた、とか、Nabeno-Ism (Nabenoism) さんやCHIC peut-etre (Chic)さんとaki nagao (aki nagao) さんは、お互いに近くにあるので、似た言葉を使って回答していた、ということが見える化されました。

「皿・仕立て・盛りつけ」

次は、「なぜこの皿を使ったか」や「なぜこの仕立て?」「なぜこの盛りつけ?」という問いに対する回答の解析結果です[図3]。先ほどと同様に、大きな文字が多く使われた言葉です。皿についての回答なので、「皿」が大きいのはおいておいて、やはり「料理」「肉」「ソース」などの言葉が多く、あとは五感に関する言葉も目立ちます。さらには「お客」や「一緒」「一口」「量」「手前」などもあり、量や皿に置く位置など、お客にどう食べさせるかを強く意識していることがわかりました。

次に、料理人ごとの違いです[図4]。皿や仕立て・盛りつけについての違いを見ると、「食べさせ方」に関する考え方が見えてくるかもしれません。フランス料理の料理人にはフォワグラやテリーヌなど特有の用語が現れますが、興味深いのは、中国料理の桃の木(Momonoki)さんやShinoiS (Shinois)さんがフランス料理勢の近くにあることです。皿や仕立て・盛りつけについては、ジャンルの違いというより、料理人の考え方が表れているのかもしれません。

このように、料理のコンセプトを言語化したものを解析すると、料理のジャンルや料理人の考え方に違いがあるのがわかるでしょう。自分が目標とする料理人の考え方を理解したり、そこから自分ならどうするかを考えたりするためにも、このような言語化・見える化は重要だと思います。

調理技術は「どうやって作るか」についてのテクニックであり、もちろん必要なものです。一方、考え方は「何を作るか」についてのテクニックのようなもので、修業中に教えられてきたわけではないはずなので、身につけることはなかなか難しいかもしれません。しかし、見える化して共有できる形にできれば、調理技術を考える時にも「なぜこの調理技術が必要なのか?」を理解しやすいと思います。

自分が料理のコンセプトを考える時の言葉は、どのような表現が多いでしょうか。そこには自分の考え方の癖が表れています。そしてそのコンセプトを料理として具現化するために、必要な食材・調理技術・盛りつけ・食べさせ方をデザインするとともに、一口の感覚のデザインも考えてみましょう。そうすることで初めて、自分の考えたコンセプトが、一貫したイメージを持ってお客に伝わることでしょう。

column 4

料理と飲み物の相性を分類する

これまで料理と飲み物のマリアージュ（ペアリング）はソムリエと料理人が「それぞれの言語」で語ることが多く、それゆえ個人の意見のぶつけ合いになりがちだったと思います。お互いがコミュニケーションをとるための「共通言語」があれば、より意図を明確にした組合せができるのでは、と考えました。

たとえば「その地域の料理には、その地域のワインを合わせる」というマリアージュの手法があります。食文化としては当然のことですが、一方で、料理人とソムリエの共通言語があれば、より的確なペアリングの提案もできるはずです。そこで、純粋に「感じた感覚」に従った相性の分類として、『料理と飲み物の相性』のタイプを提案したいと思います［図1］。

近年は、ペアリングもワインだけでなくノンアルコールドリンクにまで範囲が広がっていますので、それらを分けて述べてみます。

アルコールペアリング

まず、相性がよい組合せの分類です。

WASH ウォッシュ … 洗い流すという意味です。アルコールには油を溶かす作用があるため、口の中の油を洗い流すような効果が得られます。また、赤ワインに含まれるタンニンは唾液のたんぱく質に結びついて、油脂を抱き込むことで唾液と一緒に油脂を洗い流すことができます。炭酸も油脂を流すことができますので、スパークリングワインやビールでも有効です。

SHARE シェア … ソムリエに重視されている考え方で、同じような香りを持つもの同士の相性の良さを説明しています。近年は、共通の香り成分を持つもの同士は相性がいいとする主張があり、香り成分を計測機械で分析し、共通する成分に着目して新たな相性を提案する動きもあります。しかし、実際は香り成分の種類だけで決められるものではなく、量の比率も関係しますから、一概には言えないと思います。ただし、先入観を外して試してみる機会を得られるので、取組みとしてはよいと思っています。

NEW ニュー … 飲み物と料理を同時に味わうことで新しい風味が感じられる、という意味です。嗅覚受容体に異なる香り成分が結合すると、単独では得られない風味を感じられることがあります。料理とワイン、単独では感じられないが、合わさることで、別の素晴らしい風味を感じるのであれば、これこそ相性の素晴らしさではないでしょうか。

BALANCE バランス … 料理とワインのどちらかが勝たず、DOMINANT（後述）が偏っていない状態のことをいいます。

次に、避けるべき相性の分類です。

BAD FLAVOR バッドフレーバー … 魚介類のうち特に酸化されやすい脂質を持つ青魚などと、鉄分や亜硫酸を含むワインを合わせると、脂質酸化が促されることで、不快な匂いを生じることをいいます。

DOMINANT ドミナント … 優勢に感じる、という意味で、BALANCEの逆です。料理と飲み物のどちらかが強度や時間が長すぎて、印象が勝ってしまう状態です。これにより、嗜好性が低くなるという実験結果があります。

さらに、これらの相性の特徴を活用して、どのように組み合わせるとよいかのルールを提案します［図2］。

図2：全体としての印象に関する相性のルール

COMPLEXITY	短い間にさまざまな感覚や風味を感じる
HARMONY	異なる感覚や風味でも一体感がある
LIAISON	料理の要素をつなぐ

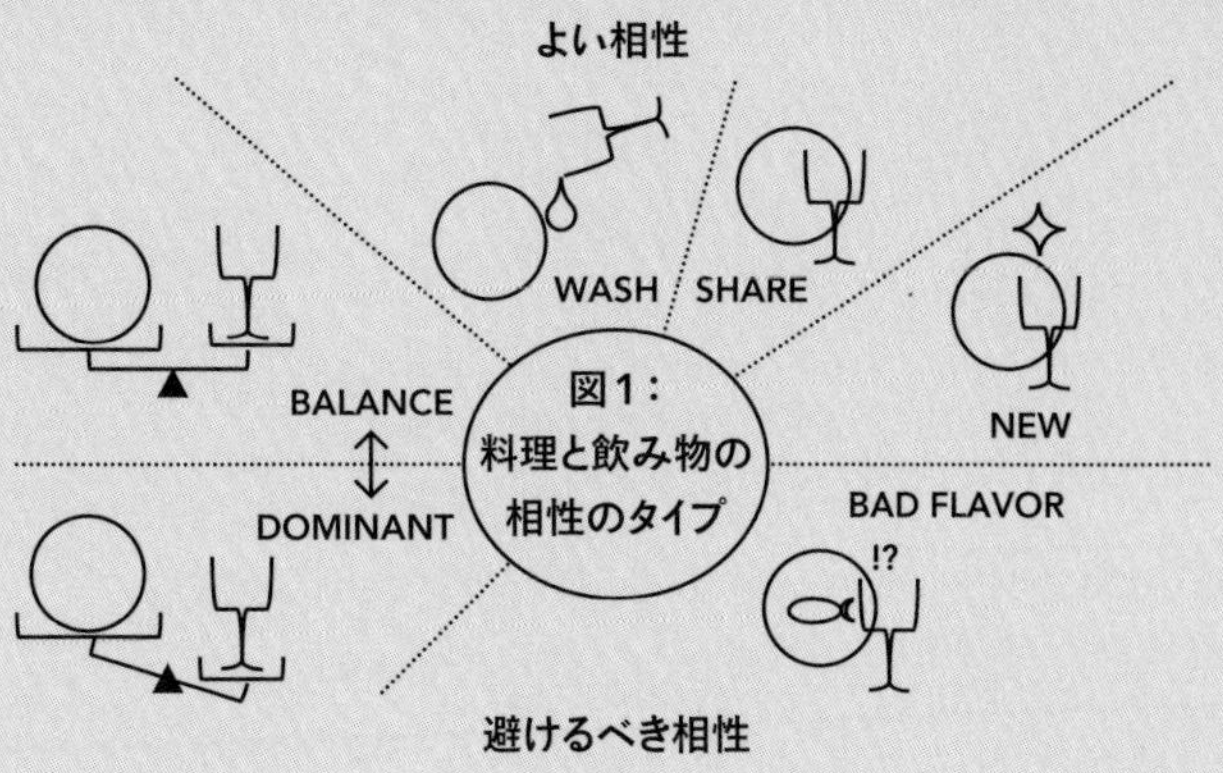

COMPLEXITY 複雑さ … 単純な風味より複雑性がある方がおいしく感じるということです。複数の風味や味が、短時間の中で変わっていく状況を指します。

HARMONY ハーモニー … 複雑な味、風味を感じるとはいえ、一体感は必要で、ハーモニー（調和）のとれた状態にするべきであるという意味です。

LIAISON リエゾン … つなぐ、という意味です。おそらく、SHAREに当てはまる組合せの中には、複雑な料理の要素をつないでいけるワインがあるはずです。

　実際に料理人とソムリエにこれらの図を使ってもらったところ、お互いに意見を言うことで見えてくるものがずいぶんあったとのことでした。「この料理とこのワインはSHAREの関係だと思うんだけど」、「そうするとコースの中でSHAREが多くなるから、前の料理でつかみとしてNEWを出して……」というように、話し合いの材料になったそうです。

ノンアルコールペアリング

　近年は、アルコールを飲まないお客の要望に合わせて、お茶などのノンアルコールドリンクや、モクテル（モック：真似た）という、ノンアルコールのカクテルを使ったノンアルコールペアリングも提案され、かなり定着してきました。ノンアルコールドリンクは、料理人やソムリエが自由自在に工夫して、創造性を発揮する場にもなっています。一方で、アルコールの性質である油脂を溶かしたり、香りを揮発させたりといった特徴が使えないため、それを補う工夫も必要でしょう。こちらも、アルコールペアリングで用いた図を元に説明します。

WASH ウォッシュ … 茶やブドウのタンニンや炭酸が使えます。香りの揮発については、温度を上げたり、炭酸を使うことで補えますし、ハーブなどを使うと、ハーブの香り成分は水に溶けないため、揮発が促進されて、香りを強く感じます。酸は味を洗い流すことはできませんが、味を弱く感じさせる効果があり、強い味のソースを弱く感じさせることができるでしょう。酢や柑橘、ヨーグルトの乳酸などが使えると思います。

SHARE シェア … 料理の風味と似た風味を持つ食材で作ったエキス類を合わせるとよいと考えられます。料理には燻製の要素やメイラード反応が多いため、ほうじ茶などがベースとして使えるでしょう。

NEW ニュー … これは実際にいろいろ試して発見していくしかないと思います。素晴らしい組合せを発見することを期待しています。

BALANCE バランス … 料理の風味や強さ、長さのバランスをとり、DOMINANTにならないようにするには、濃度をどうコントロールするかが重要です。そういう意味では、ワインなどより自分で材料を配合できるモクテルなどの方がコントロールしやすいはずです。

　さらに組合せとして、野菜ジュースやフルーツジュース、茶、ハーブ、スパイス、だしなどを使ってCOMPLEXITYを出す、逆にシンプルにしてHARMONYに持っていく、というようなことが可能だと思われます。自由な発想でさまざまな素材を組み合わせたり、技術を試してみたりすることで、ノンアルコールドリンクの世界は広がっていくでしょう。

　これらの料理と飲み物のタイプ分類とルールを活用して議論することで、より的確なマリアージュを提案できるはずだというのが私の考えです。

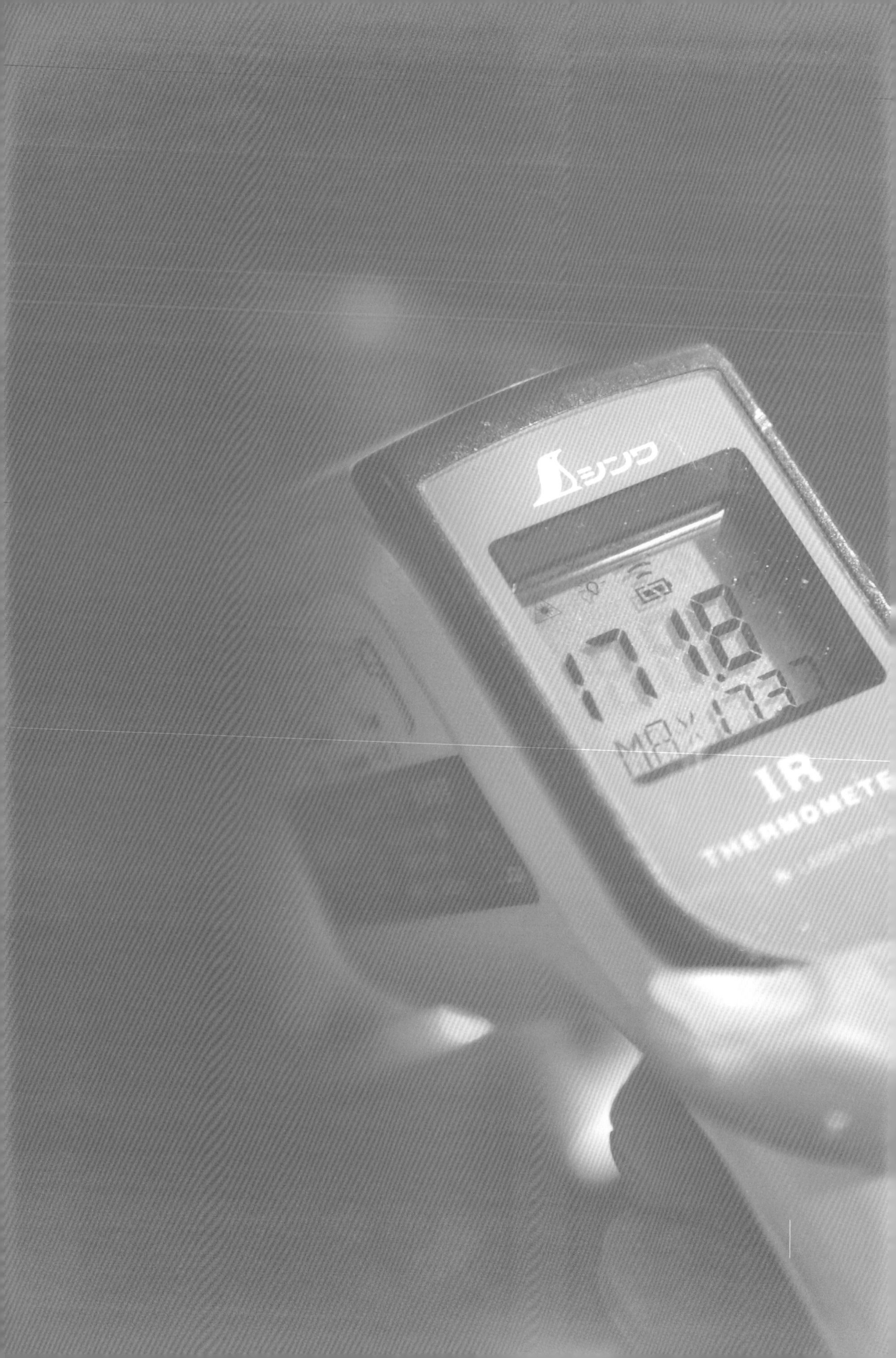
シンワ
IR
THERMOMETE

2

おいしさを
コントロールする

dialogue

#09

with

下村浩司

［しもむら・こうじ］

no.19 ← …… no.18

theme

五味をコントロールする

**2012年の連載「フランス料理の科学」において
いちはやく「料理と科学」をテーマに対談と実作を重ね、
科学が料理に及ぼす影響を考察してきた下村浩司氏と川崎氏。
それ以来の知己である2氏が再びタッグを組み、
料理の土台である「五味」について語る。**

#五感　#五味　#濃度　#伝統の組合せ　#複雑な機能美　#味覚体験のデザイン

我々の五感には生きていくための存在意義がある。その中でも味覚は、栄養を摂取するための悦びとしての役割が大きく、甘味はエネルギー摂取のシグナル、うま味はたんぱく質摂取のシグナル、塩味はミネラル摂取のシグナルであるとされる。逆に、酸味は腐敗のシグナル、苦味は毒物のシグナルとされて、好むようになるには食経験が必要である。そこに多くの香りと触感の情報が組み合わさることで、体験としての味わいが生じる。

ガストロノミーにおける体験とは、そのような口の中で起こることをコントロールすることで、感動するほどの体験に昇華させることにほかならない。対談の中で、お客に「初めての体験」をさせたいという言葉があったが、料理人の根本的な欲求の一つだろう。

下村シェフは、食材の持つ味わいを注意深く掴み取り、伝統的な組合せからヒントを得て、伝統とは異なるアプローチで料理を構築していく。その過程はとてもフランス料理的であり、要素分解したものを高い濃度で組み合わせることで複雑な機能美を表現するのである。

下村シェフは一貫して、ガストロノミーでしか体験できない味覚の体験をデザインしようとしていると感じる。そのために、あえて酸味や苦味も組み合わせることで、驚きを与えられるような料理を追求しようという姿勢がある。

このレベルまで深く考えると、食材の国籍も関係なくなってくる。その食材の持つ味や香り、触感という「情報」に集中することができるからである。

Koji Shimomura

profile

1967年茨城県生まれ。都内のフランス料理店で修業の後、'90年渡仏。「ラ・コートドール」「トロワグロ」などで8年間研鑽を積み、帰国。2001年より「レストランFEU」（東京・乃木坂）のシェフを務め、'07年に「エディション・コウジ シモムラ」を開業。

Edition Koji Shimomura
https://www.koji-shimomura.jp

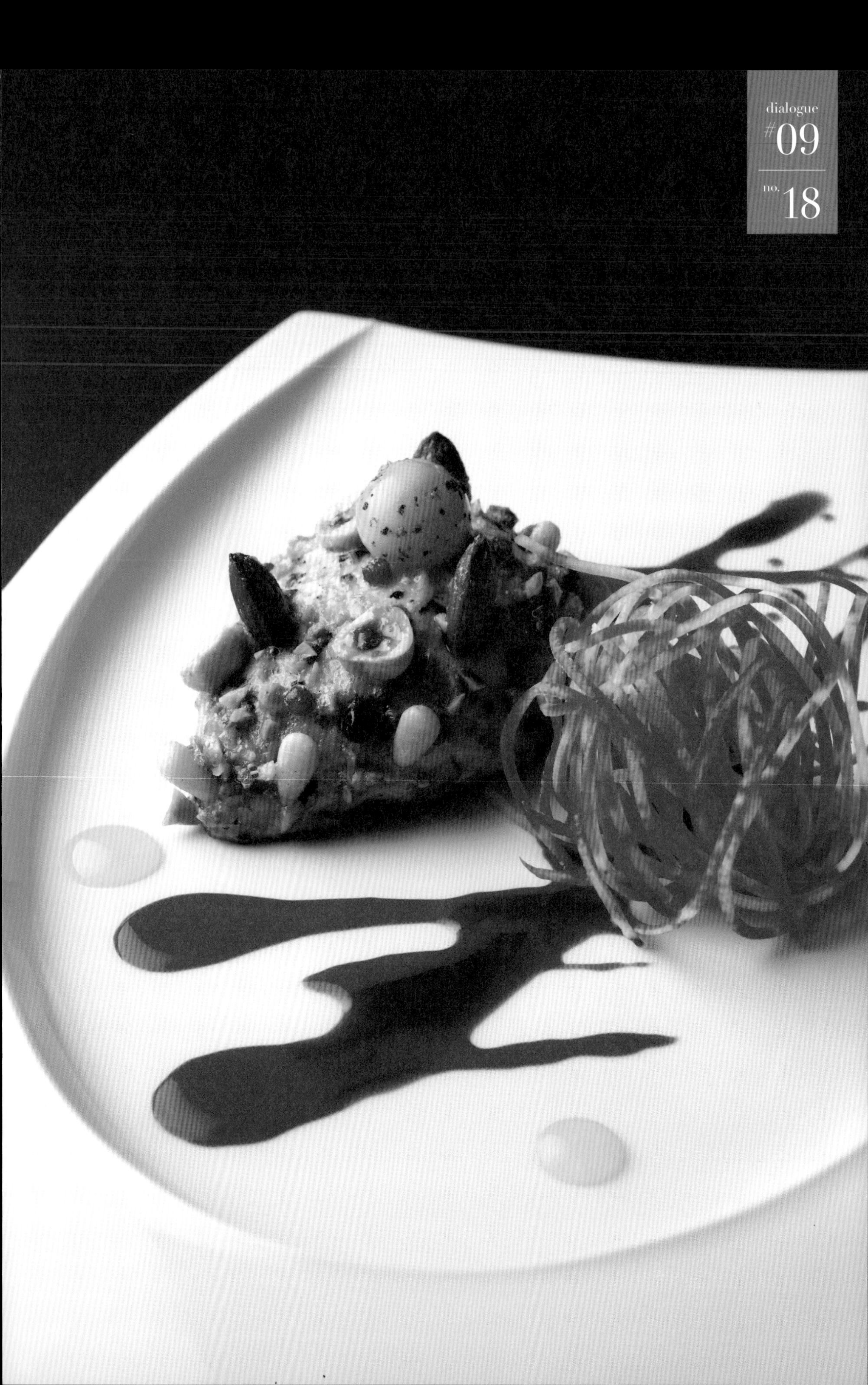

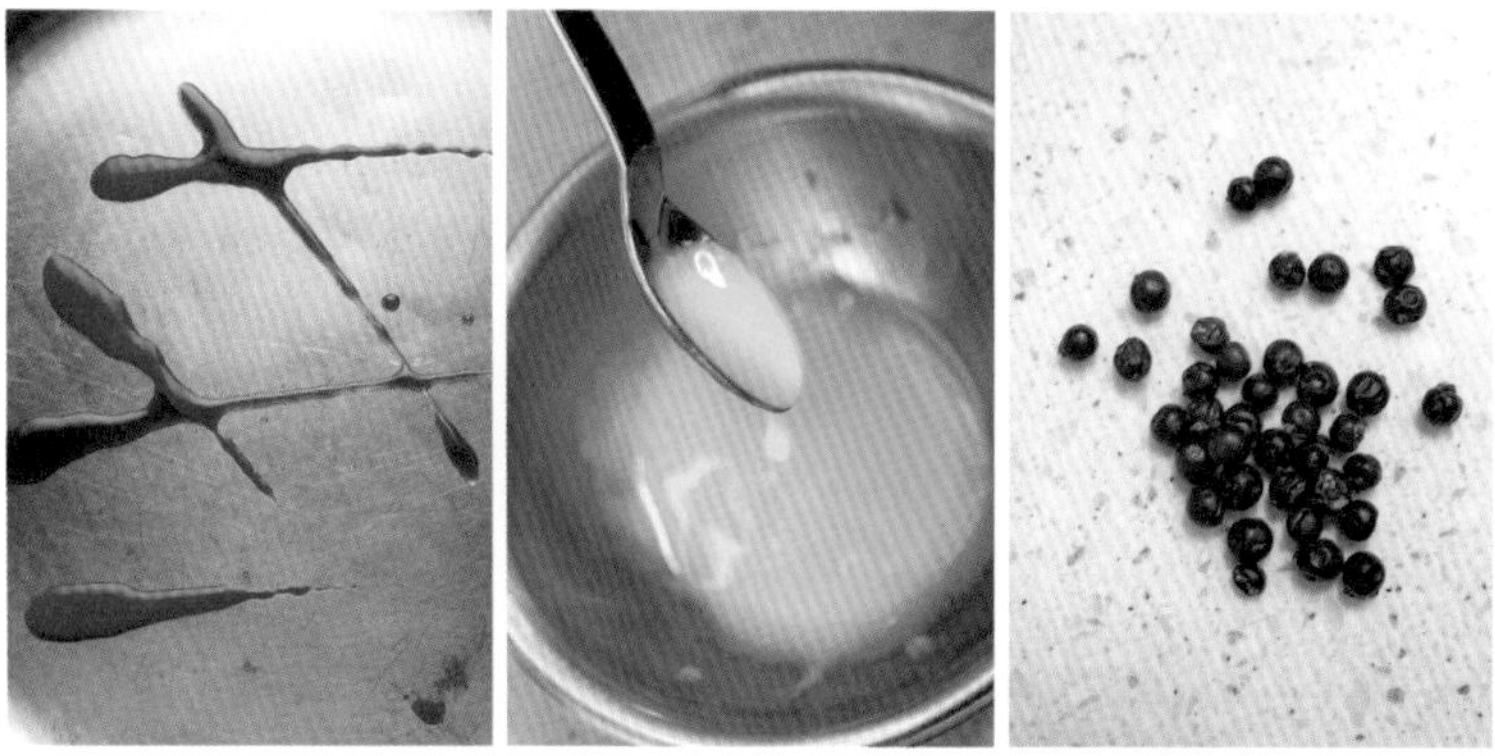

右…ハトのクルーテにふったコショウの塩漬け。塩気とさわやかな辛みがある。**中**…リンドウの根のリキュール「スーズ」を煮詰めたエキス。流れて他のソースと混ざらないよう、片栗粉で固めにとめてある。**左**…2種以上のソースを重ねる場合、どちらを先に引くかで混ざり方が変わる。混ざりすぎて味がぼけないよう、盛りつけ前に試しておく。

エトフェ鳩 胸肉のクルーテ、ジュ・ド・ピジョン、ビーツのクーリ、リンドウの根のエキス

ハトの胸肉の上にハトや鶏の腿肉のミンチをのせて、鳥料理用のオリジナルスパイスを加えたバターをアロゼしながら、しっとりと焼き上げた。ミンチの表面にあしらったさまざまな色、大きさ、触感のナッツ類やペッパー類が、視覚と聴覚の両面から五味の味わいを底上げする。ハトの血の風味と好相性の、土臭い苦味と甘味のあるビーツのクーリ、昆布だしでうま味を補強したハトのジュの2種のソースを流し、リンドウの根のリキュールを煮詰めた苦味の強いエキスをたらしてアクセントに。

——お2人には、2012年の連載「フランス料理の科学」で1年間ご一緒していただきました。

下村——誌面ではそれ以来の再会ですが、昨年は一緒にデンマークとフィンランドにも行きましたね。

川崎——はい、コペンハーゲンで開催された料理学会で、うま味についての共同発表をさせていただいて。

下村——連載で取り上げた「イベリコ豚の昆布締め」の発展版をデモンストレーションしたのですが、北欧の料理人が「うま味」に対して示す関心の高さを実感し、私自身刺激を受けました。

2品の料理でお互いを補完し合う

下村——今回は、「五味のコントロール」ということで2品を用意しました。1品目が「苦味」と「甘味」にフォーカスしたハトの料理で、2品目が「酸味」にフォーカスしたデザート。このデザートによって、ハトの料理に欠けている要素を補う構成になっています。

川崎——欠けている要素というと?

下村——1品目は「ハトの血の風味には苦味と甘味がよく合う」という考えを出発点にした料理です。甘味と苦味をともに備えた食材ということでまず根菜を思い浮かべ、その中からビーツを選び、クーリに仕立てました。さらに肉料理らしいうま味や塩味を加えて完成させるのですが、この料理に酸味はあまり必要がない。そこで甘味、苦味、塩味、うま味の4つの要素による構成とし、次に来るデザートに酸味を取り入れて全体のバランスをとりました。

川崎——狙う味がまずあり、そこに向けて素材を探していったのですね。そして2品の料理でお互いの味を補完したと。根菜としてビーツを選んだのは?

下村——甘味と苦味のバランスがいいのに加えて、鮮やかな赤色をしていることがポイントですね。私はおいしさを考える時、「五味」に加えて「五感」を意識します。味覚の他に視覚、聴覚、嗅覚、触覚を通じて食べ手の感覚を刺激すると、五味がより生きてくるのではないか、

アングレーズで仕上げた有機カカオ〝ペパデオーロ〟のガナッシュ ハイビスカス、ベゴニア

カカオ分80%・カカオバター不添加のクーベルチュールを選び、クリームを使わずにカカオ本来の酸味や苦味がストレートに感じられる〝ガナッシュ〟とした。ガナッシュを彩る鮮やかな赤色のベゴニアの花びらを噛むと、さわやかでキレのいい酸味が口の中に広がる。一方、濃紅色をしたハイビスカスのガクの塩漬けは梅干しを思わせる強い酸味と塩気があり、こちらは余韻が長く続く。時間差で訪れる3種の酸味を組み合わせることで、最後まで食べ飽きない構成とした。丸くくり抜いたハイビスカスティーのジュレを添えて。

右…ハイビスカスのガクを塩漬けにしたもの。梅干しのような強い塩気と酸味がある。**左**…ベゴニアの花びらは、キレがよく、軽快な酸味が特徴。食べやすさを考え、小さめのものを選ぶ。

と思うんです。

川崎――なるほど、確かにこの3色のソースはとても色鮮やかで、コントラストが美しいです。色によって食べ手の記憶に残るという効果もありそうですね。赤がビーツで、茶色と黄色は?

下村――茶色はジュ・ド・ピジョン、黄色はリンドウの根のリキュールのエキスです。黄色いエキスだけをなめてみてください。

川崎――(なめて)これは苦い! ハトと合わせて食べた際はほどよいアクセントになっていましたが、単独だと驚くほど苦味が際立ちます。

下村――煮詰めて濃度を高めていますから。一方、ビーツのクーリはフレッシュな甘味を生かすため、さっと沸かすのみにとどめています。

川崎――ともに植物の根を使いながら、苦味と甘味というコントラストがはっきりとしていていいですね。

下村――一皿を構成する各パーツを、苦味なら苦味、甘味なら甘味が際立つように仕立てたほうが、自分の意図がお客さまに伝わりやすいように思います。そうでないと、料理全体がぼんやりとした印象になってしまいますから。

川崎――五味をコントロールするうえで重要なことですね。それぞれの味を際立たせるには、「濃度」がキーワードになりそうです。煮詰めるなどして体積が小さいところに数多くの分子がある状態にすると、それだけ濃度が高まり、濃い味わいが生まれます。そしてとくに濃いうま味や塩味は、「旨さ」に直結する。ただ、それだけだと飽きが来るので酸味や苦味などでアクセントをつけてヘテロ感を感じさせ、食べ飽きない味に仕立てる必要がある、と。

下村――ハトの上にのっているナッツやペッパーもアクセントの役割を担っています。それも、見た目ではなく「聴覚」のアクセント。私は今、「口の中で響く音」に興味を持っていて、たとえばナッツを噛んだ時に口内で響くカリカリという音が食欲を刺激するような気がするんですよ。先日ご一緒したコペンハーゲンの学会で、音に関する発表があったのを覚えていますか?

川崎――冷たい水をコップに注ぐのと、お湯を注ぐのとでは水音が異なって聞こえる、という内容でしたね。

下村――料理人の感覚的にとてもうなずける話でした。それをどうやったら料理に生かせるか。これからの料理のヒントがあるのではと考えています。

うま味の相乗効果で加熱時間を短縮

川崎――今回の料理でもう一つ印象的だったのが、ジュ・ド・ピジョンです。ハトのいい香りが鮮烈で。

羅臼昆布でとった昆布だし。下村氏は昆布を引き上げただしを煮立てて昆布の香りをとばしてから、各種のだしのベースとして活用する。

今回のハトの料理に欠けている酸味を補うには、赤ワインも有効。「店ではブルゴーニュのピノ・ノワールをおすすめすることが多いです」（下村氏）。

下村――ありがとうございます。うま味も濃くありませんでしたか？　実は、これは言うのに少し勇気がいるのですが、昆布だしを使っているんです。

川崎――そうなんですか！

下村――通常のジュ・ド・ピジョンの作り方だと、フォン・ド・ヴォライユなどの肉のだしをベースにして、ハトのガラを煮出しますよね。でも、この場合うま味は1＋1にしかなりません。

川崎――煮詰めることで濃縮されてうま味が高まることはありますが、肉のだしもハトのガラもうま味成分は同じイノシン酸ですから、相乗効果は出ませんね。一方、昆布だしはグルタミン酸なので、イノシン酸と合わさるとうま味の相乗効果によりうま味が強く感じられます。日本料理の一番だしと同じ原理ですが、昆布はどのように使うんでしょう？

下村――まさに日本料理のように、昆布を一晩水に浸しておき、取り出してから沸かすんですが、私の場合はここから10％量ほど煮詰めています。これにより昆布の香りがとび、うま味だけを抽出できるんです。

川崎――昆布だしとフォン・ド・ヴォライユを合わせたうま味の濃いだしを用意しておき、それをベースにジュ・ド・ピジョンを作ると。確かにそうすれば、すでに濃厚なうま味はあるので、ハトのガラを煮出しすぎる必要がなく、結果的に香りを鮮烈に保つことができますね。

下村――そうなんです。実際に昆布だしを使いはじめるまでは抵抗感があったんですが、短時間で作れるのでオペレーション上の利点もありますし、ベジタリアン用料理でうま味を補強するなど、使い方は幅広くあります。

川崎――いいことずくめじゃないですか（笑）。抵抗感があったというのは、なぜなのでしょう。日本食材だから？

下村――自分の教科書になかった調理法ですから。フランス料理を学んできた身として、かつては和の食材はいっさい使いませんでした。それが4年ほど前にイベントのお手伝いで昆布を使って以来魅力に開眼し、いろいろと試す中で今の使い方に落ち着いたんです。

川崎――異文化の食材を見つけて、「よし使ってみよう」というのは多くの料理人がやっていることです。ただ、それが表面的な使い方にとどまれば、どこの国の料理かわからないものになってしまう。表面をなぞるのではなく、本質を理解しようとすることで、自然とこのように完成度の高い料理が生まれるのだと思います。

下村――ハトの香りに昆布の香りが混ざってしまうとフランス料理になりませんから、昆布が入っていると気づかれたら、それは失敗なんです。

川崎――「ハトの香り」と「豊かなうま味」を同時に実現するという方向性が定まっているから、フランス料理の枠を破ることなく使いこなせるんでしょうね。味と香りの関係は、言語でいうと「母音」と「子音」の関係に似ていると思うんです。母音の「あいうえお」が子音と一緒になって初めて五十音が完成し、意図を伝えることができるようになる。料理も同じで、五味＝母音が、香り＝子音と結びつくことで、単語ができて文章ができて、初めて料理人の意図や食文化を伝えられるようになるのだと実感しました。

時間差をつけて複数の酸味を表現

――次は、デザートです。

下村――最初にお話ししたように、酸味をテーマにしたチョコレートのデザートです。ハトの料理に欠けている酸の要素は赤ワインを合わせてドリンクで補うこともできますが、より一貫した流れを作るにはデザートがいいだろう、と。まずは召し上がってください。

川崎――お、酸っぱい。花びらに酸味があるんですね。キレのいい酸味がガナッシュによく合います。もう一つの赤いものはなんですか？　まるで梅干しのような塩気と酸味があって……。

下村――ハイビスカスのガクの塩漬けなんです。かつてブラジルに渡った日系移民の方が、梅干しが恋しくて似たものはないかと作ったものだそうです。今日使ったのは偶然見つけた日本製ですが、おもしろいでしょう？

川崎――ベゴニアは薄い花びらですから酸味も一瞬で消えます。その後で、このハイビスカスの強い酸味が時間差で押し寄せてくる。もし最初の酸味が持続したら、ガナッシュの味を壊してしまうと思います。異なる酸味が時間差で来る、というのが大きいですね。液体のソースだと、このように時間をコントロールすることはできません。固体を使うことで意図が明確に伝わり、味にメリハリがついています。

下村――ありがとうございます。ただ、酸味をきかせた料理の感想を厨房の若い子に聞くと、口ではみんな「旨いです」と言うんだけど、明らかにおいしくなさそうな顔をすることがあるんです。とくに男性は酸味を苦手とする人が多いように思います。同じ酸っぱさの料理を出しても、私自身の味覚に合わせると女性はおいしいと言い、男性には酸味が強いと言われることがある。どうしてなんでしょう？

川崎――男女差が存在するかどうかはわかりませんが、一般的にそう言われますね。科学の立場からいうと、酸味と苦味というのは、おいしいと感じられるようになるまでに経験が必要な味です。人は若いうちほど鋭敏な味覚を持っていますが、甘味やうま味は生まれた瞬間からおいしく感じられるのに対し、酸味は腐敗や未成熟な果実の、苦味は毒のサインとして忌避するんです。それが歳とともに食の経験を深めるうちに、甘味とかうま味、塩味というポジティブな味と組み合わせることで苦味や酸味を好きになってくる。いわゆる「連合学習」が働くんですね。

下村――なるほど。ネガティブな側面も持つ味だからこそ、料理人として酸味と苦味に惹かれるとも言えますね。ガストロノミーは、おいしさに加えて「初めての体験」の驚きや楽しさがないと成立しませんから。

川崎――確かに、ガストロノミーレストランに来るお客さんは平坦な味よりも酸味や苦味を駆使した複雑な味を求めているはずです。料理において重要な要素に「機能美」がありますが、シンプルなだけの機能美ではなく、あえて複雑な要素を取り込んでいく機能美もあるのではないか。そんな考えが浮かびました。

下村――五味をコントロールするというのも、食べ手の存在があってこそですね。一人ひとり経験が違うお客さまが、何をおいしいと感じているかをキャッチする。そういうことを日々続けていくのが大切だと思います。

２０１５年４月号掲載

dialogue

#10

with

生江史伸
[なまえ・しのぶ]
＋
川手寛康
[かわて・ひろやす]

no.23 <…… no.20

theme

温度をコントロールする

生江史伸氏と川手寛康氏が、「温度」をテーマにした料理を製作。続いて座談会を行い、料理人の目線で見た温度の活用法とそれに対する科学の観点からの回答と提案から、食べての心をゆさぶるツールとしての温度表現のあり方を探った。

—

#温度　#五感　#ドミナント　#温度体験のデザイン

料理に関係する温度には、調理温度と提供温度がある。調理温度は、近年の調理機械の発達により、スチームコンベクションオーブンやウォーターバスなどで厳密にコントロールすることが可能になった。

一方で、提供温度としては、温かいものは温かいうちに、冷たいものは冷たいうちに、と言われる。提供温度の操作によってお客にどのように温度を感じさせるかをコントロールして、新たな「温度体験」を与えることにまでトライしたのがこの回であった。

提供温度を高く設定した料理を冷ましてしまうと、香気成分の揮発が抑えられたり、油脂の流動性が落ちたりして触感が変わる可能性がある。提供温度を低く設定した料理が温まってしまうと、想定外の香気成分の揮発が促進されたり、そもそも料理の形を保てなくなったりする。香りの認識はパターン認識であるため、揮発してくる香気成分の種類が変われば、感じる香りの印象がまったく変わってしまう［057頁参照］。

ちなみに、人間の全身で唇がもっとも温度感受性が高いと言われている。日本料理の椀物を例に取ると、蓋を開けた時の湯気の温かさ、椀を手に取った時の温かさ、濡らした杉箸のひんやりした感覚、唇を椀の縁に当てた時の温かさを経て、吸い地の温かさを感じる。つまり、日本料理は吸い地に行くまでに、手を通して温かさを感じるため、「この料理は温かい」という認知が生じ、期待感が高まるのである。

基本味のうち、甘味、塩味、酸味、苦味については、22〜32℃で感度が最高になることがわかっている。こうした室温に近い温度での提供がフランス料理のティエド（ぬるい）として一般的なのは、おいしく感じる温度帯として経験的に知っていたからかもしれない。

一方、10℃の水5mLで口をゆすぐと、口腔内温度は27℃まで下がり、55℃の水5mLでゆすぐと、43℃まで上がる、という実験結果がある。お客が料理を味わう前に何℃の飲み物を飲んだかによって、味わいが変わってくる可能性もあり、それをコントロールすることも可能だろう。

さらに、今後の可能性として、凍てつくような氷の冷たさ、清流の冷たさ、焚き火の温かさ、などを「温度」で想像させると、もっとお客の心に訴えかける表現になるかもしれない。そういう意味でも、新たな「温度体験」のデザインにつながるテーマであったと思う。

Shinobu Namae + Hiroyasu Kawate

＊生江氏プロフィール009頁参照、川手氏プロフィール133頁参照

海から〜山へ
グリーンアスパラガスのスープとツブ貝のコロッケ、竹の子、山岳チーズ〝クワルク〟、白味噌とヨモギの油（生江史伸）

生江氏は2品の料理で、「冷たいスープを、身体を冷やすことなく味わえる仕立て」と、「温度が上がるにつれて徐々に風味が開いていくフォワグラ料理」を表現した。

「海から〜山へ」は、冷たいグリーンアスパラガスのスープに熱々のツブガイのコロッケを浮かべた品。両者を同時に口に運べばスープの心地よい冷たさを楽しむことができ、かつ口内の温度を冷やしすぎることなく食べ終えられるというデザインだ。スープは低温でも味をしっかりと感じられるよう、カブの皮も加えて煮出したカツオだしでのばしてうま味を高めている。焼いたタケノコで触感の変化を、フレッシュチーズやヨモギオイル、本ミリンで溶いた白味噌で風味のアクセントをつけた。器はあらかじめ氷水で冷やしておき、あえて少量の水滴を残して使用。視覚でも清涼感を伝える。

――今回はお2人に「温度のデザイン」をテーマに料理を作っていただきました。

川手――めちゃくちゃ難しかったです。温かいだけの料理、冷たいだけの料理ではおもしろくないので、「お客さまが感じる温度」という点にフォーカスして、冷と温の温度差や、一瞬で終わってしまう温度帯を楽しめる料理を作ったつもりです。

生江――（川手氏の「牡蠣の温度のコントラスト」の写真を見て）うっすらと白く見える帯は何ですか？

川手――液体窒素の煙です。これは、僕の持っているいちばん低い温度といちばん高い温度を、一口で食べていただこうという料理なんです。低温は液体窒素で、高温はベニエで表現して、お客さまには口に入れた時に冷たさと熱さが一緒にはじける驚きを感じていただきます。まず温度差によって感覚をゆさぶり、それから温かいスープを飲んで落ち着いていただくという流れです。

生江――あ、牡蠣の殻の中に温かいスープが入っているんですね。

――熱と冷を一緒に盛り込むという点は、生江さんの「海から〜山へ」も同様でした。

生江――はい。もともとはグリーンアスパラガスの温かいスープを仕込んでいた時に、冷めたものを味見したらおいしかった。そこがスタートの料理です。でも僕自身、冷え冷えのスープを飲み続けるのはお腹が冷えるし得意

勇気〜
フォワグラのナチュラル、グリンピースとフロマージュブラン〝グワルク〟、バナナの燻製&キャラメリゼのエクラゼとミントオイル、瑠璃萵苣の新芽（生江史伸）

生江氏の2品目はフォワグラのテリーヌ。フォワグラは、「口に入れると熱で油脂が溶け出し、風味が立ち上がる温度帯」（生江氏）として14〜15℃で提供。周囲にはカラメリゼしたバナナやフロマージュ・ブラン、ミントオイルなどの「薬味」を散りばめて、それらとフォワグラが合わさって風味がさまざまに変化する様を楽しんでもらう。

「温度は使い方によって食べ手に心地よさを与えることも、刺激や驚きを与えることもできる。逆に、誤った使い方をして心地悪さや不愉快な刺激が出てしまわないよう心を配る必要もあると思います」（生江氏）。

じゃないので、調和をとるために何か温かいものを入れたい。それも、全体の温度がぬるい状態でなじんでしまわないようなものを、と。それで、チーズ入りの熱々のコロッケを作り、浮身のようにしてスープに浮かべることにしました。

川崎――生江さんは一皿の中での温度差を、食べ手に驚きを感じさせるためではなく、全体のバランスをとるために活用したということですね。

生江――そうですね。冷たいスープに熱いコロッケという意外性を楽しんでもらう意図はありますが、温度帯の違うパーツを食べた後で口の中の温度の辻褄を合わせる、という点を重視しています。熱いものと冷たいものを同時に食べることで脳を活性化し、しかも体を冷やさずに食事をスタートしていただければ、と。

温度は保存できず、目に見えない

川崎――温度というのは、川手さんがおっしゃったようになかなか難しいテーマだと思うんです。というのは、第一に温度は保存できない。たとえ温度差を作ったとしても、時間をおけば室温になってしまいます。第二に、温度は人間の目に見えない。見た目ではわからないものを食べ手に伝えるにはどうすればいいかを考える必要があります。熱い料理を「熱いですよ」と持って行くだけでいいのか？　間接的に「熱さ」「冷たさ」を連想させるような表現方法もあるのではないか、と思うのですが。

生江――それ、今回やってます（笑）。先ほどのスープは提供前に器を氷水に浸けて冷やしておくんですが、その水滴をあえて少しだけふき残して使うんです。皿に散った水しぶきから清涼感を感じてもらうと同時に、「これは冷たいんだ」という心の準備をしてもらえれば、と。

皿を冷蔵庫や冷凍庫で冷やしておく方法もありますが、皿に霜が張っている姿にちょっと抵抗があって。

川手――僕も、皿一面に霜が付いているのは苦手ですね。だから皿を冷やしたい時は冷やしたい部分にだけ氷を当てています。氷を一個だけ皿に落とすか、セルクルを置いて詰めるか……。そうすればまわりにほとんど影響を出さずに、ピンポイントに冷やせるので。

生江――クーリを流してもダレないくらいに冷えますか？

川手――ダレないですね。あと、皿に置いたセルクルに液体窒素を入れて冷やす、というのもやってます。

生江――え、それはおもしろい！

川崎――そこまでされているんですか。まさに温度の保存をめざして、ということですね。

牡蠣の温度のコントラスト（川手寛康）

川手氏も生江氏と同様、高温と低温をひと皿に盛り込んだ品として「牡蠣の温度のコントラスト」を用意した。カラッと揚げた牡蠣のベニエを、牡蠣風味のクリームで作った冷たいディスクと、液体窒素で凍らせたさらに冷たいレモン風味のメレンゲでサンドし、手に取って食べるようにすすめる。手と口の両方でベニエの熱さやメレンゲの冷たさを感じさせることで、食べ手の感覚をゆさぶるのが狙いだ。「レストランならではの驚きや楽しみをどう表現するかを考えた」と川手氏。最後に牡蠣の殻に注いだ温かな牡蠣のスープを飲んでもらい、口内の温度をもとに戻して次の料理へとつなげていく。

川手——液体窒素屋さんを紹介してくれたのは生江さんなんですが、その時に「料理に使えば使うほどおいしさから遠ざかる危険もあるよ」と言われたんですよね。

生江——やっぱり冷たすぎると舌が麻痺しますから。

川崎——素材の温度が極端に下がると、単純に味を感じにくくなりますね。

川手——実際に使ってみて、確かにそうだなと思いました。ただ、あれこれ試していると新しいビジョンをもらえるような瞬間もあるんです。たとえば、サイフォンと液体窒素を組み合わせてピュレなどで中が空洞の球を作って、それを冷凍庫に入れて温度を上げてから切り出して器として使ったり。マイナス196℃の冷たさをそのままにお客さまに提供できるわけではないけれど、それまで動かせなかったものを動かすための「車輪」として使えるんじゃないかと思えてきました。

生江——実際は僕らも店で使いますし、要は使い方ですよね。うちでは、まずうま味の強いアミューズを食べていただいて、その後に液体窒素で作った柑橘のかき氷を出すんです。そうすると器を触って冷たいという点で感覚を覚醒させられるし、冷たさと酸味で味覚もリフレッシュできる。その直後に熱々のアップルパイをお出しするという、ちょっと意地悪な流れなんですけど（笑）。

川崎——口の中に温かいものと冷たいものが同時に入ったり、冷と温が短時間のうちにどんどん変わっていくというのはやっぱり楽しいですよ。お二人の料理からもそれをすごく感じました。それで思い出したんですが、最近注目されている味覚の評価方法で、「何がドミナントか」を調べるというものがあるんです。

生江——ドミナント、支配とか占有って意味ですか？

川崎——はい。その名の通り、味わった中でどの要素を支配的と感じるか、つまり何に心を奪われたかを測る手法です。従来は味の強弱や量の大小が重視されてきたわけですが、味が弱くても、量が少なくても、食べ手の心を奪うことができる要素があるのでは？　という考え方ですね。たとえば、一口の中にすごく冷たいパーツがあったり、触感が違ったりすると、人の意識はグッとそこに集中しますよね？　それがドミナントです。

川手——温度の操作でも、ドミナントの状態を作ることができるということですか。僕の場合、ひと皿の中で自分がもっとも食べてほしいパーツの温度をいちばん高くしがちなんですが、そういうのも関係あるんでしょうか？

川崎——温度を高くすることで、食べ手の意識を引き付けるということですよね。それはあるかもしれません。

生江——熱く出したいものは皿も含めてとことん熱くしたいですよね。

川手——はい。皿を熱々で持って行けるように、厨房から客席までの動線が短い物件を探したくらいです。熱い料理に関しては普段から、サービスタッフが持っていけるギリギリの熱さまで皿を熱して使っています。

45℃の車海老（川手寛康）

この品で川手氏は、温度をそのままに保つことが難しい「ほの温かさ」をテーマに設定した。「45℃とは、自分がクルマエビの甘味とうま味をもっとも感じられると思う温度のこと」（川手氏）。熱湯で1分半ゆでたクルマエビを45℃に冷まし、フォワグラとナスを炒め、シャンパーニュヴィネガーで酸味をつけたファルスにのせて提供する。皿の縁の黒いピュレは焼きナスの皮をミキサーにかけたもの。人間の味覚がもっとも活性化する人肌に近い温度帯とすることで最大限に高めたエビの甘味を、ナスの皮のほろ苦さで引き締めるのが狙いだ。

「この温度だからおいしい、と感覚的に思っていたことが、温度と味覚の原理を知ることで腑に落ちて、さらに考え方を広げられます」（川手氏）。

川崎――カトラリーに関してはどうですか？　「温度を伝える事前情報」という形で、カトラリーの温度も料理に応じて変えるということはできないでしょうか？

川手――あ、それはやったことなかったです。でも、考えてみたらそういうアプローチもあり得ますね。

生江――それで思い出しましたが、以前、日本料理の料理人さんに言われたことがあります。「西洋料理のスープは飲んでいくほどおいしくなくなるよね」と。大きい陶磁器の器に入っていて、冷たいシルバーのスプーンで食べる。すると一口目はおいしくても、二口目、三口目とだんだん冷めていってしまう……。食べれば食べるほど不幸せになっていくのが陶器・銀器の文化だね、と。

川崎――和食の木製の器が材質的に保温性が高いということと、日本料理よりも西洋料理のほうが液体に対する器の容積が大きいというのも問題でしょうね。熱容量という言葉があります。その物質が熱をどれだけ蓄えられるかを示す数字なんですが、日本料理のお椀に用いられる木は磁器よりも熱容量が高いんです。西洋料理で磁器の器を使う場合は、小さめの器を選んであらかじめ熱しておき、カトラリーも熱容量の高い材質にすればある程度熱さを保つことができるはずです。

もっとも味覚が高まる温度帯は？

――川手さんのエビの料理名には「45℃」とあります。

川手――少し前、お鮨屋さんですごくおいしいクルマエビを食べてびっくりしたんです。若い頃はいいお鮨屋さんになんて入ったことがなくて、冷たいエビしか知らなかった。それが、ほのかに温かいエビを出された時に、俺が今まで食べていたエビってなんだったんだろうと。

生江――わかるわかる（笑）。

川手――どうやってゆでるんですかと聞いたら、「普通にゆでただけだよ。でも絶対に冷ましすぎちゃダメだ。おいしくなくなるから」と言われました。それで、フランス料理でもほの温かい状態でお客さんに提供できればエビってもっと生きてくるはず、と。45℃というのは、提供時の温度がそのくらいという意味です。

川崎――ということは、口に入る時にはおよそ35～40℃くらいでしょうか。人間の味覚がいちばん鋭敏になるのは食べ物の温度がだいたい22～32℃の時だと言われていますが、そこに非常に近い温度帯です。素材が持つ味を最大限に感じさせるという点で理にかなっていますよね。

川手――やっぱりそうですか！　その温度で味覚が鋭敏になるというのは、どんな種類の味に対してもですか？

川崎――現在わかっているのは甘味、塩味、酸味、苦味についてです。川手さんのエビの料理を冷たい状態でもいただいたんですが、その時にはフォワグラの強い個性がエビに勝ってしまっていました。それが、提供されたままの

生江氏の料理の温度帯

1…フォワグラ／フォワグラのテリーヌは14～15℃ほどで提供。赤ワインとともに食べるケースを想定し、ワインの提供温度と同じ温度帯に設定している。

2…バナナなどのコンディマン／フォワグラの周囲に、バナナの燻製のカラメリゼやフロマージュ・ブランなどの副素材を配置。これらが口の中でフォワグラの油脂と合わさった時にさまざまな味と香りが楽しめるよう、副素材は常温にしている。

1…スープ／グリーンアスパラガスのスープは冷蔵庫に入れて、およそ10℃に冷やしておく。

2…コロッケ／コロッケは170℃の油で揚げる。熱々の状態を長く保てるようチーズを加え、ジャガイモも冷めにくい糖度の高いものを使用。

3…器／器は氷水に浸けて冷やしておく。スープが薄まらないように水気はふき取るが、あえて少量の水滴を残しておき視覚で冷たさをアピールする。

温度だとちゃんとエビの料理になっていた。エビの甘味が最大限に感じられる温度帯だったからでしょう。

生江――なるほど、その温度帯だからピンポイントで成立する料理ということですか。

――生江さんのフォワグラ料理は、少し低い温度でした。

生江――フォワグラは合わせるワインとほぼ同じ温度、14～15℃くらいでしょうか。口に入れると体温でフォワグラが柔らかくなって油脂が溶け出し、隠れていた香りが開いてくる……それが冷製のフォワグラの楽しみだと思うので、皿の上でフォワグラが溶け出さず、かつ冷たすぎない温度にしています。フォワグラの下にはバナナのカラメリゼを敷き、周囲にも薬味のように副素材を散らして。それらが一口ごとに合わさって味が変化していく、そんな変わり様の楽しさがこの皿のテーマです。

川崎――一皿の中で旅行をしているようで、食べ飽きない料理でした。

川手――冷たすぎないのがポイントなんですね。

生江――考えてみると、一品全体が冷たい料理というのは僕はほとんど作りませんね。

川手――僕もです。冷たさによって味が感じられにくくなるのがもったいない気が少しして。

川崎――先ほどのエビの話に通じますが、温度によっては、摂取した食材の量とそれによって得られる味覚が1対1になるとは限らない、ということは知っておくべきでしょうね。つまり1の量のエビを入れたなら、エビの味も1で感じてほしい、もっと言えばバーチャルな要素も含めて2倍、3倍に増幅して感じてほしいのに、温度が低すぎるためにその味を0・8にしか感じられないということがあり得る。それはもったいない気がします。

生江――狙わずしてそうなっていたら残念ですよね。

川崎――はい。それに味覚として伝わるのは0・8だったとしても、実際には1の量のエビが身体に入ってくるわけです。人がものを食べる時に脳に送られるのは味覚情報だけではなく、食べたものが胃に入り、腸を動かすといった情報も含まれますから、コースを食べ終えた時に思っていたよりも食後感が重く感じられる……なんてこともあるかもしれない。逆に言えば、温度をコントロールすることで、同じ量、同じカロリーを食べているのに食後の印象を軽くする、ということもできるはずです。

川手――なるほど、そこまで考えることができるんだ……。思ったんですが、温度をコントロールするって室温についても言えるんじゃないですか？ 客席の温度を上げればお客さんは冷たい食べ物がほしくなるだろうし。

生江――うちは店内に独立したラウンジを持っているという利点があるので、夏の暑い時はラウンジの温度をダイニングより3℃くらい下げるということをやっています。店が駅からちょっと遠いので、お客さまの多くは汗をかいていらっしゃる。そこで、少し寒いな、と感じるくらいの場所にまずお通しして、汗が引いたところで適温のダイニングにご案内するんです。そうするとひと心地つくというか、ゆるまるというか。冬は逆にラウンジの温度を高めに調整しています。

川崎――それはおもしろい。お客さんがどういう状態で店に来たのかを考えて準備を整える、というのは日本の茶懐石の根底にある思想ですが、確かにレストランにも応用できますよね。最初にも話したように温度は目に見えないのだから、何か間接的なことで伝えないといけない。言い換えると、雰囲気を操作することで、実際に冷たくせずとも清涼感を与えられるし、実際に熱くせずとも温かみを表せる、ということもあり得るわけです。

川手氏の料理の温度帯

1…車海老／クルマエビは1尾90～100gのものを使用。熱湯で1分半ほどゆでて自然に冷まし、45℃で提供する。

2…フォワグラとナスのファルス／フォワグラのポワレとナスを炒め合わせたファルスの温度は、クルマエビよりもやや高めの50℃ほどとして、クルマエビが冷めるのを防ぐ。

3…焼き茄子のピュレ／ピュレは焼きナスの皮を少量の水とともにミキサーにかけ、水で濃度を調整したもの。常温で皿にぬる。

1…牡蠣のベニエ／牡蠣は衣を付けて160℃の油で二度揚げする。

2…牡蠣のディスク／牡蠣のディスクは牡蠣風味のクリームを冷凍し、提供直前にセルクルで抜く。

3…シトロン・ムラング／シトロン・ムラングはレモン風味のメレンゲを焼き、提供直前にマイナス196℃の液体窒素で凍らせる。

4…牡蠣のスープ／牡蠣のスープは沸騰させたものを漉して味をととのえ、70℃ほどで提供する。

生江――先日、京都の日本料理店で食事をした時に、席について最初に冷たい煎茶を出していただいたんです。その煎茶がブドウのような、梅のようなとてもさわやかで清涼な香りがして、すっと心が落ち着く感じがしました。温度と香りの相乗効果で癒されるというのもあるんだな、と思いましたね。

川崎――香りで清涼感や涼しさを感じさせるというのも広い意味での温度表現だと思います。さらに言えば、温度によって「自然」を表現するということも可能ですよね。たとえば料理のテーマを「海」とした時、南の海もあれば日本海も、ブルターニュの海もある。ひと皿の中でどんな海を表現するか。温かな海なのか、ものすごく冷たい海なのか……。そうしたイメージを温度を用いて表現すると、お客さんを本当に景色を見たような錯覚に陥らせることができるんじゃないでしょうか。

川手――ああ、なるほどなあ。景色が目に浮かぶような料理。最近ですよね、そこまで突っ込んで温度帯を表現するようになったのは。魚と液体窒素で凍った湖の中を表現するような料理だとか、ここにきて日本のレストランでも盛り上がりつつあるテーマなのかなと思います。

川崎――世界のガストロノミーレストランが今、やろうとしているのはそういうところなのかもしれません。

川手――いいおみやげをいただいたなあ。目からうろこというか。エビのことも、ちょっとほの温かいくらいがおいしいと経験的に思っていても、それはなぜかと聞かれたら「そのほうが甘く感じるんですよ」としか説明ができなかったんです。それを言葉で理解して、伝えることができるようになったのは本当によかったです。

生江――僕は今日の話で、温度というのは「心地よさ」と「驚き」という、振り幅が逆の要素の両方にインパクトを与えられるものだと実感しました。使い方によってすごく心地よく感じさせることもできれば、刺激的で心湧き立つような料理にすることもできる。だからこそ、間違った使い方をすると、料理がすごく心地よくないものになってしまう可能性もある。そこは注意したいですね。

川崎――温度ってそういう意味でも深い題材ですよね。おいしいまずいだけではなく、食べ手をこれまで体験したことのない世界に引き込むこともできる。視覚や嗅覚も活用して間接的に温度を伝えることで食べ手を満足させる、という方向性は今後ますます重要になってくるんじゃないでしょうか。

2014年7月号掲載

dialogue

#11

with

生井祐介

〔なまい・ゆうすけ〕

no.25 <…… no.24

theme

おまかせコースにおける前菜の役割

ガストロノミーレストランにおけるおまかせコース全盛時代に、前菜が果たす役割は何だろうか。そもそも、多皿コースの中で前菜をどう定義するべきか？「オード」をオープンして2年目の生井祐介氏との対話。

—

#季節の表現　#ストーリー　#一体感　#新奇性と親近性　#エピソード記憶

profile

1975年東京都生まれ。都内のフランス料理店で修業後、2003年より「レストランJ」、「マサズ」で植木将仁氏に師事。長野・軽井沢の「ウルー」、東京・八丁堀の「シック・プッテートル」でシェフを務めた後、'17年9月に東京・広尾に「オード」を開業。

—

Ode

https://restaurant-ode.com

コースにおける前菜の役割というテーマだったが、そもそもフランス料理における前菜とは何か。オードブル（Hors-d'œuvre／作品の外）という言葉だけを考えると、おまけのような意味になってしまうことから、昔のフランス料理ではメイン料理を食べるために食欲を増す役割というイメージだったのかもしれない。

しかし現代では、肉料理などに比べて素材や調理法の制約があまりないことから、料理人の個性や考え方を表現するのに適しているとして多様化しており、前菜はお客にとっての大きな楽しみである。

生井シェフは、おまかせコース全体で一つのストーリーを体験して欲しいとの思いから、前菜においても単に食欲を増したり、おいしかったりということではなく、とくに季節感を表現するためのツールとして考えているようであった。

これは日本人をお客とするだけでなく、海外客にとっても「日本でフランス料理を食べる」意味として重要ではないだろうか。季節を重視する日本の食文化を体験する中で、日本料理はもちろんそうなのだが、海外客が食べ慣れているだろうフランス料理やそれをベースにしたイノベーティブな料理においても、季節感が表現されていると理解が深まるというか、理解しやすいかもしれない。

また、誌面でも新奇性と親近性のバランスの話題になったが、何が新しく、何に親しみを感じるかは人によって大きく異なるため、コントロールの難しいことではある。できるだけ普遍的なもの、つまり、季節や素材などの「自然」を表現する中で考えていくといいだろう。それらがストーリーとして認識されることで記憶に残りやすくなるのは確かであり、リピートしてもらう上で重視すべき点なのは間違いない。

Yusuke Namai

アオリイカ　芽吹き

アオリイカはさっと湯にくぐらせてから氷水に落とし、そぎ切りに。梅干し風味のマヨネーズで和えたスナップエンドウとウルイの上にこんもりと盛る。器の蓋には緑色のフキノトウのペーストをのせ、この蓋をお客自身に開けてもらうことで、器の中から美しく盛られた白いイカが現れる楽しさとサプライズを演出。最後にハーブオイルをまわしかけて料理を仕上げる。

右…提供時は白い蓋と緑色のペーストだけが見える状態。お客が自身で蓋を開ける「体験」がレストランならではの楽しみを生む。
左…ハーブオイルはワケギとイタリアンパセリ、ディルの色と香りを移したもの。

川崎――今日はよろしくお願いします。前菜を2品作ってくださるとのこと、楽しみです。

生井――こちらこそよろしくお願いします。まず1品目は旬のアオリイカのお皿です。季節の変化を感じられるのもレストランの楽しみですし、中でも前菜は旬を打ち出しやすい。だから、季節の食材でどんな前菜を作ろうかな、とはいつも考えますね。

川崎――白と緑の色合いもとても目を引いて印象的です。

生井――冬から春にかけての季節なので、アオリイカを冬の雪に見立て、その下に芽吹きを待つ若葉のイメージでスナップエンドウとウルイを忍ばせました。蓋にのせたフキノトウのペーストも、雪から頭を覗かせたフキノトウに見立てたものです。

川崎――蓋付きの器に盛って、2段構えの構成にしたのはなぜですか？

生井――まず蓋をした状態で、フキノトウの話ができますよね。次に蓋を取り、中を見てもらって、もう一度雪からの芽吹きを感じてもらう。2つのサプライズを仕かけ、楽しんでいただくための装置として用意しているんです。カウンター主体にしている以上、お客さまと奥行きのある話がしたいな、という思いがあって。

川崎――お店をはじめて1年経って、仕かけの必要性を感じたということですか？

生井――必要というより「用意したい」といっそう思うようになりましたね。コースの中にいくつか仕かけがあって、総合的に食事を楽しみたいっていうのは時代のニーズかなと。サプライズばかり先行してもダメですが、カウンター越しの距離でお客さまの反応があると、こちらのモチベーションも上がります。そして、こういう仕かけは前菜のほうが出しやすいんですよ。

川崎――前菜は自由度が高いということなんでしょうね。この料理はコースの何皿目ですか？

生井――11皿前後で構成するコースの4皿目で、前菜の1皿目になります。当店のスペシャリテである、グレーの器を使ってグレーのメレンゲで覆った「Grey」を何度か召し上がっていただいている常連のお客さまに、その代わりとしてお出しすることが多いですね。

川崎――3皿目まではアミューズ・ブーシュなんですね。アミューズと前菜の違いが明確でない店も多いですが、生井さんはどう考えていますか？

生井――アミューズはプロローグ。手で食べるものを多く

白子　ロックフォール　コーヒーパウダー

塩麹でマリネして焼いたタラの白子に、焦がしバター、ロックフォール、ハチミツ、生クリームなどで作るコクのあるソースを合わせた。別皿で提供するのはタケノコのロースト。塩のみのシンプルな調味で、白子の合間に手で皮をむいて食べるようすすめる。白子の仕上げにふりかけたコーヒー風味のパウダーの香ばしさとタケノコの香ばしさが響きあい、一体感を生む。

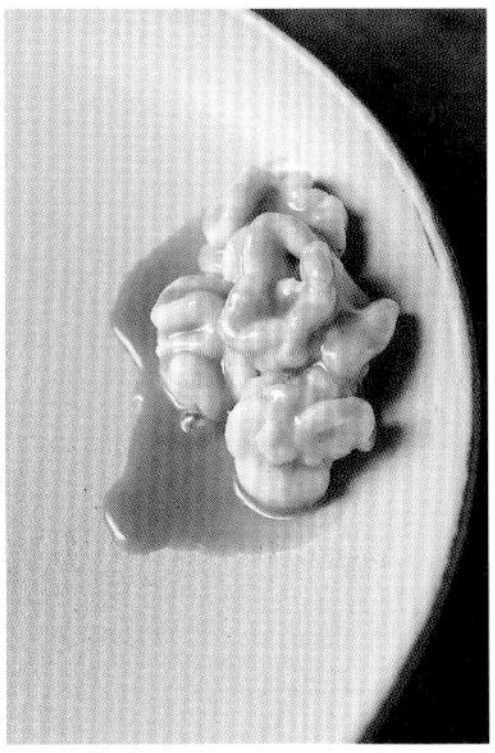

塩麹でマリネした白子に合わせ、同じ発酵つながりでソースにはロックフォールを用いた。

して、リラックスしてもらいたいと思っています。そして、店の雰囲気に慣れていただいた段階で前菜用にナイフとフォークをセットする。ここは明らかに意識を変えてほしい切れ目ですね。昔だったらまずグジェールとシャンパーニュを楽しみながらメニューを選び、ワクワクする高揚感を増幅させていく……というのがアミューズのシーンでしたけど、それをおまかせコースでも体感してもらいたいんです。

川崎——つまり分断された皿の連続ではなく、コース全体で1本のストーリーを作りたいということですね。その高揚感の後に来るのが前菜だと。

生井——ええ。相手の心を掴みかけたところで、一気にこちらのペースに引き込むのが、私にとって理想の前菜だと思っています。

新奇性と親近性のバランスを保つことが大切

生井——では、もう1品召し上がってください。冷前菜の後に出す温前菜「白子　ロックフォール　コーヒーパウダー」です。

川崎——白子を塩麹でマリネしたんですね。

生井——ええ。塩以外で白子に塩味をのせようと考えて、塩麹を使いました。同じ発酵系の素材でロックフォールのソースを合わせたんですが、しつこく感じないようコーヒーの苦味を組み合わせています。

川崎——コーヒーの香りと、一緒に出てくる焼いたタケノコの香ばしい香りが、異なる2皿に一体感を生んでいますよね。ココットに入れてオーブンで焼いただけ、というシンプルな調理のタケノコがまたすごくおいしいです。白子と交互に食べるのも、とてもおもしろいですね。

生井——ありがとうございます。コース前半は作り込んだ品が続くので、このタケノコのように手掴みで食べる、塩だけで食べるプリミティブなものが来るとうれしいんじゃないかと思って。振り幅が大きいと「おおっ！」となるじゃないですか（笑）。

川崎——構築的というか、人工的なものに対する逆のもの、という位置づけですね。作り込んだ料理ばかりが続くと疲れてしまうこともありますし。

生井——僕は「おいしい」は大前提として、なおかつ見た目のデザインも意識した料理を作りたいと思っているんですけれど、コースの中でそんな皿ばかりが続くと、ちょっと一息つきたい時があると思うんです。そんなタイミングにこういった料理やシンプルなコンソメスープを差し込んで緩急をつけることで、コース全体に抑揚が出て、作り込んだ料理もより引き立つんじゃないかなと思って。

川崎——心理学的に重要とされるのが、「新奇性」と「親近性」のバランスなんです。新奇性とは新しさやめずらしさ、親近性とは親しみやすさのこと。コース全体としても一つのお皿の中でも、両方の性質のバランスが取れているのがいいということです。たとえば、ある皿が新奇性に突出しているとびっくりしすぎて楽しめないことがある。親近性が高すぎると、「いつもと同じだな」となりおもしろみに欠ける。この白子とタケノコの料理で言うと、白子の皿は新奇性が高く、タケノコの皿は親近性が高い。それをお客自身が食べ進め方を調整しながら味わうわけですよね。

生井――ええ。多少お客さまにゆだねる部分を作ると、お客さんは「自分がチョイスしたから」と納得することが多いように思います。

川崎――それはあるでしょうね。他にもたとえば、新奇性の高い素材――つまりめずらしい食材を使う時は、親近性の高い普通の盛りつけにしたり、逆にごく一般的な食材を使う場合は、新奇性の高い斬新な盛りつけをすると、バランスがとれてお客の心を掴みやすいということがあるようです。

生井――なるほど、おもしろいです。そういうバランスのとり方は、僕も無意識のうちに考えて実行しているように思います。

多皿構成のコースでは前菜がアミューズ化している?

川崎――先ほどのアミューズ・ブーシュと前菜の話をしていた時に、ちょっと思いついたことがあって。アミューズ・ブーシュってフランス語で「口を楽しませるもの」という意味ですよね。つまり「エネルギーになるものではない」ということなのかな、と。そういう意味では最近、前菜もアミューズ化しているなと思ったんです。

生井――前菜がアミューズ化している……。

川崎――生井さんもおっしゃっていたように、コースの前半で期待感をどんどん上げていきたいわけですよね。でも昔と違い、これだけコースの品数が増えてきた中で、前半でお腹をいっぱいにさせたくはない。だからきっと、できるだけお腹をふくらませず、「口だけ」の楽しみで期待感を高めるのがベストなのではないかと。

生井――確かに、視覚や聴覚で満腹にはなりませんからね。

川崎――だからできるだけ「外の情報」、つまり香りだとか盛りつけだとかストーリーだとかでバーチャルな期待感を持たせて、メインディッシュがおいしく食べられるだけのコンディションにもっていきたい。その意味で、前菜がアミューズ化してきているのかなと思ったんです。

生井――そういうことを言葉にはしなくとも何となく意識している料理人は多いと思います。ただその意味では当店の前菜は、1皿として作り込んでいる「エネルギーのある」料理が多いかなあ。アミューズ化はしていないです。というのは、お腹にたまらないアミューズって一口でいきなり「旨い」スナックで、それが次、次、と続くじゃないですか。それだと余韻が生まれてこないし、次の料理につながらない。だから僕はスナック化させず、前菜という本来のスタイルにこだわりたいんですよ。今川崎さんと話していて、初めて気づきましたけど（笑）。

さまざまなフックを立体的に用意できるのが前菜

川崎――今回の特集は「前菜」と「味」にフォーカスしたものですが、生井さんはそれぞれの皿で「五味のどれを際立たせよう」といったことは考えますか?

生井――僕は、一口食べて「苦い!」とか「酸っぱい!」というような、どれかが前面に出た皿は作らないんですが、もちろん五味のバランスは常に考えています。春が近い今の時期、自分白身の身体もデトックス効果のあるような苦いものを欲しているので、そういう料理を作りたいと自然に考えます。

川崎——では、苦味をコース全体に散りばめるんですか？

生井——いえ。そうした要素は前菜に取り入れることがほとんどですね。メインの内容を考える時に、苦味とか酸味から思考を展開することはまずありませんから。メインは、お客さまに「この素材を食べた」という食後感を必ず残してもらいたいので、構成要素は少ない。対して前菜は、構成要素がぐっと多くなります。

川崎——それはどうしてですか？

生井——フックがたくさん欲しいんです。おもしろいとか楽しいとか感じるフックが。前菜は触感や香り、盛りつけやストーリーなど立体的にいろいろなフックが作りやすい。一つの素材を際立たせることより、いろんなものを重ねて別のものにしてしまおう、というような考えですね。同じ食材でも、メインを作る時とは照準や向き合い方が違うので、アウトプットも当然ずいぶん変わります。

五感に訴えることで「エピソード記憶」に残す

川崎——そういえば、色などの視覚要素は脳科学的にも重要なんですよ。というのも、人は完成した料理を目の前にすると、香りとともに期待感を高揚させて、意欲を促すドーパミンを脳内に分泌させるんです。

生井——ドーパミン。そうなんですか！

川崎——ええ。だからいかに食べる前の期待感を上げられるかが重要です。分泌されたドーパミンは、その料理を食べると消えるんですが、代わりに多幸感をもたらすエンドルフィンが分泌される。つまり、それがすばらしい食事体験であれば、食事中ずっとドーパミンとエンドルフィンの上下が続き、人はこのサイクルに夢中になるんです。

生井——多幸感には余韻はあるんですか？　それともリセットしてしまうんでしょうか？

川崎——脳内物質は消費されてなくなるので続くことはないんですが、その後に向けてどんどん山を登っていく感じですね。そんな期待感と多幸感の上り下りが記憶に残り、それをまた体験したくて、再来店する。これがリピーター、つまり病みつきのメカニズムですね。

生井——なるほど。心に訴えかける類の記憶ということですよね。

川崎——ええ。記憶には2種類あって、いわゆる学習によって暗記するような記憶と、もう一つが強い印象によって残るエピソード記憶。リピーターを増やすために必要なのが、後者のエピソード記憶なんです。

生井——僕が前菜で用いるような仕かけが、エピソード記憶を残すためには有効なんでしょうね。食後のお帰りの際に料理の印象を聞くと、こちらでしかけた皿に「今日はこの皿がよかった」と、リアクションしてくれる人が多いですから。

川崎——そう考えると、リピーターを増やすためにより重要なのは、メインよりも前菜だと言えるかもしれませんね。

生井——本当にそうですね。おまかせコースにおける前菜の役割の大きさにあらためて気づきました。今日はありがとうございました。

川崎——こちらこそ新たな発見がありました。ありがとうございました。

2019年3月号掲載

column 5

SNS時代の料理人

情報とどう向き合うか

世界の料理人同士がInstagramでつながり、YouTubeで食材の組合せやコンセプト、調理技術の共有が簡単にできるようになりました。日本でも多くの料理人が、情報交換や情報発信、情報を得るためにSNSを活用していると思います。

では、SNSがなかった時は、それらはまったくできなかったのでしょうか？　そんなことはなく、料理の考え方やレシピの文字情報の共有はされてきました。大体の場合、書籍や雑誌などの媒体として。また、動画も限定されたものであればテレビで見ることができました。

昔と今とで違うのは、情報の「量と質」です。

情報の量は、誰もが使えるSNSの発達とともに、指数関数的に増えています。SNSが普及する以前、手に入るのは有名シェフが発信する情報が中心でした。シェフへの「取材」という形で書籍が作られ、情報が共有されていました。もちろん書籍としてまとめるというのは人類が昔からしてきたことで、その情報は貴重なものです。オーギュスト・エスコフィエの『ル・ギド・キュリネール』などのように、現代でもクラシックとして尊重されている書籍が数多くあります。

一方で、情報の質も変化しているはずです。科学の世界に、「巨人の肩の上に立って見る」という言葉があります。これまで積み重ねられてきた科学的事実という「巨人」、つまり論文を元に考えるということです。それらの論文は科学者が勝手に発信したものではなくて、他の科学者によって色々な指摘を受け、修正した結果、形になったものです。

食の世界で「巨人の肩」が何を指すかというと、「おいしいと証明されているかどうか」は好みもあるでしょうから、とても難しい問題ではあります。ただし、少なくともSNSで発信されている情報に論文のような審査はないでしょうから、それらの内容を参考にすべきかどうかは、自分で考えて判断するしかありません。

もう一点、料理の世界では、「レシピの著作権が認められない」とか、「料理をすぐに真似される」といったことが昔から問題になってきました。これに関しては、SNSの方がすぐに情報が共有されますし、日時の記録も残るため、誰が先に発信した情報かがわかりやすくなるかもしれません。デジタル証明書（NFT… Non-Fungible Token。「非代替性トークン」という意味）のようなものも出てきていますし、レシピに著作権が認められる時代も今後あり得るのではないかと思っています。

本質をつかむ

SNSで発信されるのは、現在のところ、文章と画像や動画という、視覚と聴覚の情報です。そこには、まだ表現されていない情報があるはずです。情報を得るという意味では、発信されている情報から、目に見えないものを感じ取ることが重要だと思います。

その時の考え方は、「3W1H」が使えると思います。3つのW、つまりWhat（何を）、Who（誰が）、Why（なぜ）、そしてHow（どうやって）です。WhatとHowは情報の中で分かりやすく表現されていることが多いですから、大事なのはWhoとWhyということになります。Whoは、単に料理人の名前ではなく、その料理人のバックグラウンドも含めての情報です。どこで修業し、誰に師事したか、どんな料理観の持ち主かが、作る料理に強く影響を与えているはずです。Whyはさまざまなケースが考えられ、的確に表現することが難しいですが、料理人のバックグラウンドから想像できる部分も多いので、深く考察してみてください。

次に、情報を発信する観点、つまり、アイデアをどう生み出せばいいのかについてです。料理人の本質とは、食べ物を提供すること、そして「食べて評価される商売」であることではないでしょうか。顧客、つまり食べ手目線でアイデアをデザインし、その料理が、食べ手にとってどのような価値があるのかを深く考えましょう。それが本質から離れない唯一の方法です。今や顧客は世界にいます。多様な人間を念頭において、深く考えて出した答えであれば、誰かの真似にはならないはずです。

もう一つ重要な観点は、「機能美」だと思います。本当に必要なものから醸し出される美しさ、おいしさです。食べ手にとって本当に必要な食材、調理法を選び出しましょう。無駄を省き、簡潔に表現することで、料理の本質にたどり着くでしょう。それはもしかすると、自分の本質にたどり着くことかもしれません。自分がどういう人間か（Who）を深く考え、何を（What）、どうやって（How）表現するかについてデザインすることで、なぜ（Why）その料理を作らないといけないか、が見えてくるでしょう。

名前をつけよう

最後に、私が一つ懸念していることがあります。それは近頃のレストランで、とくにフランス料理やイタリア料理の若手料理人の書くメニューが、食材名が並んでいるだけのことが多いという点です。

料理に名前がついていないと、100年後、その料理が残っていることはないでしょう。もしロッシーニ風にその名前がついておらず、単に「牛フィレ肉、フォワグラ、トリュフ」と素材の名前だけだったら、定義も明確ではなく、忘れ去られていたと思います。きちんと名前がついているからこそ、今も残っているのです。

今、クラシックとされている料理が、100年後も変わらずクラシックと呼ばれてもいいのでしょうか。今みなさんが作っている料理が未来のクラシックになることが、料理の発展ではないでしょうか。食材の組合せでも、土地の名前でも、調理法でも構いません。自分なりのストーリーを入れた名前を作って提供し続けましょう。そのようにして100年後のスペシャリテが発明されることを期待しています。

column 6

サステナビリティとエシカル消費

サステナビリティ（sustainability…持続可能性）と並んで、エシカル（ethical）な消費ということが盛んに言われるようになりました。エシカルとは、倫理的な、などと訳され、人間が行う活動が善か悪かを考えることにつながります。サステナブルな行為はエシカルに考えても善であるはずで、両者は密接な関係にあります。

マグロやウナギのように資源が枯渇しているとされる素材の持続可能性や、カカオ豆やコーヒー豆のように生産地での搾取が問題になっている素材の倫理性とどう向き合うかは、現代のレストランにとってはとても重要な要件になってきています。

料理人のサステナビリティ

料理人が表現するべきサステナビリティとはどのようなものでしょうか。料理人は生産者とお客の間にいて、両者をつなぐ役割をします。その際、お客が食べたいと願う食材を生産者から入手するというのが一般的な形かもしれません。しかし、資源が枯渇していくことがわかっている食材の場合はどうすればいいでしょうか？　これは現代を生きる料理人が必死に考えている問題で、まだ答えを出すことはできません。しかし、生物の多様性を維持する観点でいうと、少なくとも「一極集中の回避」は考えなくてはいけないと思います。

文化や伝統は、長年をかけて先輩料理人たちが多様な料理を考えてきた結果生まれたものです。その中で、次第に、使いやすい食材や効率的な技術、お客が強く好むものに多くの料理人の選択が集中しがちになる——これが料理における一極集中です。

たとえば「だし」においても、昔は多様な食材からとっていたのが、次第に鰹と昆布に集中してきたと考えられます。これは、日本料理が発展した京都という都市で効率よくおいしい「だし」が引けるように、イノシン酸の多い鰹節とグルタミン酸の多い昆布を選んできたためと考えられます。しかし、本来の自然は適応放散［★］によってできた多様なものです。調理技術は、多様な自然を加工するために発達してきたのです。

おいしいものというか、おいしくなりやすいものに選択が集中してしまうことはしょうがないのですが、それを続けすぎると資源が減る可能性が高くなります。したがって、多様な自然からの食材を、多様に調理して食べるのが、本質的なサステナビリティにつながると思います。2000年代初頭に北欧で起こったニュー・ノルディック・キュイジーヌの動きも、昔は食べられていたが今は食べていない食材に注目したものですが、そこにはサステナビリティへの意識があったのではないでしょうか。

今、世界中で発酵やうま味が着目されているのも、環境負荷のできるだけ少ない野菜や穀物をおいしくする技術としてとらえられているからでしょう。うま味はたんぱく質の分解物であるアミノ酸によって感じますが、アミノ酸は肉や魚にはもともと含まれているため、フォンなどとして抽出することができます。肉や魚を使わずにうま味を出そうとすると、微生物の力で穀物のたんぱく質をアミノ酸に変える発酵が有効であるため、着目されているのだと思います。

そのような取組みにおいて、科学は役に立つことが多いでしょう。食べたことのないものが安全かどうか、昔は多くの人の経験によってしかわかりませんでしたが、現代では科学的な分析などによって分かることも多いですし、実際、北欧では、料理人と大学の研究者などのコラボレーションが盛んに行われています。

日本でも、京都の若手日本料理人の集まりである京都料理芽生会が精進料理に着目して勉強を継続的に行っています。精進料理とは、単に野菜を使った料理ではなく、禅宗の考え方に則った概念ですが、サステナビリティも念頭に置かれていることに驚きます。環境負荷の少ない植物から栄養素をきちんと摂れるように、おいしくする技術の集積であり、精進料理というプラットフォームは今後も着目されるでしょう。

千利休に見るエシカル

ある物事がエシカル（倫理的）かどうかを決めることは、実はとても難しく、哲学の一分野でさえあります。近年は社会の要請もあり、コーヒーやカカオなどの生産地での搾取が問題となっていることで、そのような食材は使わない、という意思表示をしたり、お客もそれを求めたり、ということが顕在化しています。サステナビリティ同様、個人の料理人としてできることもありますし、団体としてやっていかないといけないこともあると思います。

とはいえ、このような概念はこれまでも無かったわけではありません。何より、生産者を大事にしないと、レストランという商売を続けることはできないはずです。では、生産者を大事にするとは、単にその生産者から食材を納入するだけでいいのでしょうか？

そのヒントを茶道に見つけました。それは、概念としての「千家十職」です。千利休は自分の美意識をデザインして具現化するために、茶碗や釜、塗り物など、茶道に必要な道具を専門に作る職人集団をコーディネートしていたといわれています。出入りしていた職家の数から千家十職と呼ばれるようになり、400年前からその構成はほぼ変わっていません。つまりデザイナーでありコーディネーターとして、道具作りをアウトソーシング（外注）できる職人を大事にしていたのです。さらに重要なことは、これらの道具に「利休好み」として価値をつけ、道具単体でも価値を生めるようにしていたことではないでしょうか。千利休は、自分が作ろうとしている世界観を分解し、専門家に任せて再構築する、ということを400年前にしていたと言えるでしょう。

日本料理には、多かれ少なかれ、そのようなアウトソーシングの概念が入っているように思います。調味料としての醤油や味噌など、自分で作ろうと思えば作れますが、あえて専門家に任せているとも言えます。

今はまだ世界の料理人が料理学会などで情報交換をしながら、どうやったらサステナブルでかつエシカルな新しい表現ができるのかを模索している段階だと思いますが、次第に「これだ」というプラットフォームが生まれ、残っていく時がくるはずです。

★**適応放散**…同一の起源を持つ生物が数々の異なる環境下でもっとも適した生理的・形態的分化を起こし、多くの系統に分かれること。

column 7

ローカルガストロノミーの意義

地方でガストロノミーレストランを作る意義はとても大きいと思います。ここでいう地方は、都市との対比という意味で、日本においては、東京や京都、大阪に対しての地方ということです。世界においては、ガストロノミーの本場はフランスだけと思われていたところ、スペインのEl Bulliをはじめとした動きにはじまり、北欧や南米に新たなガストロノミーの波が広がったことを考えると、パリという都市に対する地方と捉えてもよいかもしれません。

私自身、世界中を広く訪ねたわけではなく、北欧とブラジルくらいですが、その時に感じたのは、とにかくその土地の自然を「理解」しようとしているということでした。現地のシェフたちは、その地域の伝統をなぞるだけでなく、それまでその土地でなぜか使われてこなかったり、昔は使われていたが今はそうでもない素材を見つめ直して、使おうとしていました。また、地方で当たり前に多くあるような食材の場合、加工法も決まりきったものになりがちですが、それを料理人の感覚で見直して、新しい方法にトライしてみようという意気込みが感じられました。

料理人がそのような取組みに力を注ぐことで、生産者とのつながりが強まり、自然が守られ、さらには、その地域に世界からお客を呼べるレストランに成長する、ということができるのが、「食」の力です。これは、バーチャルな世界では絶対できないことでしょう。今後、メタバースなど仮想空間で体験できることが増えていくでしょうが、リアルに「食べる」という体験ができるのは、リアルな世界の中でしかありえないと思います。

地域性の表現方法

地方のレストランにおいて、地域性をどのように表現するか、そして都市からやってくるお客に何を伝えるか、について考えてみましょう。科学的かつ網羅的に検討して、レストランが何かと何かを「つなぐ」取組みをデザインする手法を提案したいと思います。網羅的に考えるために、5W1Hのフレームワークで考えてみます。

When（いつ）… 現代、過去、未来とします。
Where（どこで）… 都市、地方とします。
Who（だれが）… 生産者、料理人、お客とします。

What（**なにを**）…食材、調理技術とします。

How（**どのように**）…これらをつなぐ方法とします。食材を使う、技術を使う、場を用意する、などの表現方法が考えられます。

Why（**なぜ**）…これらをつなぐことで得られる意義や価値とします。これはもっとも重要で、言い換えると「新たな価値をつける」ということです。ブランド価値を高める、発展させる、など、地域全体にも関わることになります。

　すると、何と何をつなぐかについて、理論上はそれぞれに、

When（3種類）×Where（2種類）×Who（3種類）×What（2種類）＝36種類

の要素ができます。さらにその組合せに対して、HowとWhyを考えればよいのです。

　おそらく、地方のレストランで多くなされている組合せは、次のようになるでしょう（When、Where、WhoはWhatの修飾語としてまとめています）。

What…「現代の、地方の、生産者の、食材」と「現代の、都市の、お客」を

How…地方の料理人が料理することで、お客を地方に呼び、つなぐ。

Why…地域の食材を知ってもらうことで、ブランド価値を高めるという素晴らしい意義があるから。

　このように網羅的に考えると、膨大な組合せがあり、まだまだ誰もやっていない組合せがあることに気づきます。たとえば、

What…「未来の、地方の、生産者の、食材」と「現代の、都市の、お客」をつなぐ

　には、どうしたらよいでしょうか。

How…地方の生産者が、将来、素晴らしい食材を作り続けたり、新しい食材を育てられるようにするには、単にそれらの食材を使うだけでは不足しているでしょう。環境の変化やニーズの変化に合わせた、生産技術のイノベーションなどの大きな動きが必要です。それをめざすことで、Why、つまり意義も生まれてくるはずです。

自然の方にレストランを近づける

料理は、その土地の自然を反映した食材を、その土地で食べられるように調理することで成立してきました。しかし文明の発達により、知恵と技術が都市に集まることで、都市において競争が生まれ、さらなる技術の発展につながりました。

　自然としての食材が潤沢な地方と、技術の発展した都市――そのどちらかだけでは不十分で、地方と競争のある都市との間を食材や食文化が行き来することは、これまでもこれからも重要だと思います。

　料理や食文化は作り続けないと残っていきません。そして食は自然を体に摂り入れることなのです。地方でガストロノミーレストランを作るということは、動かせない自然にレストランが近づいていくことです。ガストロノミーは調理技術だけでなく、コンセプトのデザイン力が高まっている技術体系ですから、地方への貢献は多大です。都市から来るお客を相手にするだけでなく、その地方の生産者や生活しているすべての人に影響を及ぼせるはずです。

3

アイデアをデザインする

dialogue

#12

with

川手寛康

[かわて・ひろやす]

no. 28 ←…… no. 26

theme

体験のデザインとフレーバーデッサン

「フロリレージュ」の川手寛康氏が3回連続で登場。創業の地である南青山から外苑前への移転を間近に控え、話題は盛りつけのパターンから「食べづらさ」の活用、新たなコースのビジョン、フレーバーデッサンまで多岐にわたった。

—

#盛りつけのパターン　#一体感　#フレーバーデッサン　#食べづらさ　#プラットフォーム　#言葉にする　#体験デザイン

ガストロノミーレストランにおいて、お客が期待していることは「ここでしか体験できないこと」を、食を通して体験することである。川手シェフとの3回の対談を通してそうした体験が話題になった。最初は一皿における体験のデザインだったが、最終的にはコースとしての体験デザインの話題にまで至った。

また、チームとして作り上げていく料理であるから、提案として「フレーバーデッサン」ということをやってもらった。シェフの頭の中を見える化するという意味で、盛りつけのパターンを分析するとともに、どのように味や風味を感じるかもイラストで示すようにしたのである。そうすることで、シェフからスタッフへの指示が明確になることも証明できた。その観点では、味や風味だけでなく、お客の体験デザインについても全体としてイラストや言葉で示せれば、さらに高度な議論ができるようになるかもしれない。

profile

1978年東京都生まれ。高校の食物科を卒業後、「Q.E.D. クラブ」（東京・恵比寿）や「オオハラ エ シイアイイー」（同・西麻布）で修業。「ル ブルギニオン」（同・六本木）でスーシェフを務め、2006年渡仏。「ジャルダン デ サンス」（モンペリエ）で経験を積む。帰国後、「カンテサンス」（東京・白金台。現在は高輪に移転）のスーシェフを経て'09年に独立。'15年に同・外苑前に移転。'18年には台湾・台北に姉妹店「logy」をオープン。

★取材は外苑前への移転前に行った。

—

Florilège
https://www.aoyama-florilege.jp

Hiroyasu
Kawate

山鳩の炙り焼き 小豆と赤キャベツ添え

皮目はパリッと、身はロゼに焼いた山バトの胸肉に、付合せの小豆入りシュークルートをたっぷりとのせ、赤ワインで煮てから乾燥させた小豆のパウダーをふった。手前のクルミのペーストも付合せ的な位置づけで、横に添えた塩がソース代わりだ。山バトと小豆の組合せは、「小豆の風味には、山バトと好相性のジャガイモと共通するニュアンスがある」（川手氏）ことから発想したもの。肉を付合せごと切り、ともに味わうことで、すべてのパーツが一体となったおいしさを楽しんでもらう。

図1：川手氏の料理の盛りつけパターン分析

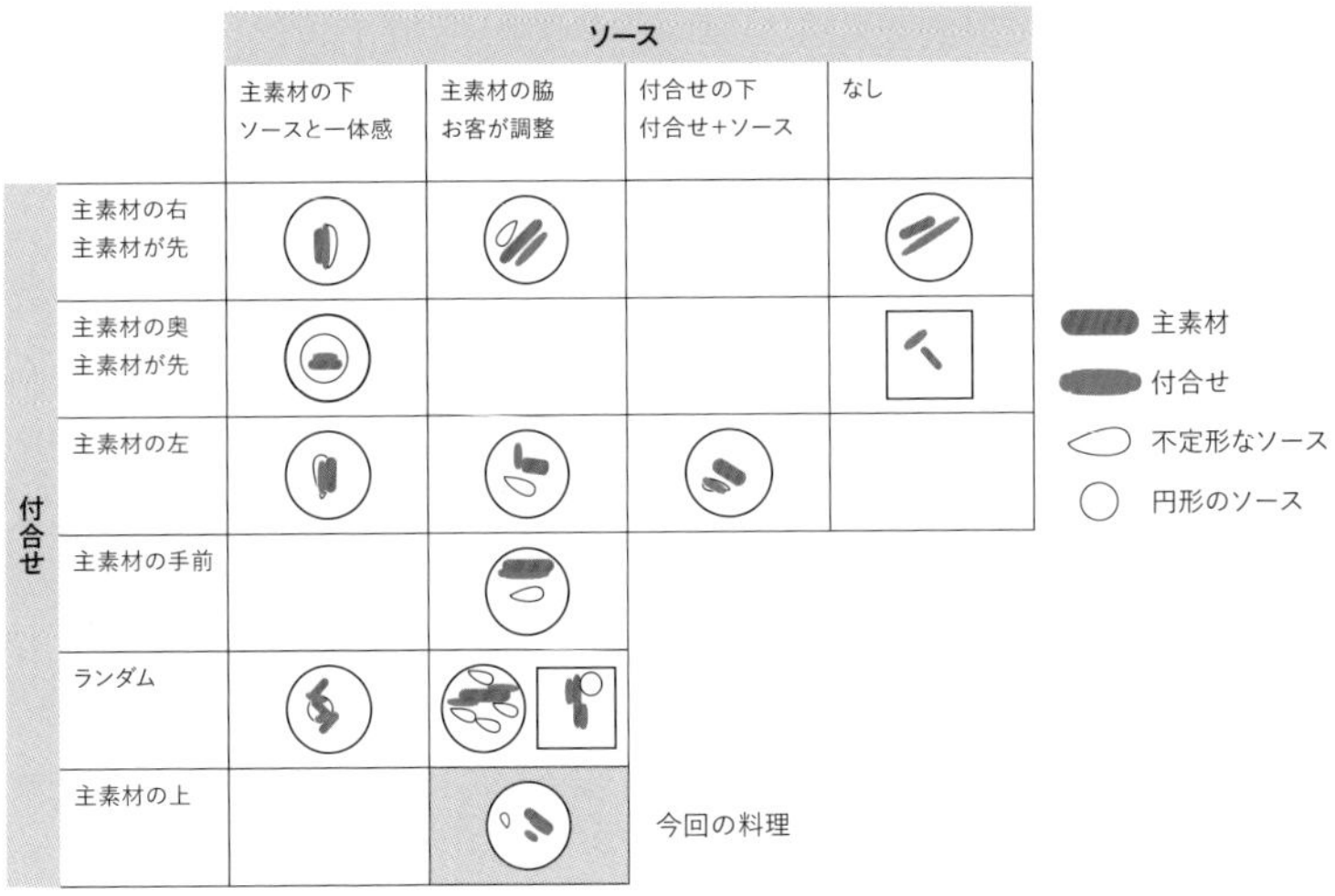

川崎氏の分類による、川手氏の盛りつけパターン。主素材、ソース、付合せの配置の法則が多様で、料理の数だけ盛りつけバリエーションがあるのがわかる。付合せの「主素材が先」とは、右利きの客の場合、主素材が付合せの左や手前にあると、主素材が付合せより先に舌に触れる可能性が高いということ。

川崎——今日はまず、こちらをご覧いただきたいと思います。川手さんの著書『フランス料理を描く フロリレージュ』（柴田書店刊）の中から、主菜の盛りつけパターンを抜き出して図案にしたものです［図1］。皿の中の要素を主素材、付合せ、ソースの3つに分けてそれぞれの位置関係を視覚化しました。

川手——川崎さんがまとめてくださったんですか？ すごいですね、これは。

川崎——それよりすごいのは、12品あるうち、すべての皿で異なるパターンの盛りつけがなされていたということです。普通はある特定のパターンに偏りがちで、それがその人の「個性」にもなってくるわけですが、川手さんの盛りつけの多様性は驚きですよ。

川手——それは自分では意識していませんでした。うちの店では料理はスタッフと僕で分担しながら盛りつけるんですが、その際に「こういう場合はこう」というルールをとくに設けていないんです。だから同じ料理の盛りつけでもその時々で変わるし、同じテーブルの中でも隣同士で違うのが普通。むしろ、それをよしとしてきたようなところがあります。そういうことが関係しているのかもしれないですね。

——今日作っていただいた料理を図にもとづいてあてはめると、どうなりますか？

川手——今、店でちょうどお出ししている料理なんですが、山バトのロティの上に付合せのシュークルートと赤ワイン風味の小豆のパウダーがのっていて、斜め下にあるのはクルミのピュレです。

川崎——クルミのピュレがソース代わりでしょうか？

川手——この皿に関しては、あまりソースというものは意識しませんでした。あえて言えば、横に添えたフルール・ド・セルがソースですね。

川崎——なるほど。肉を旨く食べるために、付合せとの

右…ロースト後、皮目のみサラマンドルであぶってメイラード反応を起こした山バトの胸肉を皿に盛り、上に付合せの小豆と赤キャベツのシューシルートをのせる。**左**…さらに、赤ワイン風味の小豆パウダーをふる。

皿の左手前に、赤ワインヴィネガーと山バトのジュで風味づけしたクルミのペーストを添える。シュークルートから取り出した小豆を山バトの周囲に散らし、フルール・ド・セルを脇に添えて完成。

リエゾン（つなぎ）となるのがソースだと考えれば、塩だって立派なソースと言えるはずですね。

川手――その通りだと思います。僕自身、いわゆる古典的な「ソース」を作る機会は減っていて、固体だったりペーストだったり、付合せ的な形にしたりと、アレンジすることが多くなりました。

「一体感」のある盛りつけ

川崎――今回の盛りつけについて見てみると、主素材の上に付合せがあり、余白に不定形のソースがある……という構造です。図示するとこうなります［135頁図1中の「今回の料理」］。これもまた、新しいパターンですね。

川手――あ、本当ですね。この本を撮影した頃と比べて、自分の盛りつけがずいぶん変わってきたと思います。ちょっと前までは皿の上にいろいろなパーツが散らばっていて、どう食べるかをお客さんに委ねる盛りつけが美しいと感じていたんです。そういう時代だったというか（笑）。でも最近は、「僕はこうやって食べてほしい」という意志が明確になってきて。盛りつけを変えることで、食べ方を制約していくと言えばいいでしょうか。

――なぜ、そのような変化が？

川手――うちのコースはアミューズに続いて前菜2品、魚料理、2通りの仕立ての肉料理……という流れが基本なんですが、品数を考えると一皿ごとのポーションは小さめになってきます。だから無理に一皿の中で変化をつけるより、料理から料理へと食べ進む中で、全体として抑揚を感じていただくほうがしっくりくる――そういう思いが強くなったのかもしれません。

川崎――前菜と主菜が1品ずつで完結する昔のスタイルのほうが、一皿の中での変化はつけやすかったでしょうね。

川手――そうなんです。ただ、今回みたいな盛りつけにも難しさがあって、一見して何の料理かわからないので、お客さんに警戒感を抱かせてしまうこともあるんですよ。

川崎――そうですか？ 僕は逆に食欲が湧きましたよ。食べたいな、と思わせる盛りつけだと思います。

川手――ありがとうございます。僕としても、今はこういう一体感のある盛りつけに惹かれます。すべてをまとめて食べると、そこに素敵さが待っているような料理がいいなあと思うんです。他にも煮込み料理とか……煮込みって、何だかおいしそうに見えませんか？

川崎――わかります。煮込みであったりポトフであったり……。それを因数分解して再構築していくのがこれまでのフランス料理だったわけですが、個々のパーツをあえてもう一度一体化させるというのも次のフランス料理を考えるうえで重要なんでしょうね。

川手――そうですね。とくに今回は素材が山バトだったので、こういうひとまとめの盛りつけがしやすかったです。山バトは小さな身の中にササミ、胸肉、皮……と触感や風味の異なる部位が重なっていて、それ自体にグラデーションがありますから。

川崎――すでに、ヘテロな素材だと。

川手――ええ。そうでない素材の場合は、別の盛りつけを考えないといけません。たとえば2つの別々に見える料理が同じ皿に盛られている……でも食べてみると一体感が感じられる、とか。

川崎――それはまさに懐石料理の八寸のスタイルですね！ 1枚の皿に海のものと山のものを1種類ずつ盛ることで、自然への敬意を表すという。現代のフランス料理の料理人が考え抜いて出した答えが、千利休が400

図2：フレーバーデッサンをやってみる

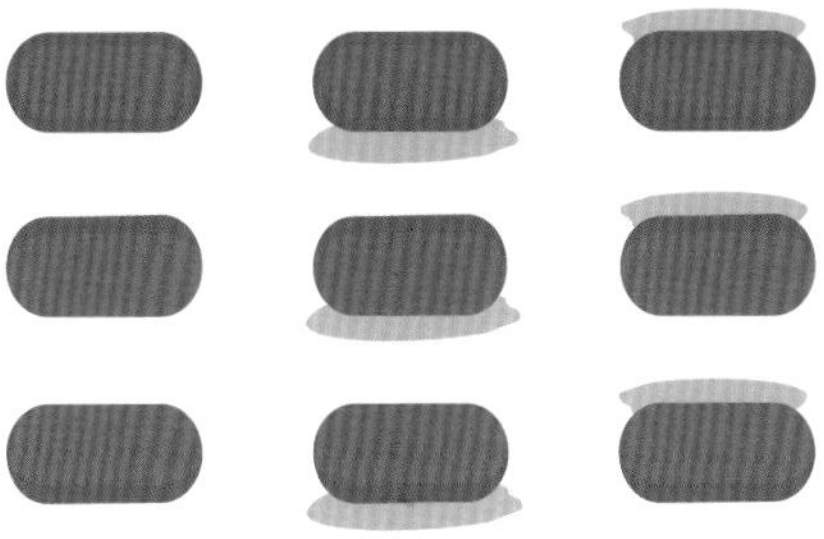

肉の焼き方・切り方とソースの位置のバリエーション。茶色は肉が焼けてメイラード反応を起こした部分、黄土色はソースを示す。

図3：ソースと肉の位置によってフレーバーデッサンは変わる

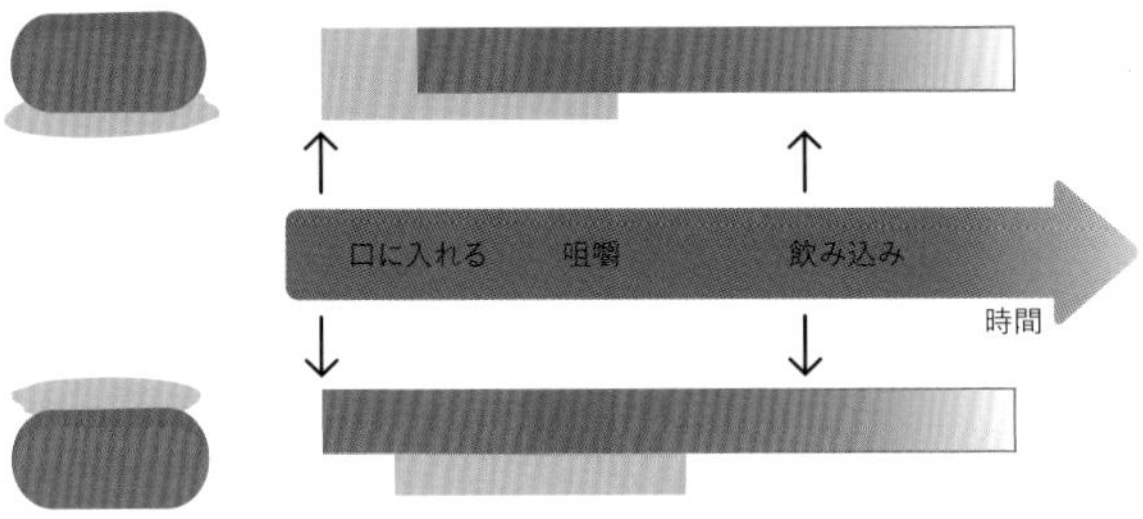

ソースが肉の下にある場合と、肉の上にある場合では、口に入れてから飲み込むまでのフレーバーの変化に違いが表れる。

年前に出した答えと同じだった……もしかしたらそんなこともあるのかもしれませんね。

川手――利休さん、一度、話してみたかったです。意外とファンキーなおっちゃんだったんじゃないかな（笑）。

川崎――いや、僕もそう思います（笑）。

フレーバーをビジュアル化する

川崎――先ほど、盛りつけの際にスタッフの裁量が大きいという話が出ましたが、すると川手さんの考えをスタッフがどれだけ正確にイメージできるかが大切になりますよね。

川手――そうなんです。僕から見て盛りつけをまかせるには早いなと思う子は、そこがまだわかっていない。逆に言うと、僕が自分の意図を伝えきれていないということなんですが。

川崎――経験不足のスタッフが盛りつけた場合、料理の意図自体が変わってしまう可能性がある、と。でも、おっしゃるように、料理に込めた意図を言葉で説明するのは難しいものだと思います。そこで、「フレーバーデッサン」というものを考えたのですが……。

川手――フレーバーデッサンですか？

川崎――はい。新しい料理を作る時、盛りつけのデッサンを描く料理人さんは多いですよね。それを、もっと食べ手の体験と密接に関わる形にできないかと思ったんです。たとえば、肉を焼くとします。周囲がメイラード反応でカリッとなり、中はロゼ色に焼けた肉を切って、ソースをつけて食べる――その時に感じる風味の経時変化は、肉の焼き方やソースの配置によって、さまざまに変化するはずです［図2］。図中に9個ある塊の一つひとつが焼き方の異なる肉で、茶色がメイラード反応を起こした部分、赤色がロゼ色の部分です。

川手――肉の下や上にある黄土色がソースですね。確かに、肉の下にソースがある場合は、まずソースの味を感じますよね［図3上］。両面が焼かれた肉であれば、次にメイラードの風味が来て、肉の味、再びメイラードと続く……。

川崎――はい。逆に肉の上にソースがかかっていれば、肉の味が最初に来て、次にソースという順番になるのではないでしょうか［図3下］。料理を作る前にそうしたフレーバーのデッサンというか、設計図を作ってみてはどうか、というのが僕の提案です。

川手――それは新しいですね。これまで考えたこともなかったです。

川崎――トップシェフの場合、考えていないようでも頭の中で自然にイメージができているんだと思います。そこで川手さんに次回、お願いしたいのは、あえて頭の中のデッサンを「見える化」していただくことなんです。それにより、読者が「なるほど」と思うような発見があるのではと思いまして。

川手――僕自身、今は脳みその中に「これを食べたらこんな味わいだろうな」という断片的な情報が詰まっている状態だと思うんです。食べはじめから食べ終わりまでの時間軸の中で、料理の構成をビジュアル化してみることで、新しいアイデアが浮かぶかもしれませんね。何ができるか考えてみます。

甘味と苦味

白い皿に雪のように白いパウダーが散らされた、一見しただけでは味の想像がつかないデザート。パウダーはホワイトチョコレートとココナッツの2種類。ともに液体窒素で凍らせて粉砕してあり、ごく軽い口あたりだ。最初はわざと使いづらい形にしたフォークですくってもらい、パウダーが溶けはじめたタイミングでスプーンを提供する。白いキューブはフキノトウのブランマンジェに、砕いたフキノトウのクッキーをまぶしたもの。口に運ぶごとにパウダーの甘味とフキノトウの苦味が現れては消える起伏のある味わいを楽しんだ後は、皿の左上にたらしたイチゴのソースでさっぱりと終わらせる。

液体窒素で凍らせた2種のパウダー（ホワイトチョコレートとココナッツ）を皿の右下から左上へと盛りつけることで、左上に配したイチゴのソースを最後に口にするように食べ手の行動をコントロール。

――前回は「フレーバーデッサン」について話をしていただきました。

川崎――はい。料理を考える際に、盛りつけのイメージをデッサンするのと同じように、フレーバーをどう組み立てるかの設計図を作ってみてはどうか、ということだったんですが、試していただけましたか？

川手――やってみました。やってみて実感しましたが、これは斬新な手法ですよ。僕だけじゃなく、一緒に仕事をするスタッフにとっても発見がありました。まずは料理――今日はデザートですが――を試食してみてください。

川崎――皿全体が白で覆われた中にワンポイント、赤いソースがあって冬の季節感が出てますね。そして、パウダーに隠れて中身がわからない……想像力を掻き立てられます。あれ？　このフォーク、ちょっと変わっていませんか？

川手――気づいちゃいましたか（笑）。実はフォークの先端をわざと広げてあるんですが、その理由は食べていただければわかるはずです。

川崎――いただきます。あ、すくいにくい。フォークの先が広がっているので、間からパウダーがこぼれ落ちてしまいますね。これはもどかしい……。

川手――パウダーはホワイトチョコレートとココナッツの2種類なんですが、ともに液体窒素を使ってサラサラの状態にしてあるんです。しばらくすると、溶けはじめてくるはずです。

川崎――食べているうちに端のほうから溶けて粘り気が出てきましたね。

川手――では、そろそろこちらのスプーンに持ち替えてください。

川崎――ここでスプーンですか。一気に食べやすくなりました（笑）。それに、温度も上がってきて、全体の味がはっきりとわかるようになりました。このキューブはほろ苦いんですね。

川手――フキノトウをブランマンジェにしたものです。

川崎――チョコレートとココナッツの甘味の後に苦味が残って、次の一口を食べたいという気にさせますよね。

川手――苦味の要素を入れることで、「デザートだけれど甘味を探さなければいけない」という状態を作り出せ

右…先端を広げてパウダーをすくいにくくしたフォーク。食べ手をもどかしい気持ちにさせることでその後に来る味への期待感を高める。**左**…パウダーが溶けはじめたらスプーンを提供。変化する味わいを存分に楽しんでもらう。

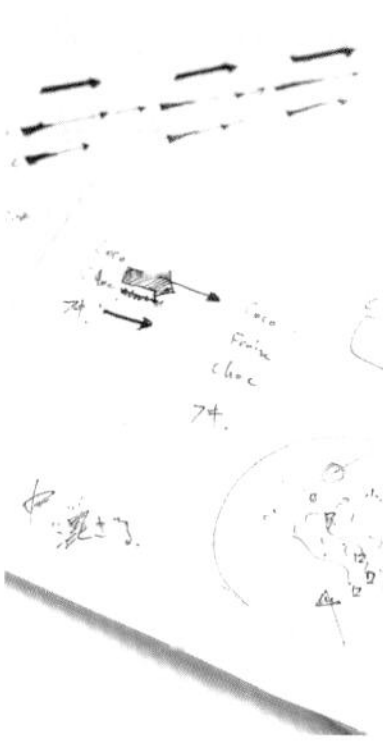

川手氏によるフレーバーデッサン（奥）と盛りつけのイメージ（手前）。時系列に沿ったフレーバーの変化を実際の盛りつけに落とし込むために、2つのデッサンを行き来しながら料理の細部を固めていった。

たらおもしろいのでは、と思って。ただ、実際は川崎さんがおっしゃるように先にパウダーの甘味が広がって、次に苦味が来る構造になっていますね（笑）。

川崎――最初の一口は苦いより甘いほうが、デザートらしくていいと思いますよ。それにフキノトウって、雪の下に探されるのが似合うキャラクターじゃないですか。

川手――なるほど、言われてみれば……。

川崎――何より、このデザートのすばらしさは、最初に食べづらさがあって、その後スプーンですくって食べることでもどかしさから一気に解放され、期待をさらに超えるおいしさがやってくる……というメリハリにあると思います。これは楽しいです。

川手――ありがとうございます。以前、川崎さんから「食べづらさ」を効果的に使うことはできないだろうか、という話を聞いたのを思い出して、今回挑戦してみたんです。

作り手の葛藤を料理に込める

――そして、川手シェフが今回、描いてくださったのがこちらのデッサンです。

川手――こちらがフレーバーデッサンで［141頁図］、こちらが盛りつけの図です［本頁上写真］。

川崎――おお、すばらしい。この2つはどのような順番で作ったんですか？

川手――ほぼ同時です。皿の構成を頭の中で何となく決めてから、「この組合せならフレーバーはこんな感じに変化していくだろう」というイメージを書き出して、考えを整理していきました。味の変化には盛りつけ方もからんでくるので、簡単な盛りつけ図も作ってみて。今回は苦味と甘味をどう織り交ぜるかがポイントだったので、フレーバーデッサンと盛りつけ図を行き来しながらそこを調整しました。

川崎――やってみて、いかがでしたか？

川手――最初にも言いかけましたが、これは新しいですよ。食材の組合せや盛りつけに理由づけができるというか、「このパーツがここにあるから、このパーツが生きてくる」というような相互関係がはっきりしてくるような気がして、非常にやりやすかったです。

川崎――デッサンと盛りつけ図を行き来したとのことでしたが、まさにそれによって、フレーバーのデザインが具体化されますよね。従来も盛りつけ図と実物の料理の間の行き来はあったかもしれませんが、そこにフレーバーデッサンも加えた「三角関係」で考えることは、料理のトレーニングとしても有効なんじゃないでしょうか。

川手――本当にそう思います。走り書き程度でいいわけですし、みんな一度やってみるべきですよ。料理人は、「味のデッサン」は毎日の仕事の反復の中で勉強しているはずなんです。でも、実際に料理を作って盛りつけてみると、思い描いた意図が反映されていないことがよくある。それはフレーバーと盛りつけを結び付けられていないからなんだ、ということがわかりました。

川崎――たとえば今回の品でパウダーの質感が違ったら、盛りつけには影響がなくても味のデッサンに影響が出ますよね。そういうことを防ぐ助けにもなるんじゃないでしょうか。

川手――まさにその通りで、単に「チョコレートのパウダーを作って」と頼んだら、パティシエは持ちがいい、つまり溶けづらいパウダーを作ってくるはずです。でも今回は、ある程度早めに溶けはじめるパウダーがほしい。そ

図：川手氏による「甘味と苦味」のフレーバーデッサン

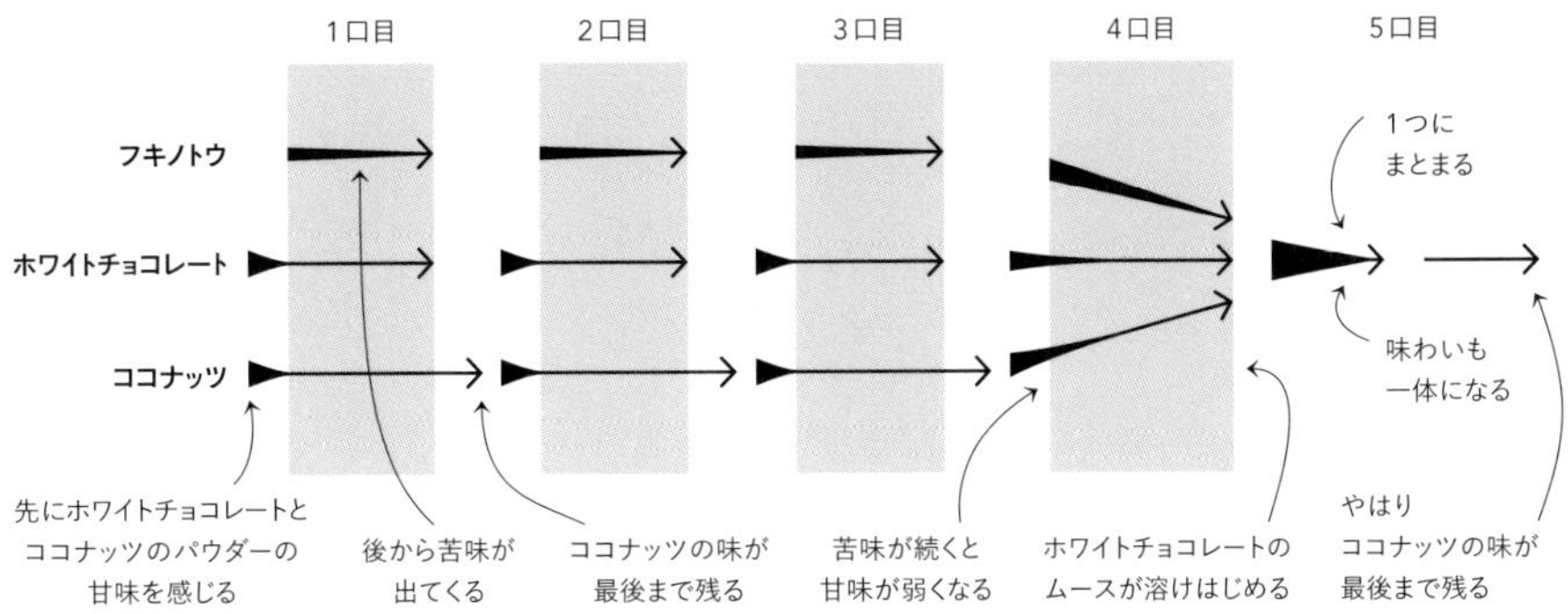
1口目
2口目
3口目
4口目
5口目
フキノトウ
ホワイトチョコレート
ココナッツ
1つにまとまる
味わいも一体になる
先にホワイトチョコレートとココナッツのパウダーの甘味を感じる
後から苦味が出てくる
ココナッツの味が最後まで残る
苦味が続くと甘味が弱くなる
ホワイトチョコレートのムースが溶けはじめる
やはりココナッツの味が最後まで残る

右図は、川手氏によるデッサンを元に作成したもの。まず、口に入れた時にホワイトチョコレートとココナッツの甘味、フキノトウの苦味がどのような強さと順番で現れるかを視覚化。食べ進むにつれてパウダーが溶けはじめ、3つのフレーバーが一体化し、最後にはココナッツの甘味が残る、という一連の流れを示している。

ういう時にフレーバーデッサンを見せて、ここのこのパウダーが欲しいんだ、と言えば意図が一目で伝わる。スタッフも非常に作業をしやすそうでした。

川崎——それはよかったです。1年半にわたって「おいしさのデザイン」について考えてきましたが、今日のデザートとフレーバーデッサンを見せていただいて、「ここまで来ることができたか」という思いを持ちました。ありがとうございます。

川手——僕のほうこそ、考えを一段階先に進められた気がします。今までは「どう食べさせたいか」で止まっていたのが、「どう感じさせるために、どう食べさせたいのか」まで掘り下げて考えるようになったというか……。

川崎——食べ手の気持ちをコントロールするための工程が一つ増えた、ということですね。「どう感じさせたいのか」と自問することで、料理に料理人の心の葛藤が現れてくると思うんです。それは、これまでのレストランの料理にはなかった要素でしょう。だから、必ずしも食べる人皆に受け入れられるものではないかもしれない。でも僕は、その葛藤こそ、料理人に皿の上で表現してほしいと思います。

川手——確かに、このデザートは実際に店で出そうと思っているんですが、腹を立てる人もいそうです（笑）。

川崎——それでもいいんですよ。「記憶」させるための手段は2つしかないと言われていて、それはくり返しと情動なんだそうです。情動というのは、感情の動きのこと。ちょっと腹が立つくらいの感情というのも、新たな表現の可能性なんじゃないでしょうか。

川手——くり返しと情動ですか。2015年3月に予定している移転に向けて、新しいコースのヒントをもらえましたね。

川崎——移転後はどんな料理になる予定なんですか？

川手——前菜、魚、肉、デセールというコースの流れにとらわれず、毎回ある一つの言葉やテーマを設定して、自分の思いを料理で表現するような形を考えています。品数も13品ほどに増やそうと思っているんです。

川崎——コースの新しい様式、つまり「プラットフォーム」を探すということですね。後世の人が使いたくなるようなプラットフォームを見出すための第一歩と考えると重いテーマですが、すばらしいと思います。

——普段ならここで終了なのですが、次回、今のお話を発展させて新しいコースの片鱗を見せていただくというのはいかがでしょう？

川手——まだ何も具体的に決まっていないんですが、大丈夫ですか？（笑）。でもこの形だと、たとえば川崎さんが出したお題に僕が料理で応える……なんてことも将来的にはできるんじゃないかと思ってはいました。

川崎——ある意味、デザインの集大成としてのコース作りですね。

dialogue
#12
no. 28

投影

白子、山菜、レモン

寒さの中にもわずかに春の兆しが感じられる、2月の季節感を表現した一品。冬の素材、タラの白子にナノハナなど春野菜のパウダーをまぶしてフリットに。フリットにかけた黄色いパウダーはバターにレモンの香りを移し、液体窒素で固めたものだ。フリットの衣のカリカリした触感を損なうことなく、レモンのさわやかな香りをまとわせることを狙った。フキノトウやタラの芽などの山菜を煮出して取った苦味の強いジュが、フリットの油脂分を和らげる。緑の野菜のスムージーと白ビールを合わせたドリンクをペアリングして提供。

右…山菜を煮出して詰めた苦味の強いジュに、早春の季節感を投影する。**左**…川手氏の頭に浮かんだ13の言葉を起点にコースを形作る。移転後は2ヵ月に一度、メニューを入れ替える予定だ。

——前回は、「フロリレージュ」移転後（編注…2015年3月の移転を指す）のコースについて少し伺いました。1つの言葉から1つの料理を発想し、計13皿で構成するコースを考えていらっしゃるとのことでしたね。

川手——はい、今回作った料理はその中の1つで、「投影」という言葉をイメージした品です。先月のようにフレーバーデッサンを行いながら作りました。雪解けの季節の情景を白子のフリットの熱や山菜の苦味、そしてキンキンに冷やしたグラスの冷たさなどで表現しています。他に、たとえば「つながり」、「記憶」といったキーワードから僕が何を感じるか、を表現した料理を作っていきたいと思っています。

川崎——それを聞いて、川手シェフはすごいことをやろうとしているなと思ったんです。前菜、主菜、デザートという従来のコースを超えた、コースの新たな形を作ろうとしている、と。それを前回、私は「新たなプラットフォーム」という言葉で表現したわけです。

川手——コースの構成を考えているうちに、料理の順番って本当に決める必要があるのかな、と思うようになりました。最初の皿だから冷前菜を出すというのではなく、どんな思いを込めて、その料理を最初に持ってきたのかが重要なんじゃないか、と。

川崎——その通りですね。懐石料理では最初にご飯がひと口出てきますが、これは「あなたのために準備しましたよ」というもてなしの気持ちの表現ですよね。明らかに料理とは違う概念を、順番が示している。そのような型を、千利休という人が発明した。そしてそれが400年もの間続いているということを、私はすごいと思うんです。

川手——わかります。ただ、懐石の場合は最初におもてなしの表現がある、という順番を変えることはありませんよね。僕は順番自体が流動的であってもいいと思っています。「もてなし」がテーマの料理があったとして、その順番はその時々で流動的に動いていくようなコースにしたいんです。

川崎——それはさらに高度ですね。まず表現したいこと

右…タラの白子にナノハナ、セリなど春野菜のパウダーをまぶし、ジャガイモの生地を付けて揚げ焼きにする。**中**…揚げた白子にハコベを巻き付け、山菜のジュを流した皿に盛る。**左**…シトロン風味のバターを液体窒素でパウダー状にしたものをふりかけて完成。

があり、それが料理の順番として表れるのだから、その都度適切に順番を考えればいいということですね。でも何年、何十年か経った時に、ピタッと13皿の順番が決まる瞬間が訪れるのかもしれませんよ。

川手——来るのかな、そんな日が（笑）。

言葉にすると、考えが整理される

——新たなコースでは前菜、主菜という区別自体がなくなるのでしょうか？

川手——ええ、むしろ、そういう名前が邪魔になってきてしまって。

川崎——そこまで進んでいるんですか。でも、名前があるほうが深く考えやすいという利点もありませんか？ 名付けることで、プラットフォームとしてみんなが認識できるようになる。それが楽しいものであれば、みんなが使いたくなる……iPhoneなんかがいい例です。アプリがどんどん開発されるのは、iPhoneと名付けられたプラットフォームが開発しがいがあるからだと思うんですよ。

川手——なるほど、確かに。今は自由な時代って言いますけど、それはアプリの中だけの自由だったかもしれないですね。ハードまで含めての自由を考えないといけないってことに、僕も含めて気づいていなかった気がします。

川崎——料理人は今までソフトの開発者だったというのは、その通りだと思います。そして川手さんは、新たなコースの形というハードを開発しようと一歩を踏み出した。何度も言いますが、これはすごいことですよ。

川手——その一歩が大変で。自由って難しいなと改めて思います。

川崎——でも楽しいんじゃないですか？

川手——ええ、ドリンクとのペアリングにしても、自分たちでまったく新しいものを考える楽しさがあって。料理とドリンクの相性が合っていなくても、テーマに沿った組合せであれば新しい可能性が生まれてくるんじゃないか、とかいろいろ試行錯誤中です。

川崎——おもしろそうですよね。液体でしか表現できないことってあるはずですから。うま味や塩味をドリンクとして出したら、ソースともだしとも、もちろん普通のワインとも違うものになるかもしれない。掛け算の因数が増えるように、可能性が広がるのを感じます。

川手——まさにそこを狙って、カツオ節と昆布のだしを赤ワインに一滴落としてみたんです。すると、ワインでありスープでもある……そんな飲んだことのないドリンクになったんですよ。

川崎——それは鳥肌が立ちますね。すごいな。ワインに手を加えるなんて、これまでの料理人には怖くてできなかった試みじゃないでしょうか。

川手——生産者さんに「こういうことをしたいんだけど」と話したら快くOKしてくれたのも心強かったです。でも実際に作るのは大変ですよ。ソムリエと一緒に地獄を味わってます（笑）。

川崎——一緒に考える相手がいるのはいいことです。言葉にすることによって、考えを整理できますから。

川手——言葉ってすごい重要です。頭に言葉がしっかりとあると、「なぜそうなるのか？」につながっていくので。

川崎——そうそう。料理人の世界では、「なぜそうなるか？」は「コツ」として、言葉にせず連綿と受け継がれてきましたよね。それを言葉にすることで、理由が判明する。科学が料理と出会った結果起こった、いいことの一つじゃないかと思うんです。

右…ドリンクのグラスはあらかじめ冷凍庫で霜が付くまで冷やし、雪解け水の冷たさを表現する。
中・左…セリ、バジル、キウイフルーツ、グレープフルーツなどで作ったスムージーをグラスに入れ、白ビールを注いで完成。

川手——他にもいいことがありましたよ。今までは独りで厨房に閉じこもって考えていたのが、川崎先生のような相手に尋ねることができるようになった。独りで作らなくてもいいと気づけたのは、僕にとっては大きなプラスです。

川崎——料理人の戦いはなんて孤独なんだろう……。研究者も孤独な仕事って言われますが、チームで発表してディスカッションをして、というように相談相手がいるんです。料理人は相手がお客さんだから、相談するわけにもいかない。

川手——もっと、料理人同士が本音で意見交換できればいいんですけど。

川崎——そういう場があれば、より料理を理論的に捉えるようになるし、逆に言葉にできないことの重要性をより深く知ることにもつながりますよね。

川手——そこに気づいて、一歩を踏み出せるかどうかですね。僕も6年前にフロリレージュを開いた時は、その一歩を踏み出せない料理人だったと思う。時間をかけてやっていく中で、言葉にできない疑問がいろいろ出てきて、あれは何だろうと考えるようになって。具体的に川崎さんに聞きたい質問がいろいろと出てきたのは、ここ1年くらいのことかもしれません。

川崎——どんどん質問してください。「科学ですべてを説明できるわけではない」とたまに言われるんですが、その通りなんです。そこで、「だから科学なんていらない」となるか、「なぜ説明できないのかを考えよう、説明できないところは感性でとらえよう」となるかは大きな違いですから。

「デザインする」ということ

川崎——今日は、料理のデザインというのは皿の上だけじゃなくて、お客の体験をデザインすることなんだ、という点を改めて確認できました。ただ「自由に、好きにやる」だけではなく、深く論理的に考えることで、だんだんルールのようなものができてくるはずですね。そうすると、自然と「用の美」と呼ばれるようなものに収束していくのではないでしょうか。

川手——そう思います。今までのフランス料理のルールとか枠組みには、自分のやりたいことが収まりきらないということに僕らの世代の料理人は気づきはじめていると思うんです。でも、どうすればいいのかがわからない。その時に、僕の場合は何を大事にして、何を発信したくて料理を作るかを言葉にしようと考えました。そうすれば、何かがストーリーとして食べ手の心に残るんじゃないかな、と。そういう試みを誰かがやることで「そういうのもありだね」という声が生まれて、今後のフランス料理界がひとつ動くはず。それが前進になるのかはまだわからないけれど、何か動くことがあるんじゃないかとゾワゾワしながら感じているところです。

川崎——本連載にふさわしいお話でした。利休さんがしたのと同じように、川手さんが新たなプラットフォームを確立されることを期待しています。

2015年1〜3月号掲載

dialogue

#13

with

高田裕介

［たかだ・ゆうすけ］

no.32 <…… no.29

theme

デザインを言語化する

「ラ・シーム」の高田裕介氏が4回連続で登場し、
出身地・奄美大島の自然を反映した料理にはじまり、
残り香と類推の表現方法、魚の干物のフランス料理への転用など、
縦横無尽に独創的な料理を展開。
高田氏が新作を生み出す過程を、さまざまな視点から言語化した。

—

#食文化　#デザイン言語　#バックキャスト　#コク
#味の濃さ　#必然性　#半歩先のデザイン

この回の狙いは、料理人が新しい料理を考える時の考え方を言語化したり、見える化することだった。そうすれば、若い読者が新しい料理を考える時の参考になるはずだ。ただし、単にシェフの考えをトレースするのではなく、一度、普遍化したり概念化することを試みた。

高田シェフが奄美などの食文化を料理に反映させるにあたり、フランス料理として完成度を高めるためにとっているさまざまなアプローチを見ることができた。それを見える化する手法として、デザイン言語を用いてみた。言語には文字や単語といった要素と、それを文章として紡ぐ文法というルールがあるが、料理にもそれが言えそうだったからである。実際、高田シェフは考えが明確だったので、わかりやすくまとまった気がする。ある言語を聞くとすぐ何の言語かがわかるように、高田シェフの料理は誰が作ったかすぐわかるほどデザインの考え方が明確だと思う。

profile

1977年鹿児島・奄美大島生まれ。調理師学校のフランス校を卒業後、大阪市内のフランス料理店などに勤め、2007年渡仏。「タイユヴァン」「ミーティング」「ル・ムーリス」（すべてパリ）などで計2年弱修業。帰国後の'10年に独立。近年はレストランのプロデュースも多く手掛ける。

—

La Cime
http://www.la-cime.com

Yusuke
Takada

山羊汁

鹿児島県・奄美大島に伝わるヤギのごった煮「山羊汁」から発想した一品。強いクセのあるヤギの肉から、フランス料理の手法で澄んだコンソメを引き、カツオ節を「ハーブ感覚で」(高田氏)加えて香りを調整。ここにヨモギを練り込んで焼いたパートを添えた。パートには、ヤギの乳(シェーヴルチーズ)、コンソメを取った後のヤギの肉、揚げた皮(今回は羊の皮で代用)をのせ、ヤギがエサにするウイキョウの芽をあしらって完成。奄美のヤギを丸ごと食べているようなストーリー性を盛り込んだ。

――今月からは、4回連続で「ラ・シーム」の高田裕介シェフに登場いただきます。

川崎――前の連載では「発酵」「食文化の表現」といった具体的なテーマについて、料理人さんの疑問に答えながら私からも提案をするという形を取りましたが、料理人がアイデアを取り入れて具体化する力はすごいものだな、と毎回感じていました。そこで今回はじっくりと高田さんから話を引き出したいな、と。その中で、料理人がどのような思考過程を経て料理をデザインしていくのかを「見える化」していければと思っています。

高田――緊張しますね(笑)。個人的にはお題があったほうがやりやすいんですが、初回は自由にということだったので僕の出身地、奄美大島らしさを出した料理を用意しました。

川崎――奄美、行ったことはないのですが独特の食文化があるそうですね。

高田――鹿児島県の島ですが地理的には沖縄に近いので沖縄料理との共通点が多く、中国の影響も受けています。豚をよく食べるんですが、血入りの料理があったり、イカスミで豚を煮込むバスク地方っぽい料理もあったりしておもしろいですよ。そういえば、東京に来ていた「ノマ」で出たアリの料理が話題になっていましたが、アリは僕の祖母も食べていました。

川崎――え、本当ですか!?

高田――ええ、「声がきれいになるから」と言って。蟻酸の抗菌効果みたいなものを経験的に知っていたのかもしれません。今日はそんなことを思い出しながら、アリではなく、ヤギの料理を作りました。ヤギも豚と並んでよく食される動物で、内臓も皮も全部入れて、ヨモギやニンニクと一緒に煮る「山羊汁」というごった煮を元にしています。

川崎――それはなかなか強烈そうですね。

高田――奄美の食文化について書かれた本[151頁写真]によると、昔からヨモギや桑の葉でヤギの臭み消しをしていたようです。僕は物心ついた時からその「クセ」が好きで、今でも実家に帰ると母に作ってもらうんですが、だいたいの人は臭いと言って食べないですね(笑)。それで、フランス料理のコンソメ風に仕立てれば食べやすくなるかなと思い、試してみました。

川崎――こちらがそうですか。今のお話からは想像でき

図：今回の料理の時間デザイン

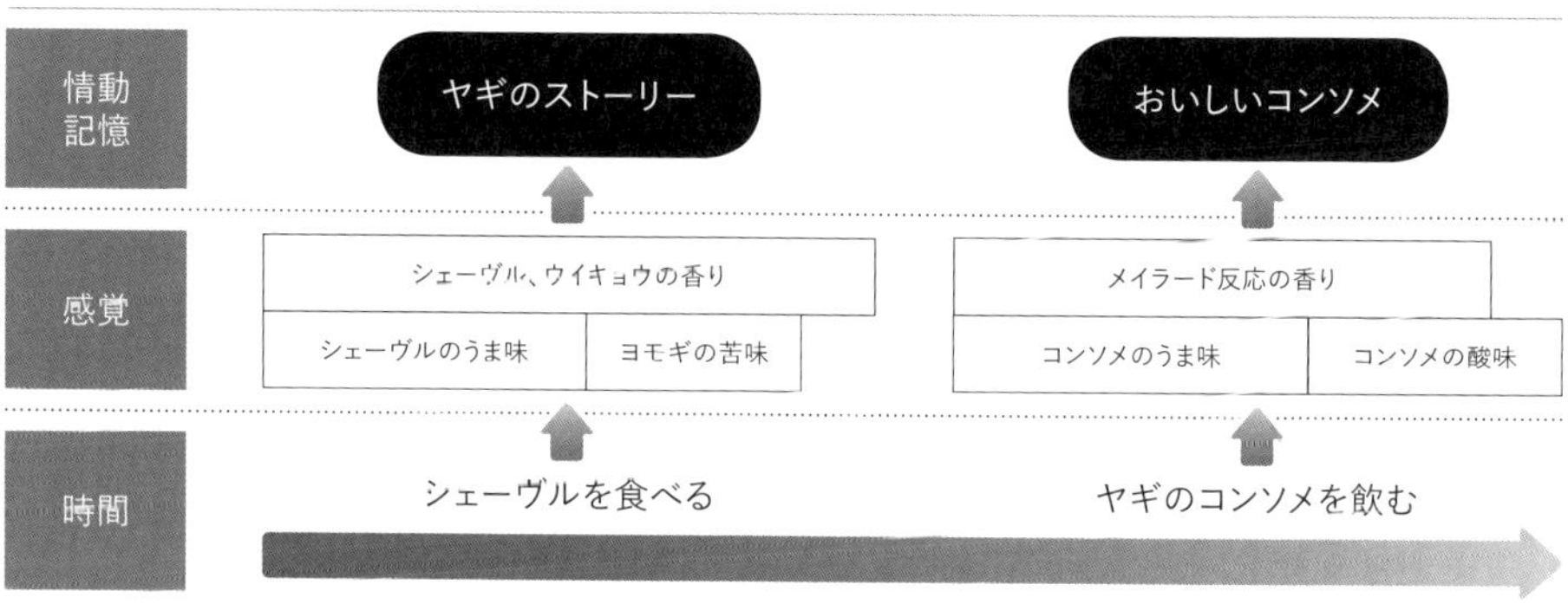

「シェーヴルののったパートを食べた後にコンソメを飲むと、まずカツオ節の風味が広がり、その後ヤギの香りが戻ってくる。この構造がおもしろいですね。逆に、先にコンソメを飲んで、次にシェーヴルのパートを食べるという順番にするのもありかもしれません。その場合、さらにヤギの存在感とストーリーが際立つのではないでしょうか」（川崎）。

ないほど澄んだスープですね。香りも独特ではありますが、燻香っぽい香ばしさがあって食欲をそそります。

高田——今回は内臓を使っていないのと、卵白でクラリフィエして澄ませています。燻香は、カツオ節でいわゆる「追いガツオ」をしているんですよ。以前、ヤギのジュをぎりぎりまで煮詰めてみた時、カツオ節を感じさせるいい香りがしたんです。それに若いヤギや羊にはちょっと酸っぱい風味があるので、カツオ節の酸味と合わせたら味に深みが出るんじゃないかと思って。

川崎——カツオ節ですか！　普段から日本料理的な食材も使われるんですか？

高田——自分自身がフランス料理の「枠」にとらわれていた頃はいっさい使いませんでしたが、最近は料理の軸がしっかりしてさえいれば、スパイスとして使うのはありかなと思うようになりました。今回も日本料理の人に怒られちゃいそうですけど、カツオ節を「ハーブ代わり」に使っています。

川崎——うま味目的ではなく、香りの要素として使ったということですか？

高田——はい。フレッシュのハーブって加熱すると香りが立つじゃないですか。そのイメージで、コンソメに削り節を入れてアンフゼしました。

川崎——まさに日本料理の一番だしの手法ですね。コンソメの器の上にのっているのは？

高田——ヨモギを練り込んだパートを薄く焼いたものに、シェーヴルチーズ、コンソメを引いた後のヤギの肉、羊の皮を揚げたもの——ヤギの皮が手に入らなかったので——をのせています。上に散らしたのはウイキョウの芽です。ウイキョウも奄美に自生していて、その辺でよくヤギが食べているんですよ。先にシェーヴルのパートをつまんで、次にコンソメをどうぞ。

川崎——いただきます。（食べて）これは、すごく不思議な料理ですね。シェーヴルを食べるとヤギの香りがグッと来るんですが、コンソメを単体で飲むとカツオだしのようでもあり……。でも、順にいただくとヤギを丸ごと食べているような一体感が生まれます［本頁図］。ヤギという素材を全部食べ尽くすというのがフランス料理的ですし、同時に奄美の自然が感じられるようで、何より旨いです。

高田——奄美で草を食むヤギ、というイメージを元に、自分が知っているフランス料理の旨さに近づけていきました。僕は1977年生まれですが、フランス料理の料理人として「おいしさ」をいちばんに求める最後の世代だと思うんです。パリの「タイユヴァン」で食べた巨大なリ・ド・ヴォーやロニョンのバターの香りとかソースの濃さを今も忘れられなくて、そんな「おいしかった！」という記憶が、自分の料理のベースになっている気がします。

川崎——なるほど。そういう軸があるのが前提で、そこにヤギが草を食べて、乳を出して、最後には食べられて奄美の人の栄養になっている……というストーリーがのっているから説得力があるんですね。

「デザイン言語」を探る

川崎——話は少し変わりますが、デザインの世界に、「デザイン言語」という言い方があるんだそうです。たとえば自動車のBMWだったら、フロントグリルの意匠にブランドの統一感が出る。無印良品とかアップル製品もそうですよね。本質的に表現したいことがあって、製品を見るだけでそれがわかるように「要素」と「ルール」がある。それを言語に見立てて、デザイン言語と呼ぶそうです。

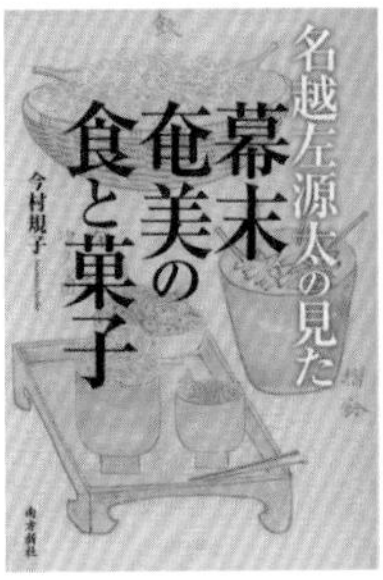

『名越左源太の見た幕末奄美の食と菓子』
今村規子＝著　南方新社＝刊
―
幕末、奄美に島流しにあった薩摩藩士が残した記録『大島遠島録』『南島雑話』を元に、当時の奄美の食生活を描き出す。高田氏も折に触れて紐解くという、奄美の食文化を知るための1冊。

高田――デザイン言語、ですか。

川崎――料理にも同じことが言えるのではないかと思うんです。たとえば高田さんの料理はひと目で高田さんの皿だとわかりますよね。そこにはある特定の要素とルールがあるはず。今後3回で、高田さんのデザイン言語はどんなものかを探っていきたいんです。

高田――ルール、あるでしょうか。僕は作業をする時、あまり自分のやり方はこうだ、と考えずにリズムで作ることが多いんですよね。

川崎――でも、自分の中で常に決断をしているはずですよ。これは使える、これはダメという判断基準はあると思う。それがルールなんじゃないでしょうか。

高田――判断基準は見えそうですか？

川崎――いや、まだわかりません（笑）。読み解いてデザイン言語を抽出するには、あと何品か食べてみないと。それには、自由度の高い前菜やアミューズがわかりやすい気がします。あとは、デザートとか。

高田――言われてみると、カツオ節のように普段使わない素材を使う場合でも、作業工程は変わるけれど、料理の最終的な着地点はそんなに変わらない気がします。確かに、何か無意識のルールがあるのかもしれない。あるなら僕自身、ぜひ知りたいですね。

余韻

和の食材を随所に用いたアミューズ2種。まず、きび酢とバラのリキュールの香りをつけてテーブルにセットしておいた切り株に、パリパリに乾かしたボタンエビの殻を置き、手で取って食べるようすすめる（上）。切り株から漂う香りの〝余韻〟とともにエビの香ばしさを楽しんでもらったら、次は漆器の皿に盛った海老マヨネーズと米粉のテュイルを提供（下）。海老マヨネーズはボタンエビの身と卵黄をウォーターバスで温め、ミキサーにかけたもので、風味豊かなサバイヨンといった趣だ。米粉のテュイルはきび酢で香りづけしてあり、穏やかな酸味が海老マヨネーズのコクをリセットする。ここに焼いたタケノコの薄切りをのせ、液体窒素で凍らせて空気を含ませた生クリームを散らして触感のアクセントに。サンショウの枝と木ノ芽をあしらい、香り豊かに仕上げた。

直径20cmほどの杉の切り株を皿として使用。表面にきび酢とバラのリキュールを合わせた液体をぬり、お客が来店する3分ほど前にテーブルにセットしておく。お客が席に着くと甘酸っぱい残り香に気づき、食事への期待感が高まっていく。

——前回は高田さんの故郷、奄美の食文化を反映した料理でした。今回は？

高田——考え方の特徴は前菜的な品に出やすいとのことだったので、今回はエビを使ってアミューズを作りました。

川崎——実は先ほど予備知識なしにいただいたんですが、驚きました。席に着くと切り株がセットされていて、そこから何かほのかに酸っぱい香りが漂ってきて。

高田——最初に清涼感を演出することで、後で出てくるエビの甘味を引き立てられないかと思い、切り株に鹿児島・加計呂麻島のきび酢をぬってあるんです。木の香りがして、酢のすがすがしい香りがして……清涼な森の香りを余韻として残し、次につなげるイメージです。

川崎——そういう意図があるんですね。もしかすると、酸っぱさに加えてエビの甘味につながる香りも用いると、より意図が伝わるかもしれません。最初、酢で切り株を消毒しているのかな？　と考えてしまったので（笑）。

高田——なるほど、そう取られる可能性もあるのか……。甘い香りというとハーブか……でもハーブだと木のイメージが強くなりすぎるだろうし、バラのリキュールはどうでしょう？

川崎——（リキュールのにおいをかいで）あ、甘い香りがしますね。酢との相性もよさそうです。

「類推」から創作する

——その切り株に、まず乾燥させたボタンエビの殻を置き、お客が食べ終えたら2品目を出すという流れですね。

高田——はい。2品目は米粉を揚げたテュイルに、ボタンエビの身と卵を低温調理してミキサーにかけた「海老マヨネーズ」を盛り、焼いたタケノコや木ノ芽をあしらっています。

川崎——最初のエビの殻のシンプルさで「あれ？　いつもの高田さんとは違うな」と思わせておいて、2皿目で

右は加計呂麻島のきび酢。ほのかに残るサトウキビの甘い香りと、まろやかな酸味が特徴。左のピンク色の液体は、バラの花から抽出したエキスを用いたリキュール（フランス・ミクロ社製）。

「あ、戻ってきた」と納得させるような構成でした。タケノコと海老マヨネーズの味わいから、ホワイトアスパラガスとサバイヨンの組合せをイメージしたんですが、そこを意識されましたか？

高田――最初はホワイトアスパラガスを使うつもりでした。でも、最近日本料理が注目されているし、僕も「これからは日本です」とアピールしようかと（笑）。

川崎――日本の素材を使うことに躊躇がなくなったというのは前回も話題に上がりましたね。その場合でも高田さんの考え方の中に伝統的なフランス料理の組合せがしみ込んでいて、そこからのアナロジー（類推）で料理が作られていくということなんですね。

高田――いつもそうです。和食を食べていても、日本の食材をどうフランス料理の技法で調理するかを考えています。

川崎――すると出てくるのが、「日本人が日本でフランス料理を作る意味は何か」という問題ですね。そもそも、料理はその土地で穫れた食材を加工する技術として発達してきました。だからフランス料理も日本料理も調理法が独自に発達し、料理の違いとなって現れているわけです。ということは、たとえばタケノコをフランス料理に仕立てるには、料理人がその意味を考え、違和感が出ないように調整する必要が生じるはずです。

高田――どうだろう、自分は調整してるかなあ。

川崎――しているはずですよ。ホワイトアスパラガスをそのままタケノコに置き換えると触感が硬いために口腔内の滞留時間が長くなりすぎるので、薄切りにする必要がある。すると今度はアスパラガスとタケノコに共通する要素である甘味や香りが足りなくなる……。

高田――あと、味も足りなくなります。

川崎――ですよね。そうした要素をどう補うかを考えた結果、海老マヨネーズというアイデアが出てきたのでは？

高田――あ、それはあるかもしれない。アスパラガスの甘味や味を海老マヨネーズで補強したので、タケノコが無理なくなじんだということですね。

川崎――はい。それを無意識のうちにできてしまうのが、フランス料理人たる所以ですよ。そしてそういう複雑な構成の料理であるのに、見せ方はすっきりさせようという意識を強く感じるのも高田さんの料理の特徴だと感じます。

高田――料理を複雑にしてはいけないというのが、今の潮流じゃないですか。その流れにある程度合わせようとは思うんです。でも、全部がそうなると今度は「自分がやってきたフランス料理は何だったの？」という気持ちになってしまう。そのバランスですよね。作り込んだ料理を、言葉で説明せずとも意図が伝わるような明快な盛りつけで出せればと思っています。

「コクと味の濃さ」が鍵

川崎――実は一つお聞きしたいことがあるんですが、食材や調理法について、高田さんの中には「これはこうすると絶対旨いんだ」という明確な基準があるような気がするんです。

高田――絶対的な基準はないですが、その時々の〝瞬発的な正解〟というのはあると思います。

川崎――逆にいうと、先ほどの海老マヨネーズとタケノコもしかりで、ピンポイントで「正解」を持っているためにストライクゾーンが狭くなって、新しい料理を作るのに難しさを感じたりということはないんでしょうか？

高田――それはないですね。確かに、厨房に立って「この食材を使おう」と決めた瞬間にゴールは定まります。でも、ゴールに至るまでの道筋はいろいろありますし、お客さまの好みによっても変えますからね。自分の持ち味は柔軟なところだと思っているんです。

川崎――なるほど。あらかじめゴールを想定して、そのために何が必要かを現在に立ち戻って探っていく――「バックキャスト」という考え方ですね。その際、どんなところからアイデアを得ることが多いですか？

高田――新しい道筋の元になるのは、修業時代に学んだことだったり、以前に本で読んだ内容だったり……99%はこれまでに培った料理の〝情報〟からです。だから、僕のフィルターを通した料理ではありますが、「オリジナルの料理か」と言われると、それは違うかなという気もするんですよ。

川崎――科学的な考え方に通じるところがありますね。「巨人の肩の上にのる」というニュートンの言葉があるんですが、新発見というのは、実は何百年もの歴史の積み重ねという〝巨人〟の肩の上に立って遠くを見るからこそ生まれる、というような意味です。考えてみると、料理も一緒ですね。

高田――ですね。古い料理から学んだり、おいしさをもっとも重要なものととらえたりというのは、フランス料理を作るうえで大切なことだと思います。

川崎――高田さんにとって、おいしさに不可欠な要素とは？

高田――……コクと味の濃さかな。

川崎――そうですよね！ 私が高田さんの料理を食べて思うのもまさにそこなんです。うま味が凝縮されていて、かつ複雑で。それがあるからこそ、清涼感や触感の変化が生きてくる。

高田――正解です（笑）。

川崎――ぜひ、次はコクと味の濃さについて新たな表現を見てみたいですね。

高田――すると主菜ですか。液体を濃縮するか、肉か何かを乾燥させるか……。いっそ魚の干物とか？

川崎――干物、いいですね！ どんな料理になるか楽しみにしています。

潮の香り

魚の「干物」の濃縮感をテーマにした一品。マナガツオを塩水に浸してから低温で乾燥させ、味わいを凝縮しつつ半生の触感を引き出す。これを溶かしバターの中で加熱して仕上げた。マナガツオに貼り付けた赤いシートは、ハイビスカスティーと昆布の抽出液を固めたもの。酸味とうま味のアクセントだ。付合せのニンニクのコンフィで香りとコクを、新タマネギのピュレとキャヴィアを詰めたジャガイモで塩気と風味を補い、ザクロと乾燥キャヴィアを散らして提供する。

——今回は、魚の干物がテーマです。

高田——ハードル高かったです。干物自体は日常的な食材なので、レストランで出すフランス料理として仕立てるのに苦労しました。

川崎——私は、干物はフランス料理とある意味相性がいい食品だと思っているんです。日本の食材にはめずらしく素材そのものにメイラード反応が起こっていて、香ばしさがあり、油脂とよく合う。アジの干物なんて素揚げにするとおいしいですよね。フランスには、いわゆる干物ってないですか？

高田——タラの塩漬けやニシンの燻製はありますが、もどして使うものが大半です。だから逆に日本の干物はおもしろいですよ。濃縮した風味があり、加熱すると独特の触感も出るので、料理のアクセントには使いやすいと思います。

川崎——今日の料理はどのように？

高田——マナガツオを塩水に浸けて塩を浸透させ、その後低温で乾燥させてから火入れしました。干物を砕いてパウダーにしたり、鹿児島県・桜島の火山灰で灰包み焼きにしたりもしてみたんですが、どうも必然性に欠ける気がして。干物のポイントである「塩漬けと乾燥」に的を絞って考えることにしました。

川崎——(食べて)これはおもしろい！　一夜干しを思わせるややしっかりとした触感があり、しかしマナガツオのしっとりした身質は残っていて。

高田——35℃の食品乾燥機に2時間入れて乾燥させたんですが、〝半生〟の感じがよく出ていませんか？

川崎——ええ。ちょっとこれまでに食べたことがない感覚ですよね。何より味に凝縮感があっておいしいです。これは火入れが難しいのではないですか？

高田——それが、むしろ調理法を選ばないほど簡単なんです。あらかじめ水分が抜けているせいか、魚の表面がうっすらと膜でコーティングされたようになっていて、たとえばポワレしても身が縮まずジューシーに仕上がります。

川崎——それは可能性を感じますね。他の素材にも応用ができそうです。

高田——今回は、ポワレではなくバターの中でじっくり火を通しました。キャヴィアを合わせようと思っていたので、香ばしさがないほうが風味を引き立て合うだろう、と。

右…乾燥後に切り整えたマナガツオ。水分がほどよく抜けているため、切り口の角が立っている。**左**…100℃・湿度100％のスチコンで加熱。溶かしバターの水分で保湿を、油分でコーティングをして、しっとりと仕上げる。液面から出ている部分には適宜アロゼして乾燥を防ぐ。

高田氏の故郷・鹿児島県では桜島の火山灰対策が大きな課題。火山灰で食材を包み、乾燥・熟成効果を得る研究も行われている。

まず皮目をさっと焼いてから100℃の溶かしバターに浸してスチコンに入れ、湿度を与えながらじっくりと加熱しています。この時、澄ましバターではなく、溶かしバターを使うのがポイントです。溶かしバターは水分を15%ほど含むので、その中で加熱すると保湿と油脂によるコーティングを同時にできるんです。

川崎——なるほど。「本質は何か」を常に意識しているから答えがぶれないというい例ですね。今回は濃縮した味わい、ジューシーな仕上がり、焼いた香りが突出しないことという条件があり、そのために最適な方法を選択した。結果、「これしかない」と思える仕上がりになっています。ところで、魚の上の赤いシートは何ですか？　梅干しを思わせるさわやかな酸味がありますが。

高田——ハイビスカスティーと昆布だしを合わせたものです。油脂をたっぷり使っているので、何か酸味がほしいと思って。シートには加熱中に表面を乾燥から保護するという意味もあります。

「要素」と「ルール」を探す

川崎——高田さんとの対談も3回目になりました。改めて高田さんの料理と「デザイン言語」［150頁参照］を関連付けて考えてみたいと思います。おさらいをすると、フランス語と日本語が互いに異なる「要素」と「ルール」を持つのと同様に、フランス料理と日本料理にもそれぞれの要素とルールがあるはずです。そして高田さんの料理には、日仏いずれの料理とも違うデザイン言語があるのでは？　というのが私の考えなんです。

高田——フランス料理の要素とルールというのは？

川崎——伝統的なフランス料理においては、フランスの食材を使うことを「要素」とすると、うま味を抽出して濃縮し、複雑さを出すことが「ルール」だと言えると思います。一方、日本料理の「要素」は日本の食材やうま味を活用すること。「ルール」は〝自然〟をデフォルメしたシンボルを用いて、食べ手にメッセージを伝えること、となるでしょうか。

高田——自然のデフォルメ……和菓子のデザインなんかがそうですね。

川崎——はい。たとえば旧暦6月に食べる和菓子の「水無月」は、暑気を払う氷を三角形という形にデフォルメして、シンボル化しているわけです。では高田さんの料理はどうかというと、フランス料理的でありつつも、日本料理と共通する点が多いように思うんですよ。

高田——「フランス料理」らしさはいつも意識していますが、日本料理的というのはどのあたりがでしょう？

川崎——日本食材を使いながらも、料理として「和にならないように」という強い意識を感じるのは確かです。一方で、盛りつけに西洋料理で好まれる写実的な「ジオラマ感」がない。むしろ和菓子のデザインに近い感覚で抽象的にメッセージを伝えようとしているところがありませんか？

高田——それはあるかもしれません。「こう見えた」「こう思った」という直感に素直に作っているからかな。前回のエビの料理だと、ボタンエビの殻がクモのように見えた、というところから、切り株の皿で森の香りを漂わせるアイデアが浮かんだんです。ただ、それを盛りつけで説明しすぎるのも違うなと思って、ああいう形になりました。時にはジオラマ的な盛りつけも必要でしょうが、そればかりだと食べ手に「おいしかった」という印象を与えるのは難しい気がするんですよね。

図：デザイン言語を考える

言語	要素	ルール
フランス語	表音文字（アルファベット）	SVO（主語＋動詞＋目的語）
日本語	表意文字（漢字）、表音文字（ひらがな・カタカナ）	SOV（主語＋目的語＋動詞）
フランス料理（クラシック）	フランスの食材、油脂、ソース	風味構成を複雑にする。濃厚さを感じさせる
日本料理	日本の食材、日本の調味料、うま味、カツオ昆布だし	自然をデフォルメして、シンボル化する
高田氏のフランス料理	日本の食材、油脂、うま味	自然をデフォルメして、シンボル化する。風味構成を複雑にする。濃厚にするが酸やハーブで軽さを感じさせる

★まだ矛盾はあると思うが、現時点での「要素」と「ルール」を考えてみた（川崎寛也）

川崎――私もコースの中の1品、2品がジオラマ的になるぶんにはいいと思うんです。一皿ごとの「エピソード」がつながって、コース全体が大きな「ストーリー」になるわけですから。

高田氏のデザイン言語は？

川崎――では高田さんの料理のデザイン言語について、現時点でのまとめをしてみましょう。まず、日本の食材やうま味も使うし、フランス料理的な油脂も使う――これが要素。それらを用いてフランス料理的な濃厚さを出し、酸やハーブで和らげる。同時に自然や季節感をシンボル化する――それがルール。ここまではいかがでしょうか？

高田――そうですね。油脂と酸はよく使いますし、シンボル化もします。

川崎――フランス料理、日本料理と比べるとこんな感じですね［本頁図］。なぜこうしたデザインになったのかというのも、また興味深いところです。

高田――「なんでそんなことを思いついたの？」と聞かれたら、普段からずっと考えているからとしか言えませんよね。お風呂に入っている最中にアイデアを思いついて、「ペン持ってきて！」なんてことが普通にありますから。実際に料理にならなかった考えも含めて、常に考え続けています。

川崎――わかります。私も同じです（笑）。

――次回は高田さんの最終回です。料理のテーマをどうしましょう。

川崎――「季節感」なんてどうですか？

高田――そうなると、酸味と油脂の調整でしょうか。夏は油脂を少なめ、酸を多めでさっぱりさせて……。

川崎――茶懐石で、夏と冬で白味噌と赤味噌の割合を変えるのに似ていますね。

高田――同じ人間なのでやはり共通するんでしょうね。ただ、調理法として新しいものとなると、ここまでコースの流れに沿ってきましたし、やっぱり肉料理がいいのかな。

川崎――いいですね。新しい肉料理、ぜひ見せてください。

La souris souriante

硬く筋張っているため敬遠されがちな仔羊のスネ肉を、フランス料理ならではの技法を駆使して華のある肉料理に仕立てた。料理名は、羊のスネ肉＝Souris d'agneau（スーリ・ダニョー）と、「笑顔の」という意味のフランス語Souriante（スーリアント）を掛けたものだ。ゆっくりと時間をかけてマリネし、低温調理したスネ肉に、固形になるまで煮詰めたマリネ液を貼り付けて焼いて香ばしさを表現。ブレゼの手法を応用して、煮込み特有のゼラチンのねっとりとした触感と、ステーキを食べているような肉々しさを両立した。付合せはカレー風味のコメを包んだフダンソウとオゼイユ。

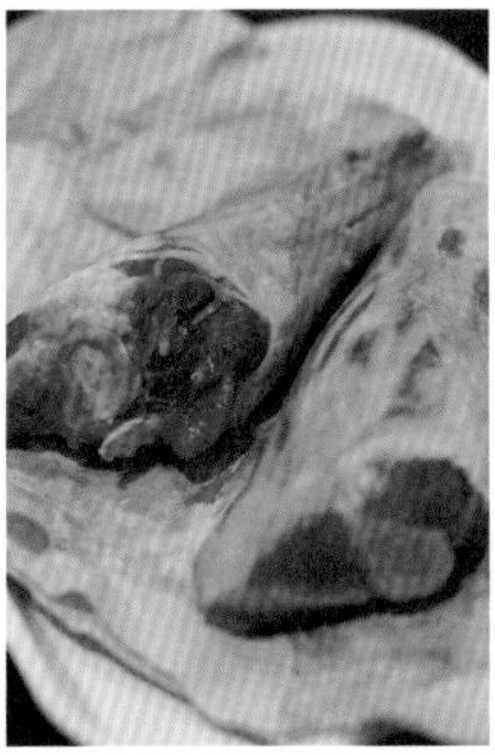
仔羊のスネ肉はそのままだと筋があり硬いが、コラーゲンが多く、長時間の加熱でゼラチン化する。

——最終回の題材は肉料理です。

高田——仔羊のスネ肉を煮込みにしました。煮込み料理というとガストロノミーの世界では一段低く見られがちですが、実際は時間と手間もかかるし、火の入った肉のおいしさを味わえる料理でもあります。ガストロノミーらしい新しい煮込みの形を作れないかと思って、挑戦してみました。

川崎——先ほど試食させていただきましたが、おいしかったです。いわゆる煮込みのように煮汁が中までしみ込まずにソースとして働いて、ちょっと食べたことのない感じでした。

高田——肉を加熱する前に、碁石茶と野菜ジュースを合わせた液体に2日間漬け込んでいるんです。碁石茶は高知県産の乳酸発酵させたお茶なんですが、酸味が強いので肉を柔らかくする効果があるのでは、と。

川崎——（碁石茶を飲んで）あ、本当に酸っぱいですね。この酸の働きによって肉の保水性が保たれ、柔らかく感じられるということはありそうです。加熱はどのように？

高田——真空にかけて68℃で18時間加熱してから、オーブンとサラマンドルで焼いて仕上げました。

川崎——煮込みとロースト双方の利点を活用したということですね。通常の煮込みは煮汁の中に流出したうま味を再び肉に戻すわけですが、今回の料理は真空調理を活用して、最初から最後まで肉の中にエキスを保ったまま火入れをしている。そして、最後の火入れでメイラード反応の香ばしさも出る。結果、煮込みっぽいゼラチン質のねっとりした触感と、ステーキを食べているような肉っぽさが両立しています。

高田——ポイントは肉をオーブンで焼きすぎないことなんですが、うま味を感じさせるうえで重要なメイラード反応は欲しい。そこで、マリネ液を水分がなくなるまで煮詰めたものを肉に貼り付けてからオーブンに入れたんです。こうすれば凝縮した味わいも出るし、肉に火が入りすぎるのも防げますから。

川崎——なるほど。これはゼラチン質が多い肉を適切に加熱するという意味でも、非常に優れた方法かもしれません。

高田——僕自身、ブレゼの進化系として相当気に入って

右…低温調理したスネ肉を85℃のオーブンで1時間加熱。サラマンドルで表面を焼いてツヤよく仕上げる。**左**…大きな肉を切り分けて食べるためのフランス製のカトラリー。左の軸に骨を差し込んで使用する。最初はこれを使う豪快な仕立てをイメージし、そこから実際の料理に落とし込んでいった。

います。この方法を応用すれば、ガストロノミーならではの煮込み料理をさらに深く表現できると思います。

普遍化して伝えることの意味

——4回を通しての感想を。

川崎——私はこの連載を通して高田シェフの料理を理解し、そこで得た発見を一度普遍化して読者に伝えるということを目標にしていました。なぜ普遍化する必要があるかというと、高田さんのコピーを作るのが目的ではないからです。高田さんの料理がどういう考えで作られているのかという方法論、つまりプラットフォームを解説できれば、他の人がそれを使ってクリエイティブな料理が作れるはずだ、と。その点に関してはある程度シェフの美学を言葉にできたような気がします。

高田——毎回緊張しました。でもそれがいい刺激になるんですよね。普段は言いっぱなしになりがちな点に対して突っ込まれたり質問したりというセッションは、緊張と期待がたくさんあって楽しかったです。おかげで自分の考えや方向性がすごく絞られてきましたし、今後の変化につながる企画でした。

川崎——私も高田シェフの考えを言葉にできるかどうか、毎回緊張しました。言葉にすることでこぼれ落ちる部分がどうしても出てくるわけですから。それをわかったうえで、あえて「デザイン言語」という形でまとめることを試みたんです。言葉にすると薄く見えるかもしれないけれど、「この後ろには高田さんの考えがもっとたくさん隠れている」ということは伝わるかな、と。そういう前提で過去の記事を読み返してもらえると、発見があると思います。

高田——僕にとっても、すべてが発見でした。1つの料理を作ることと、自分が常日頃なんとなく意識していたことがつながっていく感じがおもしろかったですね。普段は感覚的にやっているので、言葉で説明しろと言われたら迷っちゃうところなんですが。

川崎——言葉にすると意味が限定されますし、難しいですよね。それに料理人の仕事は言葉にならない部分が多いですから。高田さんも食べたり、調理したりした瞬間の感覚を直感的に再現するタイプじゃないですか?

高田——そうですね。たとえばフォワグラとオマールの料理を作るとして、偶然フォワグラがこういう火入れになったからオマールはこう火入れする、というように全体のバランスを臨機応変に調整したり。この場合はこう、と必要な情報を記憶の中から瞬時に取り出して使うのは得意かもしれません。

川崎——やっぱりそうですか。よく、58℃で何分間加熱するのがベストの火入れ、というような言い方をしますが、素材単体での火入れにこだわりすぎると、料理全体としての火入れが忘れられてしまう気がするんです。

高田——おっしゃる通りです！　完璧に火入れした単体同士を組み合わせたら全体としていいかというと、そうじゃないですからね。あえてそれ以上の加熱をすることで違う表現ができることがある。それに対して料理人がどう考えるかが問題です。新しい機器を使った「きれいな火入れ」だけに重点をおくのは考えものだと思います。

日本の「地方料理」を作る

——一貫して、「奄美」が一つのキーワードになっていたような気がします。

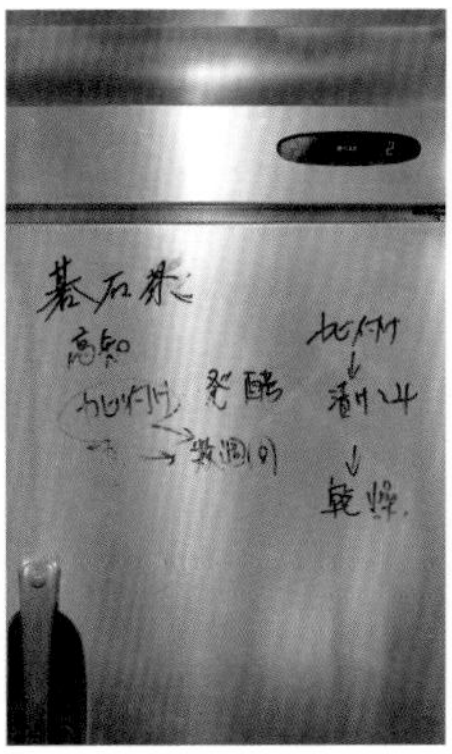

右…高知県産の「碁石茶」に野菜ジュースを加えた液体でスネ肉を2日間マリネ。乳酸発酵させた茶葉の力でコラーゲンのゼラチン化を促進し、柔らかく仕上げることを狙った。**中**…冷蔵庫の扉にも研究の跡が。**左**…スネ肉を漬けたマリネ液を固体になるまで煮詰めたものを、真空調理したスネ肉に貼り付けてオーブンで加熱。肉の表面を保護して火の入りすぎを防ぐとともに、メイラード反応による香ばしさを引き出した。

高田――1回目の「山羊汁」は奄美出身という僕の名刺代わりの品であるとともに、奄美の人に、「あれ？今まで食べていた臭い山羊汁が、なんか違う味になってるな」と感じて欲しいという思いが強くありました。

川崎――フランス料理というプラットフォームに奄美の食材を取り入れることで、新たなタイプの「地方料理」が生まれた感じでしたね。

高田――ありがとうございます。何も奄美に限った話ではないんですよね。日本全国どの地方にも、ポテンシャルはあるのにうまく活用されていない食材や料理があるはずです。そうしたものを使って、「こんな料理だってできるんだ」ということを伝えたい。そして、最終的に他の料理人さんに影響を与えるところまでいければ、と思うんです。

川崎――フランスにさまざまな地方料理があるように、日本にも「フランス料理の技術に則った地方料理」が次々と出てきたらおもしろいでしょうね。

高田――絶対にそうしていくべきですよ。地方の料理＝B級グルメではなくて、「地方のA級」がもっと生まれないと。

川崎――そのためには、日本のフランス料理というものを、今あるような洗練された体系ありきで考えるのではなく、一回ばらしてしまう――そんなことも必要なのかもしれません。すでにあるルールを守ろうとする人と、活用してアレンジしようとする人がいるとして、さらに進むと「ルールを作る人」が現れるはず。たとえばエスコフィエがしたのは、そういうことじゃないですか。

高田――はい、肝心なのは、やはりフランス料理をもっともっと理解することだと思います。そして理解すればするほど、思うように料理を作るにはチームが必要だということがわかってきて、人材教育の大切さを痛感するんですよ。この連載で作った料理も、店で日々出せるようにするには今以上にしっかりとした組織が必要になってきますし。

川崎――この連載で高田さんにしていただいたのは、「プロトタイプ」作りだったのだと思います。たとえるなら、「ノマ」がラボでやっているような作業ですね。そこまでが「デザイン」の範疇で、プロトタイプをどうやって日々の仕事に落とし込むかは、また次のステップになるはずです。

高田――その辺のシステム作りは、正直まだ不完全なところがあるし、お客さんの需要と反応を見て、伝わる形に調整していく必要もあると思っています。

川崎――そこがアートとデザインの違いですね。「これが私の料理です。あとは自由に判断してください」と突き放すのではなく、お客さんが求めるものの半歩先を行く提案をすることこそが、デザインの役割ではないでしょうか。

高田――そう、まさに「半歩先」なんですよ。柔軟に、お客さんが求める半歩先の需要に対応していく。僕も楽しみながらそうした対応ができる料理人でありたいです。楽しめないと、おもしろい料理は作れないですからね。

2015年5～8月号掲載

dialogue

#14

with

長谷川在佑［はせがわ・ざいゆう］

no. 39 ←…… no. 33

theme

日本料理の精神ともてなしの表現

日本料理の常識を超えた独創性の高い料理を通して、世界中から訪れるさまざまなバックグラウンドを持ったお客を等しくもてなし、楽しませる——
そうした姿勢を鮮明に打ち出す「傳」の長谷川在佑氏が日本料理の伝統をどう生かし、どう革新していくのかに迫る。

#もてなし　#自然の表現　#普遍的な表現　#観念　#西欧的と日本的の融合
#始末の心　#機能美　#日本料理の精神

日本料理人と話す時、いつも感じるのは、考え方が透明というか、しなやかというか、いい意味で自己表現の薄さのようなものである。

そこには自然への敬意が透けて見えるのだ。まるで料理人の意図的なものがないかのように、わざとらしくなく、お客が自然を感じることができる、というのを理想としているのではないだろうか。

長谷川さんは、それを「もてなし」であると捉えている。そして、海外から多く訪れたお客が日本料理に慣れていなくても、リラックスして日本を感じられるようにするにはどうしたらいいか、を表現することに徹しているのである。もし、長谷川さんが自身の意図を強く感じさせるとしたら、それは食材への敬意、始末の心としてである。ＳＤＧｓが重視されるこれからのガストロノミーレストランでは、それが感じられないと満足しないお客が多くなるのは確実であろう。

profile

1978年東京都生まれ。高校卒業後、「うを徳」（東京・神楽坂）で5年間住み込みで修業。その後、東京の数店を経て、2008年1月に東京・神保町で独立。'16年に東京・外苑前に移転。国内外問わず異ジャンルの料理人と精力的に交流し、海外からのお客も多く迎える。
＊取材は外苑前への移転以前に行った

傳
https://www.jimbochoden.com

Zaiyu
Hasegawa

夏だから鯉しました。……そして、アイス

切り身ごと氷水で締めてから薄造りにしたコイの「洗い」に刷毛で醤油を薄くぬり、江戸の伝統野菜、半白キュウリとともに供する。「昔はコイを食べる時、キュウリのように青っぽい味の野菜を添えることが多かったそうです」(長谷川氏)。周囲に散らばる赤いハート形のものは、これもコイと定番の組合せである酢味噌にビーツのすりおろしを混ぜて凍らせたアイスと、薄切りにしたビーツの酢漬け。泥臭さがコイと共通するビーツを合わせることで一体感を出している。

上身にし、皮を引いたコイを氷水に10秒間ほど浸け、表面が締まったら取り出して水気をふく。表面はやや白く変色して弾力が増すが、身の内側は柔らかな状態が保たれ、内外の触感の違いが生まれる。薄造りや細造りにしてから氷水に放つ従来の洗いとは異なるアプローチだ。

——お2人は普段から勉強会などで顔を合わせているそうですね。

長谷川——でも1対1は初めてです。話しすぎてしまうかもしれません(笑)。

川崎——私も長谷川さんの料理は気になっていて、いつかしっかり話をしたいと思っていました。まず伺いたいのですが、長谷川さんの料理のベースは江戸料理ということでいいでしょうか?

長谷川——はい、最初に勤めたのが江戸料理の料亭でしたので「江戸」、つまり東京という街を自然と意識するようになりました。昔は「半径5kmで採れる食材で作るのが江戸料理」だったというけれど、今の東京で同じようにしたらどんな料理ができるだろう、と店から5km圏内を歩いてみたり……。

川崎——池波正太郎の小説などにも出てきますね。もとは中国の考え方で、人が足で歩ける三里以内、つまり12kmほどまでで採れる食べものが身体にいいんだ、ということだったと思います。

長谷川——え、12km行ってもよかったんですか(苦笑)。でも、この神保町周辺(編注：取材時は外苑前への移転前)でも思っていたよりいろいろ見つかるんですよ。キュウリ、タンポポ、スベリヒユ……。北の丸公園にはキノコも生えていますしね。そんなところから発想して、今回は東京産のコイを洗いにしました。

川崎——コイの洗いは、昔の東京では夏によく食べられていたようですね。

長谷川——そうなんです。でも、今はコイってあんまりおいしい魚だと思われていないじゃないですか。僕としては、コイを通して江戸料理を知ってもらいたい。それも昔の料理の復元ではなく、「今の東京の料理」として表現できないかと考えました。

川崎——江戸の食文化の紹介であるとともに、江戸時代と現在を隔てる歴史を食べる一皿でもある、と。通常の洗いとはどう違うのでしょうか?

長谷川——コイをおろして塩をあてるところまでは同じです。伝統的な洗いだと、これを造りにしてから氷水に落としますが、僕はおろした上身をそのまま氷水に浸けて、その後で薄造りにしました。昔のやり方は臭みを抜

長谷川氏による創作の例。右は白インゲンマメの餡でフォワグラの西京漬けを包んだ前菜「神保町銘菓ひよこ」。左の「スッポン肉まん」は親しみやすく、かつ新鮮な形でスッポンの味わいを伝えることを狙った品で、スッポンの肉まんに甲羅や頭の骨を添えてインパクトを出す。

くにはいいんですが、身が締まりすぎるし、味が抜けて水っぽくなってしまう気がして。今の養殖されたコイはそれほど泥臭さもないので、上身で洗いにするくらいでちょうどいいと思ったんです。

川崎――なるほど。洗いの本質を考えてみると、死後硬直がはじまる前の新鮮な魚を薄切りにして氷水と接触させることで人為的に筋肉の収縮を起こし、死後硬直後の身のような硬い触感を作る調理法、と言えると思います。一方、長谷川さんは表面だけを冷やすことで、外側の触感を高めつつ、内側の柔らかな触感や味わいを残そうとした［169頁図］。

長谷川――はい。こうすれば、夏らしいひんやりした感じを出しつつ、コイ本来の味も楽しんでいただけますから。

川崎――（食べて）外側はいわゆる洗いらしく筋収縮が起こっていて、しかし中は柔らかな触感で……そのヘテロ感が楽しいですね。全体としては〝冷やし〟というんでしょうか、確かに新しいスタイルの洗いだと思います。

長谷川――ありがとうございます。

ゼロベース思考の料理

――長谷川さんの料理は海外客からの人気も高い一方で、「日本料理の枠を超えているのではないか？」との声もあります。

長谷川――僕はとにかく日本料理が大好きなんです。だから将来的には正統派の日本料理を作りたいという気持ちでいます。でも、その前に日本料理が好きというお客さんがいなくなっちゃったらどうなるの？　と心配で。日本料理が世界から注目されている今は将来の客層を広げるチャンスですが、外国人にとって日本料理初体験がいきなり懐石というのは敷居が高すぎます。日本の方でさえ、「食事を楽しみに行ったのになんであんなに緊張しないといけないの？」とおっしゃるんですから。それであれば、まずは僕なりの日本料理で間口を広げたい、と思うんです。

川崎――驚きのある演出にばかり目が行きがちですが、長谷川さんは日本料理の形式というか、「プラットフォーム」を作り変えようとしているのでは、と私は思っています。今ある日本料理とは違う形で、現代のお客さんに対して、「もてなす」という原点を考え直す。そのための試行錯誤をしている最中なのではないでしょうか？

長谷川――そうですね。お客さんに魅力を伝えるために必要なのが、演出だと思っています。たとえば、うちの定番に「傳タッキー」というフライドチキンがあります。僕の顔写真が載った紙箱に収めて提供するのですが、それを見るとどんな国のお客さんもつい笑っちゃうんですよ。僕があまり英語をしゃべれなくても、「フライドチキン」という誰もが知るフォーマットを使うことでコミュニケーションがとれる。そこが重要なんです。

川崎――なるほど。長谷川さんの料理全般について思うのですが、常識にとらわれず新しい料理を一から作ろうとしている。その点で、「ゼロベース思考の料理」と言える気がします。

長谷川――日本料理は引き算の料理と言われますが、僕は引き算をしていません。むしろ、足し算で料理を組み立てていきます。それがゼロベースっていうことになるのかもしれませんね。

川崎――余計なものを削ぎ落としていって、残った最小限の素材で大きな効果を生む。昔の人は、本質を見出そうとするそうした姿勢を「引き算」と表現したんじゃ

図：「洗い」のメカニズム

一般的な“洗い”		長谷川氏の“洗い”
死後硬直する前の新鮮な魚を薄切りにして、氷水と接触させることで、人為的に死後硬直のような状態（筋肉の収縮）を起こさせる。	**手法**	死後硬直する前の新鮮な魚を上身におろして氷水で冷やし、その後で薄造りにする。 →表面は一般的な“洗い”、全体としては“冷やし”になっている。
水が軟水だと、筋収縮は小さい。水が硬水だと、カルシウムイオンの作用で筋収縮が大きくなる。	**水**	比較的硬度が高い東京の水を使うことで筋収縮が大きくなり、コイの身の内部からうま味が逃げにくくなる可能性がある。
死後硬直は筋肉中の酵素反応により解除されていくため、低温だと酵素反応がゆっくりとなり、硬い状態が保たれる。	**効果**	冷やすことで、表面の死後硬直がある程度保たれ、身の内部は柔らかな触感のまま、というヘテロな状態になっていることも考えられる。

ないでしょうか。でも、昆布とカツオ節を合わせてうま味の相乗効果を得る一番だしを見てもわかるように、音からちゃんと足し算もしているんですよね。

会話するために料理を作る

川崎——こんな感じで、長谷川さんにとって「日本料理とは何か」を今後3回で引き出していきたいと思うのですが、現時点ではどのようにお考えですか？

長谷川——日本料理には変わっていくべき部分と、変えてはいけない部分があると思います。その2つのラインがすぐ近くに並んでいるので、どこまでやっていいのかは悩みますが……。ただ、今の東京でしかできない料理を出したいという思いは強いです。全国の若い料理人さんに、「東京の日本料理はあれだけ好き放題やれるんだ」って言わせたいんです。

川崎——海外のシェフと積極的に交流するのも、そこで受けた刺激を自分の料理に反映させたいと思うからですか？

長谷川——はい。いつも、もっといろんなものを吸収したいと思っています。海外の人の料理や物事への向き合い方は、知れば知るほどおもしろいですから。先日イタリアに行ったんですが、現地のリゾットの作り方なんて混ぜ方が粗くて、作るたびに味が変わっちゃう。でも、もしかしたらそれがおいしさの秘訣なのかな？　と思ったり。今は、知らない料理を見たり、知らない人と会話をするために僕自身が料理を作っているというところがありますね。

川崎——毎日味が違う、その味つけこそがその人の言葉なのかもしれないですよね。そうした、感性の強い人だけが気がつく価値を料理の中に表現して伝える。長谷川さんの料理にはそんな側面があると思います。リクエストなんですが、次回は「自然」を表現した料理に取り組んでいただけませんか？

長谷川——自然ですか……。季節感の表現というのは日本料理にはたくさんありますけど、北欧料理のような、自然自体の表現ということですか？

川崎——ええ。ジオラマ的に自然を模倣するのではなく、かといって季節感の表現でもない、新たな感性で自然を表現した日本料理を見たいと思うんです。

長谷川——挑戦してみます。どうなるかはわかりませんけど（笑）。

dialogue
#14
no. 34

dialogue
#14
no. 35

土の香り

土に埋めて蒸し焼きにしてから直火であぶった牛肉を大ぶりに切って大胆に盛りつけ。かすかに漂う土の香りから日本の大地を連想させることを狙った。肉はあらかじめ低温のだしで煮含めておく。ステーキのような見た目に反し、噛み締めるとだしがジュワッとしみ出して、日本料理らしさを感じさせる仕掛けだ。肉とともに焼いたパースニップを別添えして提供する。

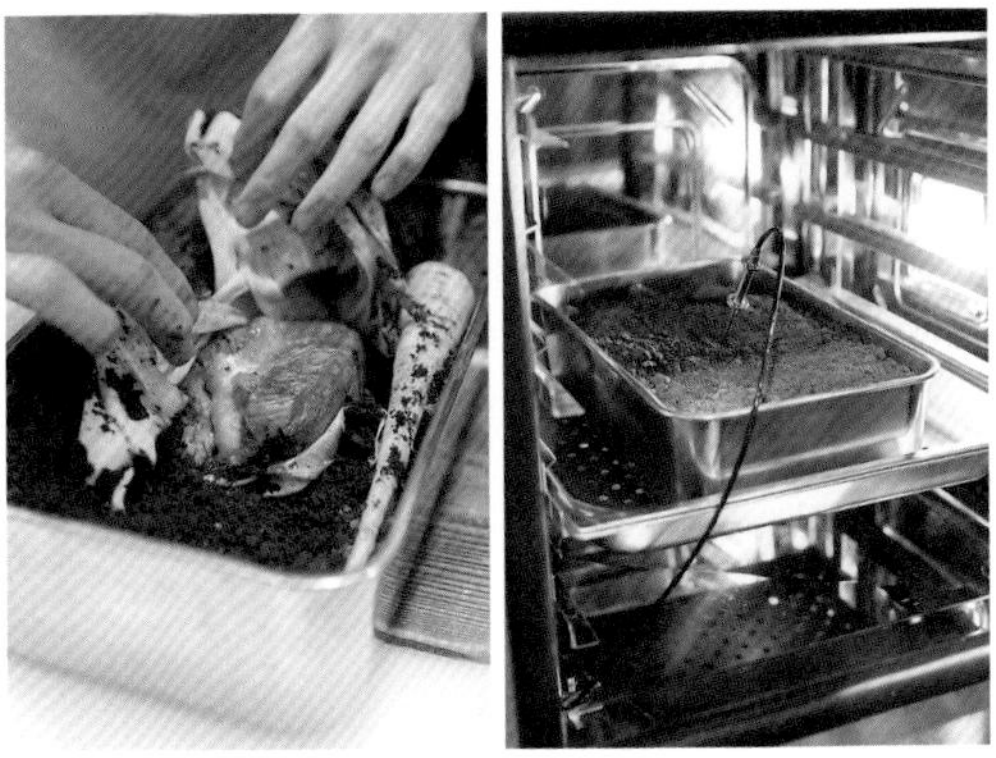

右…加熱殺菌した静岡県・北山農園の畑の土に、トウモロコシの葉で包んだ静岡県産交雑牛の肩肉と、北山農園産のパースニップを埋めて90℃のスチコンで加熱。**左**…肉の芯温が55℃になったら取り出して、土を払う。

水貝

左下

通常は生のアワビを刺身にして塩水に浮かべる「水貝」だが、長谷川氏はその味わいをより楽しめるようにと蒸しアワビを使用。アワビが獲れた相模湾の海水をキンキンに冷やしたところに蒸しアワビを浮かべて、食材とその生育環境を関連付けた。「生のアワビの硬い触感が苦手な外国人のお客さまに、まずはアワビのおいしさを知ってもらえれば、と思って」（長谷川氏）。

――今月は「自然の表現」をテーマに料理を作っていただきました。

長谷川――最近静岡県に縁があってよく訪れるのですが、水、土、風土が共通しているからなんでしょうか、同じ土地でできた食材同士は相性がいいなあと実感するんです。そこで静岡県産の牛肉とパースニップを、静岡の土の中で蒸し焼きにしました。殺菌した土に食材を埋めて、スチコンで芯温が55℃になるまで加熱しています（見せる）。

川崎――静岡の土、というのは？

長谷川――食材が育った環境ごと食べてもらいたいと考えて、パースニップが採れた畑の土に食材を埋めて焼くことを思いついたんです。南米にバナナの皮で包んだ肉を土中に埋めて焼く料理がありますが、そこからの発想です。

川崎――本当に土の香りが立ち上ってきますね。肉を包んでいる葉は何でしょう？

長谷川――トウモロコシの葉です。肉を取り出したら直火でしっかりとあぶって、完成です。熱いうちにどうぞ。

川崎――いただきます。あ、肉を噛むとだしがしみ出してきます。焼いただけではないんですね？

長谷川――はい、蒸し焼きにする前に、醤油味の昆布だしで低温で煮含めているんです。ステーキのような見た目で、味は純日本風という意外性を出したくて。

川崎――確かに、食べる前は味わいの面で日本料理としての要素がどこにあるのかなと思ったのですが、だしのうま味で一気に日本に引き寄せられました。これはおいしいなあ。

長谷川――今日はもう1品作ったのでよかったらどうぞ。〝水貝〟です。

川崎――水貝というと普通は生のアワビを角切りにしたものですよね。こちらは蒸しアワビのように見えますが……。

長谷川――生のアワビだと、海外のお客さんには触感が硬すぎて魅力が伝わりづらい気がするんです。それで、水貝の持つ涼しげなイメージと蒸しアワビの深い味わいを両立できないかとアレンジしました。ちなみに、アワビを浮かべた水は産地である相模湾の水です。

川崎――なるほど、そういうことですか。こちらも牛の料理と同様、食材が育った自然環境を再現しているわけですね。

長谷川――日本でも外国でも「暑い」「涼しい」という感

土に埋めて焼いた肉［171頁］は、仕上げに直火であぶって香ばしさを出す。蒸し焼き用の土はあらかじめ高温で熱したものだが、この工程でも念を入れて殺菌をするイメージだ。

アワビはダイコン、昆布とともにシンプルに蒸し上げた。煮沸消毒した相模湾の海洋深層水に浸けて保管する。

覚は共通していますよね。そこにフォーカスすれば、文化的背景が異なるお客さんにも「夏」を感じてもらえるかな、と。

川崎――そうした「普遍的な感覚」を日本料理的表現方法で追求してみるのはおもしろそうですね。

長谷川――海外からの研修生に「自然をテーマに料理を作ってみてよ」というと、石ころだとか木だとかを置いた中に、ちょこっと食材を盛って「自然です」ってなるんです。それが現代の自然ということなのかもしれませんが、僕としては風、海、太陽といったずっと昔からあり続ける大きなものを料理に取り入れて、日本的な自然を表現したい。最初にお出しした肉料理も「土の香り＝大地」を意識したものです。

川崎――日本料理には、もともと敷き葉だったり「吹寄せ」だったり、日本人の共通認識としての自然表現や季節感の表現が多くあります。それによってバーチャルに、ある意味無理やり季節感を感じさせるのですが、時として一昔前の旅館料理のように、どこに行っても同じになる危険もはらんでいる。一度、そうした共通認識を取りはずしてゼロベースで自然や季節を考えてみたらどうなるのか。興味が湧きます。

長谷川――今ある日本料理の歴史を遡ると、たいてい千利休に行き着きますよね。でも、もっと昔には、森とか海とか、「自然」そのものを味わうような料理があったんじゃないかと思うんです。もともと人は森に住んでいて、食物を採って食べて、という中で、もっとおいしくしようと工夫しはじめたタイミングや、器に盛りつけるようになった時があるはずです。その時代の料理を想像しながら作ると、新しいものができる気がするんですよ。

川崎――「ノマ」のような北欧のレストランが、いきなり原始の時代に飛ぶような料理を作れるのは、北欧には利休という存在がなかったからと言えるかもしれません。日本料理でも、北欧ガストロノミーが得意とするような「水は冷たい」「森は緑」という原始的な気付きを食べ手に提示できれば、日本料理への理解がより深まる可能性は大いにあると思います。

料理の「観念的な部分」

長谷川――今回感じたのは、やはり僕にとって日本料理はハートの部分が大きいということです。仕事前に神棚に柏手を打って邪気を払うとか、食べる前にいただきますと手を合わせるとか、おもてなしの心だったりとか……そういう気持ちから生まれる料理を大切にしていきたいと再確認しました。

川崎――心に根付いた技術、というんでしょうか。その気持ちをどう表現するかですよね。日本料理の世界には、わかりやすすぎるのは品がない、という暗黙の了解があると思いませんか？　以前、京都の瓢亭さんにうかがった時、庭の露地の真ん中に紐で縛った直径15cmほどの石が1つ置いてあったんです。人為的なものであることを1本の紐のみで表現し、ここから先は入れませんとほのめかす――これが日本料理の表現だよ、と告げられた感覚になったのを覚えています。

長谷川――そこが難しいところですよね。外国のお客さんにいきなり「察してくださいよ」と言ってふわっとした料理を出しても伝わりませんから。だから僕は、最初にバンッとインパクトのあるものを出して、それから必要な説明を加えていくという進め方をします。

川崎――それは西欧的というか、非常に論理的なアプローチだと思います。科学の世界でもまず結論から入るのがセオリーなんですが、日本人の多くは前段から説明したがるし、観念や儀礼的なものを表現したくなるんですよ。でもそうした西欧的なところと日本的なところが共存しているのが、長谷川さん独特のセンスなんだと感じます。

長谷川――日本的な部分でいうと、仕事で海外経験を積むほどに、日本料理の観念的な部分を大切にしたい気持ちが増してきます。植物、動物、道具を大切にする気持ちというか、リスペクトがあるじゃないですか。器に金接ぎして使い続けると価値が上がる、なんてヨーロッパじゃありえません。

川崎――西欧的な価値観だとモノはモノですよね。

長谷川――だから日本料理にとって大切なのはそういう気持ちとか感覚にあるのかな、と思えてくるんです。

川崎――すばらしいと思います。

長谷川――そういえば、若い頃に神楽坂で修業中、相撲取りのお客さんが度々いらっしゃったんですが、お代をいただいていなかったんですよ。

川崎――本当ですか？　あんなにたくさん食べるのに（笑）。

長谷川――そう思いますよね。親方になぜですかと聞いたら、「いいかお前、関取さんってのは浴衣を着て兵児帯締めて、言ってみれば子供で、しかも神様なんだ。全国を巡業して、鬼と相撲を取って邪を払い、四股を踏んで地を清めてくれる。だから『ごっつぁんです』ですむんだよ」って。

川崎――へえぇ！　それは初めて聞きました。非常におもしろい話ですね。

長谷川――何となくそんなことを思い出しました（笑）。あの、次回のテーマを僕からふってもいいですか？

川崎――もちろん、何でしょう？

長谷川――「食材への敬意」ということで何かできないかと考えているんです。

川崎――今の話とつながるテーマですね。どんな料理が出てくるか楽しみです！

dialogue #14 no.37
dialogue #14 no.36

秋刀魚のとも和え

一口大に切ったサンマをだし醤油で洗い、酒や味噌とともに炊いたサンマの肝で和えた。ショウガで臭みを消し、トビコで触感の変化をつけている。「酒の肴に最高」(長谷川氏)ということで、広島県・宝剣酒造㈱の純米吟醸酒「呉の土井鉄」とともにすすめる。「肝が入ることで、料理としてよりおいしくなっているのがすばらしい。次は肝自体が主役の料理も見たいですね」(川崎氏)。

左上

パン床の漬物

イタリアでのイベントに向けて、余ったパンとワインの活用方法として考案した一品。糠床を作るのと同じ要領でパン、白ワイン、塩を混ぜ合わせて発酵させ、塩もみしたキュウリ、カブ、ナスを一晩漬け込めば、ほのかな発酵臭がクセになる「日本風ピクルス」のでき上がり。「イタリアの家庭で無理なく使い続けられることを第一に考えました」(長谷川氏)。

魚の身を、その肝で和える「とも和え」。内臓まで使いきることで日本料理が本来持っている「始末の心」を表現する。

——長谷川さんは最近まで、海外に行かれていたそうですね。

長谷川——イベントで北欧とロンドンをまわってきました。先日東京で「ノマ」の料理を食べたので、コペンハーゲンの本店を体験したいというのもあって。

川崎——ノマはいかがでしたか?

長谷川——発酵をテーマにした品が多かったです。うま味によるまとまりがあって、全体的にすごくおいしかったですね。それと、北欧でもロンドンでも印象的だったのが食材をいかに大切にするか、どう無駄なく使いきるか、という問題に対する料理人の意識の高さです。僕たち日本料理人も「始末の心」ということで同じように考えてはいるけれど、重みが違うというか、日本のほうが少し雑な感じがしたんです。

——今回のテーマも、「食材への敬意」ということですが。

長谷川——はい。来月、ミラノ万博に合わせてイタリアに行くのですが、万博でも「普通なら捨ててしまう食材の活用」というサステナビリティに関連したテーマが設けられています。僕も何かできないかと話を聞いたら、レストランや家庭で廃棄されるパンとワインが多くて問題になっている、と。それで考えたのが、パンとワインを混ぜ合わせて、糠床ならぬ「パン床」を作れないか、ということです。

川崎——パンを発酵させるんですか?

長谷川——はい。米糠と塩水で糠床を作るのと同じ要領で、パン、ワイン、塩を合わせて混ぜながらしばらくおくと、実際に発酵して糠床のような状態になるんですよ。そこに野菜を漬け込んだ「日本風のピクルス」がこちらです。

川崎——見た目は本当にキュウリやナスの糠漬けみたいですね。

長谷川——イタリアで作る際は野菜は現地のものを使ってもらえばいいし、これなら一般家庭でも無理なく使い続けられると思って。ただ、店で外国人に糠漬けを出すと糠のにおいが苦手という方もいるので、そこは少し不安ですが……。

川崎——糠漬けよりも香りは弱めですし、「発酵」は今、世界的なキーワードですからイタリア人にも受け入れられるかもしれませんよ。ここに魚や肉を漬けて焼いてもおもしろそうですね。

右2点…「パン床」を作る際はまず、大きめのボウルにちぎったパンを入れ、白ワインと塩をふって混ぜる。次にトウガラシと野菜くずを入れてラップ紙をかぶせ、25℃ほどの場所におき、毎日かき混ぜる。1週間ほどしてパンの形が完全に崩れ、発酵臭がしてきたら使用可能。ちなみにこの床は、半年ほど使い続けているもの。パンはフランス人研修生が焼いたものを使用したが、「パンの種類は問わずにできるはずです」と長谷川氏。

「始末の心」を表現する

長谷川――今日はもう一品あります。サンマを醤油洗いして、味噌で溶いたサンマの肝で和えた「とも和え」です。日本料理とは何かと考えた時に、「もったいない」という考え方が非常に特徴的だと思うんです。その一方で、料理屋は高級になればなるほど、素材のいいところだけを使って、その他の部分を捨てることが増えていきますよね。日本料理が世界で評価されている中で、高級店が食材を無駄にしている。それっておかしいんじゃないかなと。魚の身だけではなく、アンキモや白子のように内臓まできれいに食べきることが素材への敬意につながるんじゃないか。そんなことを考えて作った料理です。

川崎――(食べて)おいしいなあ。肝を加えることで、料理としてさらにおいしくなっているのがいいですね。まさに「始末の心」が感じられます。

長谷川――お酒と合わせるともっとおいしいですよ。日本酒をどうぞ。

川崎――サンマ、お酒、漬物と手が止まらなくなりますね(笑)。

長谷川――今回は内臓でしたが、魚の頭とか骨の使い道ももっと考えていきたいです。「食べものを捨てないために、日本人は何をしてる?」と海外で尋ねられた時、ちゃんと答えを持っていたいですから。

川崎――そもそも、「食品」と「非食品」の境界は人それぞれで、他人が決められるものではなかったはずです。ある人には発酵だけれど、ある人にとっては腐敗ということもあるし、西洋人がステーキを食べていた頃、仏教色が強い日本では肉は食べられなかった。それが歴史であり、食文化なのですが、現代の世界のガストロノミーでは、その境界を取り払おうという動きが出ている。ノマの昆虫食だったり、さっきの発酵なんかもそうです。そういう動きも関連してくる話かもしれませんね。

長谷川――そうですね。海外に出ると気づかされることが多いです。それにバックグラウンドの違う料理人同士で刺激を与え合えるのがいいですね。向こうの料理人に、「日本では米の一粒一粒に神様が宿っている」なんて話すとみんな驚きますから。

日本料理の「機能美」

川崎――長谷川さんは、日本の料理人がなぜ食材や自然に敬意を表したいと思うのか、不思議じゃありませんか? もし日本が何の苦労もなしに年中食べものを手に入れられる豊かな土地だったら、そうした発想は出てきたでしょうか? 僕は出てこなかったと思います。限られた資源を大切にせざるを得ない環境だったから、食材には神が宿るという意識が生まれ、「もったいない」という感覚が生まれた……。「始末の心」だったり。先ほど北欧の料理人の食材への敬意の払い方が印象的だったという話がありましたけれど、彼らにとっても同じではないかと思います。日本人が数百年かけて体験したことを、北欧ではこの数年の間に急ぎ足で体験しているところなのかな、と。

長谷川――なるほど……。北欧と英国で、日本料理との共通点を感じたんですが、今の話でストンと腑に落ちました。僕はこれまで、日本料理の「旬」という考え方に少し疑問を持っていたんです。夏はどの店でもハモが出て、秋にはマツタケが出る。みんなが同じようにする必要があるのかな、と。ところが北欧に行ったら、どの店でもベリーが出てきて(笑)。「いい時季に来たな」という感じで、店の人もお客さんもみんなうれしそうなんです。それを体験すると、僕も「ああ、北欧に来たんだな」という気持ちになってくる。旬の素材を食べることには、そんな情緒も含まれていると実感できて、ちょっと考えが変わりました。

川崎——文化を反映した、季節への期待感があるわけですね。料理人の個を出すのではなく、季節の食材を無駄なく、おいしく食べてもらいたいという気持ちを追求する。その結果、自然と出てくるおいしさがあり、美しさ——つまり「機能美」がある。「旬」の意識も、そうした機能美を尊ぶ伝統と結びついているんでしょうね。ちょっと話がとびますが、僕は長谷川さんの料理からも機能美を感じるんです。派手な演出の根底にあるのはお客に楽しんでほしいという気持ちであって、機能の追求の仕方が常に食べ手のほうを向いているということなのでは、と。

長谷川——はい、その気持ちの積み重ねですね。何かの弾みにお客さんは一瞬で来なくなる、という不安はいつも持っていて、食べている時の表情とかしぐさとか、めちゃくちゃ気になるんです。僕は自分の役割をある意味「サービス人」だと思っていますし。語弊があるかもしれませんが、僕の中では最高の食材の持ち味を生かして高価な料理に仕立てるのは「板前」の仕事なんです。一方、身近な素材をその背景まで含めて料理して、味わってもらうのが「料理人」。僕がめざしたいのは料理人であり、サービス人なんです。

川崎——それは深いなあ。料理人の力で、食材に食材以上の価値を付けるということですからね。「料理は究極のコミュニケーションツール」と言われるのが納得できる話です。

——次回のテーマは?

長谷川——僕がこれからどういう料理を作っていきたいかを見ていただけるとうれしいです。料理人は自己満足と自己表現のためだけに料理を作っていいのか? それとも違う目的を持つべきか? という葛藤があるんですが、ではどうしよう、というところをしっかり考えてみたくて。

川崎——総仕上げにふさわしいテーマですね。楽しみにしています!

dialogue
#14
no. 38

dialogue
#14
no. 39

上

焼きいも

皮付きのエビイモを、追いガツオをしたうま味たっぷりのだしで丸ごと含め煮に。柔らかく煮上がったら油でゆっくりと時間をかけて揚げて、掘り立てのエビイモのような焦げ茶色の色合いに仕上げた。丸ごとの状態で切り株に盛り、焼いた朴葉や焙じ茶の粉をあしらって香ばしさをまとわせるとともに、秋の芋掘りの風情を表現している。

下

デジャヴ

上の「焼きいも」と対をなすデザート。焼きいもに見えるのは、エビイモ形の飴にココアパウダーをまとわせたケースで、下にはチョコレートのクランブルをあしらう。ケースの中にはエビイモと白インゲンマメの餡に、ハチミツ風味のアイスクリームやジェノワーズを詰めた。イモ、マメ、ハチミツの甘みが穏やかに重なり合う秋らしいデザートだ。

―― 今月は、イタリアからお戻りになった長谷川さんです。「パン床の漬物」［174頁参照］へのイタリア人の反応はいかがでしたか。

長谷川――はい、残りもののパンとワインでピクルスを作るという発想には、相当興味を持ってもらえました。現地で準備しておいたパン床の発酵具合が日本とは同じようにいかず、そこはちょっと残念でしたが……。

川崎――最近、「京都料理芽生会」による精進料理のイベントが開催されているんですがご存知ですか？ そのレポートなどを読むと、日本では禅宗の教えと結びついて、いかに食材が大切にされてきたかがよくわかります。そうした日本料理の根本的な美意識は、もっと世界に知られていい気がしますね。

長谷川――海外に出ると、世界各地でそういう日本的な感覚を持ちはじめている人がいるように感じます。

――それはなぜなのでしょう？

長谷川――これまで主流だった豪華な料理、斬新な料理からの揺り戻しみたいなものがあるんでしょうか？ 質素なもの、伝統的なものを見直そうというか……。そういえば、北欧で魚の焼き方を紹介した際、おまけで魚の皮もあぶって食べるんだという話をしたら、「何それ？」と皮のほうに注目が集まってしまったことがありました（笑）。

川崎――ガストロノミーの表層的な部分だけがもてはやされる状況に嫌気がさしているのかもしれませんね。1990年代に「分子ガストロノミー」が提唱された時、科学者たちはソースをO（オイル／油脂）、L（リキッド／液体）、S（ソリッド／固体）の3つに分解して、誰でも自由に組み立て直せるようにしようと考えました。シンプル化するというのは科学者の習性なのですが、そういうのも料理人の感覚からすると表層だけを科学的に説明していると感じられたでしょうね。

長谷川――「料理はそんなに浅いものじゃないぞ」と。

川崎――ええ。私自身、科学的な視点を持ちつつ、料理の「言葉にできない部分」に敬意を払いたいといつも思っています。「料理人は炭火で焼くのがいちばんおいしいというけど、他の手段で同じ温度を出せば同じでしょう」とは言いたくないのです。

長谷川――言葉にできない違いは確かにありますよ。最近厨房にスチコンを入れたんですが、機械まかせで焼く

お客を楽しませるためなら、型も自家製するのが長谷川氏のスタイル。今回のデザートのために、実物を使ってシリコンで「エビイモ型」を型取りした。

エビイモのデザートに、アイスクリームを絞り込む。あえて不均等に絞ることで、餡やジェノワーズとの触感の不均一さを出す。

割った姿も瓜二つ(上が「焼きいも」、下が「デジャヴ」)。同じコースの前半に焼きいもを出し、後半でデザートとしてデジャヴを提供すると、どんなバックグラウンドを持つお客からも歓声が上がるという。

ととにかくおいしくない。スチコンでおいしく焼くにはめざす味に持っていくための微調整が必要なんです。だから僕は何度も庫内を覗きに行ってはあれこれと確認してしまうんですが、若い子にはなぜそうするのかがわからない。「めざす味」自体を知らないので、機械を100%信用してしまうんです。

川崎——それは、長谷川さんのやり方のほうがより科学的なアプローチですよ。科学の世界でも、若い科学者ほど機械を信用しやすい傾向があります。それは、失敗を知らないからです。大きな失敗を経験すれば、表面ではなく本質を見ようという態度が生まれてくるのではないでしょうか。

人を介して心を伝える

——今回は長谷川さんが「今後めざす方向性」がわかる料理を見せていただけるとのことです。

長谷川——料理はエビイモです。皮付きのままだしで炊いてから、油でじっくりと揚げました。調理法としてはそんなにめずらしいことはしていません。ただ、今回はもう1品あって……。フランスから研修に来ていたパティシエのレミ(タルボ氏)が、今月であがるんです。せっかくなので一緒に何かやりたいと思って、同じエビイモでデザートを作ってもらいました。

川崎——これはすごい。見た目もまったく同じですね。

長谷川——似てるでしょう? デザートの飴の殻は実際にエビイモで型を取っていますから(笑)。和菓子でも洋菓子でもイモは使いますし、2人の発想が同じ素材を使ってリンクするとおもしろいと思って。

川崎——デザートのエビイモの殻の中はどうなっているんですか?

長谷川——白インゲンマメとエビイモの餡、ジェノワーズやアイスクリームが不均一に混ざっている感じです。コースの最初のほうで料理のエビイモを食べていただき、最後に何食わぬ顔でこのデザートをお出ししています。

川崎——お客さんが喜ぶ顔が目に浮かびます。パティシエのレミさんは、今後はどうされるんですか?

長谷川——次はアルゼンチンに行くそうです。僕は、彼が南米のレストランで傳での体験を伝えてくれるのを今から楽しみにしているんです。うちで覚えた仕事が向こうで評価されれば彼のキャリアのためにもいいことだし、傳の評判も上がるじゃないですか。そういう人材が何人か続けば、噂を聞いてうちに世界から優秀な料理人が集まるようになるだろうし、逆に「傳でやっていたならぜひうちに来てくれ」と世界中から請われるようになるかもしれない。そうなったら、すごいですよね。

川崎——長谷川さんの元で修業した海外の料理人たちを介して、日本料理の精神を世界に伝えていく——そんな形をめざしたい、ということですか。

長谷川——はい。もちろん外国人に限りませんけれど。そして、世界で経験を積んだ卒業生が最終的にまたうちに戻って来て、さまざまな料理文化を伝えてくれたらいいと思います。

川崎——それは今までにない発想ですね。修業した店にまた戻るというのはめずらしいんじゃないですか?

長谷川——「出戻り」はこれまであまりいいイメージで語られてきませんでしたが、僕は大歓迎です。よりお客さんに喜んでもらえる料理を作るためには、日本料理は外からの刺激をもう少し受けていいと思います。生意気を言うようですが、今の時代は料理人がちょっと格好をつけすぎな気がします。

川崎——日本料理とは何か、料理は誰のためのものか?と客観的に考え直すことは、今後の日本料理にとって大切だと私も思います。その点、長谷川さんは一貫してお客目線を貫いているのが非常に印象的でした。

長谷川——東日本大震災の時、食材がない、器がない、何もない……という状況に直面して途方にくれたんです。けれど、心配したお客さんが次々と店に電話を入れてくれて。「料理人だけじゃ何もできないじゃん。すべては食べに来てくれるお客さんあってこそだな」と実感した体験が大きかったですね。

川崎——お客が食べた料理は身体に入って分解され、再構築されてその人の血肉になるわけです。音楽家ですら演奏によって鼓膜を震えさせるだけなのに、料理人は人の身体の一部を作ってしまう。考えるほどにすごい仕事ですよ。

長谷川——それだけの責任を負うのだから、料理の技術を磨く前に、まずは「ハート」を育てないと。海外のやる気のある若い料理人って、すごく熱いんです。その熱気みたいなものを日本の若手にも感じてほしい。同時に、海外のスタッフには日本料理の精神的な部分を伝えたい。最近になって、その環境が整ってきたと思います。

川崎——お茶の世界の、主客一体となって場を作る一座建立の心や、茶席に入ると上下関係がなくなる平等の精神など、日本料理には世界が知って驚くような感性がまだまだありますからね。

長谷川——はい。それで、僕自身はお客さんが笑いながら食べられて、隣の人と言葉を交わすきっかけになるような料理を作っていきたいです。海外には、うるさいくらいに活気にあふれたレストランってあるじゃないですか。あんな店が日本料理でできたら最高ですね。

2015年9〜12月号掲載

dialogue

#15

with

生井祐介

〔なまい・ゆうすけ〕

no.43 <…… no.40

theme

感動を伝える手段としての料理

生井祐介氏が前店のシェフだった際に行った対談。調味料や加工品などの「既製品」を料理にどう取り込むか、また自身の感動をストーリー仕立てにして伝える手法など、後に「オード」の料理につながっていく要素がすでに見られた。

—

#何を使うか　#どう使うか　#なぜ使うか
#既製品の活用　#小説からの発想

対談ではそれぞれまったく別のアプローチで、生井シェフのアイデアのデザインを紐解いた。前半では、たとえ既製品であっても、どう使うかこそが重要であって、ストーリーこそがアイデアの源泉であると感じさせられた。

後半は、生井シェフが自分が好きな小説から料理を発想するということだった。私は、自分が感動した何かを料理を通して表現することで、お客と共有することが料理人の仕事の根本だと思っているが、生井シェフの場合、それが単なる情景の表現ではないところが肝心なところである。自分が感動する対象について、多様な引き出しを持つことがいかに重要かが示されたと思う。

profile

1975年東京都生まれ。都内のフランス料理店で修業後、2003年より「レストランJ」、「マサズ」で植木将仁氏に師事。長野・軽井沢の「ウルー」、東京・八丁堀の「シック・プッテートル」でシェフを務めた後、'17年9月に東京・広尾に「オード」を開業。

★取材時は「シック・プッテートル」シェフ

—

Ode

https://restaurant-ode.com

Yusuke
Namai

dialogue #15

no. 40

あんぽ柿／フォワグラ／コニャック

裏漉ししたあんぽ柿を薄くのばして乾燥させたシートに、コニャックのジュレ、ヴァニラと白味噌風味のクリーム、凍らせて薄く削ったフォワグラのテリーヌをのせ、柿のパウダーを散らしたアミューズ。口に入れるとまず柿と白味噌の甘味が訪れ、次にコニャックの香りが現れる。そして徐々にフォワグラの油脂が溶け出して、すべての風味が一つに合わさっていく。柿を高圧でプレスして作ったパウダーや、ヴァニラ風味の白味噌といった独創性の高い市販の製品を用いつつ、生井氏自身の表現へと落とし込むことを狙った。

右…アルコールをとばさないように熱したコニャックで、柿の甘さを引き立てるジュレを作る。**左**…上は京都の味噌店「御幸町 関東屋」が開発したヴァニラ風味の白味噌。下は柿に60tの高圧プレスをかけ、一瞬で熱を入れた、広島県・瀬戸鉄工製のパウダー。柿の成分を多く保ち、香りも鮮烈だ。

——今月からは生井祐介シェフにご登場いただきます。

生井——よろしくお願いします。この企画を毎月読んでいたので楽しみです。

川崎——こちらこそよろしくお願いします。生井さんの料理について、「アイデアのデザイン」という観点からじっくりとお話を伺えればと思っています。早速ですが、今日はどんな料理を作っていただいたのでしょう?

生井——先日、コラボレーションのイベントでフィンランドに行って来たんです。そこで感じたことや、日々僕が考えていることをベースにした料理を用意しました。こちらのアミューズです。

川崎——削られているのはフォワグラでしょうか。上にふったパウダーはなんでしょう?

生井——まずは情報なしで、食べてみてください(笑)。

川崎——では、いただきます。(食べて)フルーツとクリームの甘みが最初に来ますね。アルコールの感じもあって、そうしているうちに徐々にフォワグラが溶け出してくる……これは酒が進みそうです。果物は柿ですか?

生井——はい。あんぽ柿をペーストにしてからのばして乾燥させたシートに、クレーム・シャンティイとコニャックのジュレをのせて、冷凍したフォワグラのテリーヌを削りかけています。

川崎——クレーム・シャンティイがちょっと不思議な風味でおいしいです。

生井——実は、白味噌が入っています。

川崎——味噌ですか! それはわかりませんでした。

生井——「御幸町 関東屋」という京都の味噌屋さんの商品で「バニラ風味の白味噌」というのがあるんです。最初に聞いた時は「なんだそれ」と思ったんですが、試してみたらおいしくて。

川崎——関東屋といえば老舗ですね。京都は老舗ほど、こういう意欲的な商品を生み出すことが多い気がします。

生井——攻めてますよね。今回はもう一つ、おもしろい製品を使っています。広島県に、もとは鉄工所なんですが、その技術を生かして食品加工も行う会社があるのをご存知ですか?

川崎——聞いたことがある気がします。なんでもプレス

柿のシートに白味噌風味のクレーム・シャンティイを盛る。シートには小麦粉を使っていないため、生地もののアミューズに比べて軽やかに仕上がる。

してしまう会社じゃありませんか？

生井――さすが！　そこです（笑）。「瀬戸鉄工」という会社で、先代の社長さんが、「子どもたちに良質なカルシウムを摂ってほしい」とイリコを高圧でプレスして、せんべいのようにして売り出したのがはじまりだそうです。今では野菜や果物などいろいろな素材をプレスして粉砕し、パウダーにしているんです。今回僕は柿のパウダーを使いました。

川崎――上にふったパウダーがそれなんですね。柿のいい香りがします。

生井――生の柿とも干し柿の凝縮した感じとも違うよさがありますよね。実は、こうした既成品を使って料理を作るというのが、今回のテーマなんです。

川崎――そこに、北欧での体験がどう結びついてくるんでしょうか？

生井――現地でいろいろと刺激を受けたのですが、中でも大きかったのは、今ではフィンランド人も日本の食材を当然のように使うんだなということでした。現地のシェフに梅干しをおみやげで持って行ったら、知っているどころかすでに自分たちで「プラム干し」を作っていたくらいで（笑）。物めずらしさからではなく、とても自然に食材に接しているように見えたんですよね。

川崎――今はインターネットを通じて、世界中の料理人が同時に情報を得ることができますからね。それにしても、梅干しを作ってしまうのはすごいですが（笑）。

生井――そうなんです。東京にいてもヘルシンキにいても、同じように世界の食材や情報を入手できる。そうなると、料理における地域性だったり、「何を使うか」によって発揮される料理人の個性はどこにあるんだろう？　と考えさせられてしまったんです。

川崎――確かに、「何を使うか」ではなく、「どう使うか、どう見せるか」というデザイン力の高さを競う時代が、すでに来ているのかもしれませんね。

「価値」を伝えるための料理

生井――まさにそう感じました。そこで今回のテーマにつながってくるんですが、僕は以前、軽井沢でシェフをしていた時期があり、その頃は信州の食材を発掘して、自分なりの料理に仕立てることに地産地消の意義を感じていました。その後、東京に移ってより広い視野で食材を探しはじめると、今度は日本各地に高い技術を生かした加工品がたくさんあることに気づいた。気付いたけれで、これまではそうした既製品を使って料理を作ることに何となく抵抗を感じていたのも事実です。

川崎――既成品を使うと、オリジナルな表現ができないと考えたからでしょうか？

生井――その通りです。でも、これだけ食材に国境がなくなったのに、そこにこだわるのは小さなことなのかもしれないな、と。むしろ、他とは替えがきかないそうした製品を自分の表現に落とし込むことで、東京という場所で作る必然性のある料理ができるかもしれない、という方向に考えが変わってきたんです。

川崎――なるほど、それがヴァニラ風味の味噌だったり、柿のパウダーだったりということなんですね。何をどう使うか、という点に関しては、私も生井さんのおっしゃる通りだと思います。たとえば2人の画家が同じ絵の具を使って描いたとしても、どうぬるか、どう描くかで作品の価値が変わってきますよね。食材についても同じことが言えるはずです。

生井――その喩え、わかりやすいです（笑）。

川崎――今の時代、「フランス料理だからフランス産の食材を使わないとダメ」とはもう誰も言いませんよね。それよりも、その土地の文化や、めざす方向性を料理で表現する意識が求められている。ふと思い出したんですが、「菊乃井」の村田さん（吉弘氏）ら京都の日本料理人が、新たなだしを作ろうと試みているんです。昆布やカツオ節のない国でも日本料理の根幹であるうま味の相乗効果を表現できるようにと、ドライトマトとモリーユでだしを引いたり。何となく通じる点がある話かもしれませんね。

生井――手段にこだわらずに、日本料理の価値自体を伝えるにはどうすればいいかを考えているんですね。京都は老舗ほど新しい試みに意欲的という、先ほどの話通りだなあ。

川崎――既製品を使う場合も同じで、価値を食べ手にどう伝えるかが重要なんだと思います。料理することで、その製品を単体で使うよりも高いレベルに価値を引き上げて表現できれば、食べる前後でその人の何かが変わってしまうほどの大きな力を生み出せる可能性もあるんじゃないでしょうか。

生井――そうですね。おもしろいから使う、ではなくて必要だから使う、という点はしっかりと押さえて、ブレないようにやっていきたいです。

――次回のテーマはどうしましょう。

川崎――今回見せていただいたような新たな料理が、何をきっかけにして生まれるのか、という点に興味があります。そのあたりを掘り下げてみたいのですが、いかがでしょうか？

生井――料理の生まれるきっかけですか。インスピレーションはいろいろなところから得ていると思いますが……具体的にどういうふうに作っているか、ちょっと考えてみます。

川崎――ありがとうございます。楽しみにしています。

竜宮のごちそう

浦島太郎が竜宮でふるまわれた「岩みたいな藻」をイメージしたアミューズ。メレンゲとアーモンドパウダーを合わせ、竹炭で色をつけたマカロン生地を外はカリッ、中はフワッと焼いた。見た目はどれも似ているが、実は3個それぞれで生地、ピュレともに異なる味を楽しめる仕立て。左からアンチョビー風味の生地に熟成ニンニクのピュレ、タマネギ風味の生地にビーツと梅肉のピュレ、カリフラワーとクミン風味の生地に牡蠣のピュレというラインアップだ。

あの岩のやうなもの、あれは藻です。
何万年も経つてゐるので、
こんな岩みたいにかたまつてゐますが、
でも、羊羹よりも柔いくらゐのものです。
あれは、陸上のどんなごちそうよりもおいしいですよ。
岩によつて一つづつみんな味はひが違ひます。

太宰 治『お伽草子』「太宰治全集」筑摩書房

——最終回は、料理のアイデアが生まれるきっかけは？というテーマで料理を作っていただきました。

生井——改めて考えるときっかけはいろいろで、自宅から店までの景色だったり、SNSに誰かが投稿した記事だったり、季節の食材ももちろんそうです。僕は本を読むのが好きなんですが、そこにもアイデアの元があると思ったので、今回は小説の文章からイメージをふくらませて料理を作ってみました。

川崎——それはおもしろそうです。どんな本が題材でしょう？

生井——全部で3品あって、最初の2品は太宰 治の『お伽草子』と『斜陽』からです。お伽草子は日本のお伽話を太宰が独自の解釈でアレンジした短編集なんですが、その中の浦島太郎をモチーフにした「浦島さん」という話がおもしろくて。浦島太郎が竜宮でごちそうをふるまわれるシーンがありますよね。あそこでお刺身とかが出てくるのかと思ったら、海底の岩肌や長年蓄積された藻をちぎって食べると自分が思ったごちそうの味がする……そんな設定なんです。それを僕なりに表現したらこんな感じになりました、というのがこちらのアミューズです。

川崎——（料理を見て）見た目はマカロンですね。生地の灰色と皿の灰色があいまって、UFOが3機並んでいるようにも見えます（笑）。

生井——あ、それいいですね（笑）。SFっぽいところを出したいなと思っていたので。生地はおっしゃるようにマカロンと似た作り方なんですが、焼成時間を短くしてむっちりした感じを残しています。

川崎——確かに触感がおもしろいです。内側は柔らかいんですが外はカリッとしているので「柔らかい岩肌」という感じがよく出ています。

生井——中身はそれぞれ熟成ニンニクのピュレ、ビーツと

dialogue
#15
no.42

お母さまは左手のお指を軽くテーブルの縁にかけて、
上体をかがめる事も無く、お顔をしゃんと挙げて、
お皿をろくに見もせずスプウンを横にしてさっと掬って、
それから、燕のように、とでも形容したいくらいに軽く鮮やかに
スプウンをお口と直角になるように持ち運んで、
スプウンの尖端から、スウプをお唇のあいだに流し込むのである。

太宰 治『斜陽』新潮文庫

豆のスウプ

太宰 治『斜陽』に登場するグリーンピースのポタージュを元にした一品。若採りのスナップエンドウとツブガイをフュメ・ド・ポワソンで軽く煮て、自家製豆腐を敷いた器に流した。なめらかな豆腐でのどごしと食べやすさを高め、スナップエンドウの青っぽさと、仕上げに散らしたタイムの香りで春らしさを演出する。

梅肉のピュレ、牡蠣のピュレが入っています。生地も同じに見えて、実は中身に合わせてすべて変えているんですよ。

川崎——やはりそうでしたか。3つそれぞれに味の変化があって、次はなんだろうとワクワクするアミューズでした。

生井——ありがとうございます。次のスープは、斜陽からの一品です。この小説は主人公のお母さんがスープを飲むシーンからはじまるんですが、その様がとても上品で、という記述があるんです。テーブルに指をかけて、背筋を伸ばしてスプーンを見もせずに飲む——僕もやってみたけれどどうしてもスプーンに顔を寄せちゃうし、上手くできないんですよ。それで、原作ではグリーンピースを裏漉ししたポタージュなんですが、もっと飲みやすくしたら喜んでもらえるんじゃないかな、と。

川崎——あ、確かに非常にすくいやすいです。具だくさんで豆がゴロゴロ入っているんですが、器の底にフランのようなものが敷いてあるのでよくからんで一体感が出るんですね。

dialogue #15 no.43

ジョニー・ウォーカーはそれをしばらくナカタさんに見せてから、
当然のことのように、そのまま口の中に放り込んだ。
そしてもぐもぐと口を動かした。
何も言わずに、それをじっくりと味わい、時間をかけて咀嚼した。
その目には焼きたての菓子を口にしている子供のような、
純粋な至福の色が漂っていた。

村上春樹『海辺のカフカ』新潮社

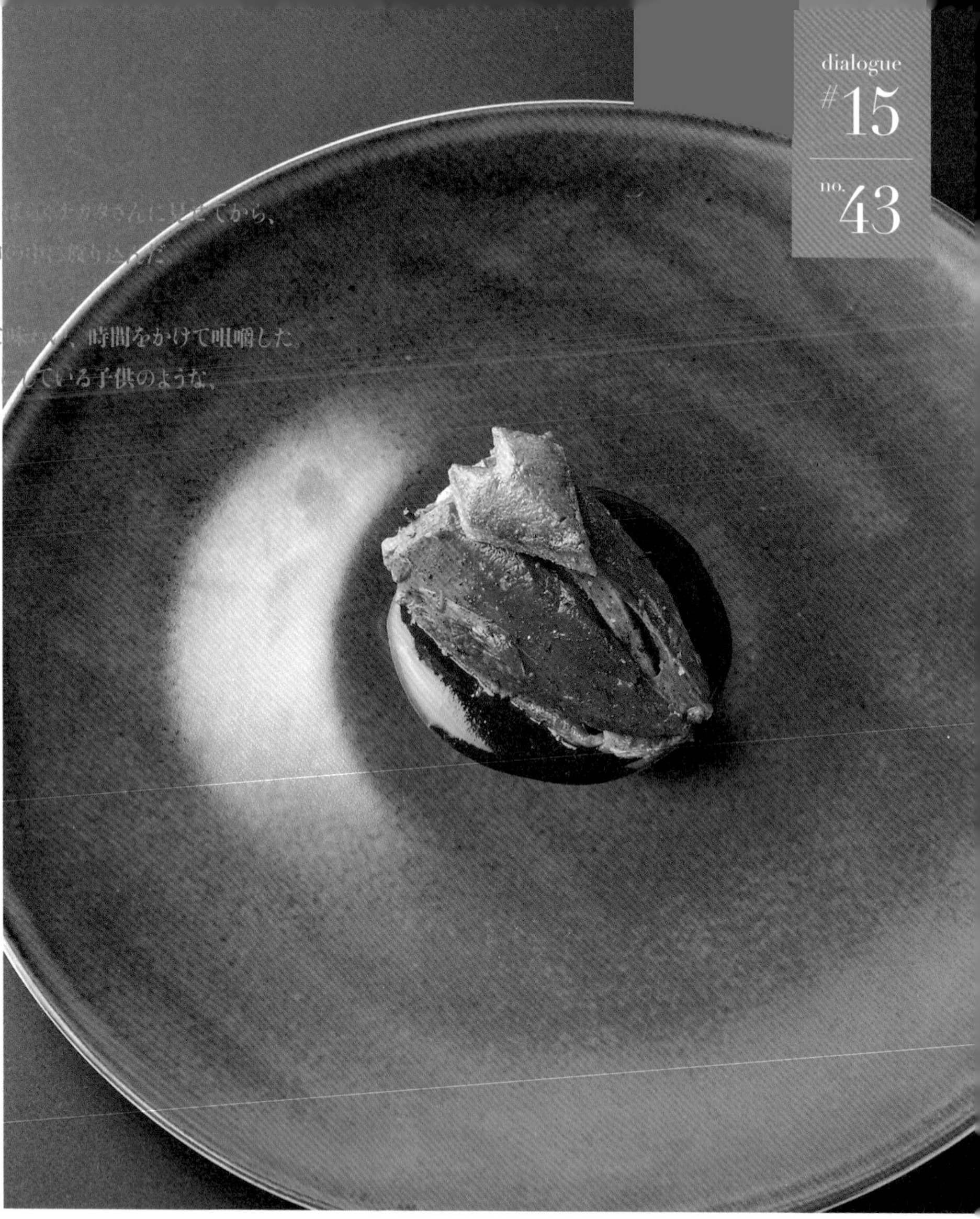

ナカタさんの苦悩

『海辺のカフカ』の登場人物「ナカタさん」は目の前で猫が生きたまま心臓を抜かれ、食べられるのを見て……というシーンから発想を得て、生の心臓のなまめかしさを山バトのローストで表現した。カカオマスで濃度をつけたハトのガラのソースを添えて。「奇抜な発想だからこそベーシックな味わいを意識しました」(生井氏)。

生井――敷いてあるのは自家製の豆腐です。具材がスナップエンドウなので同じ豆同士、相性もいいですし、豆やツブガイの触感と、豆腐のなめらかさとのコントラストも出せるので。

川崎――とても興味深いです。というのは、もし日本料理の人が同じ文章から発想したら、まったく違う料理になっていたのではないかと思うんです。たとえば一度要素をそぎ落としてデフォルメし、意味合いをお客の頭の中で想像させるような……。でも生井さんはそうしたバーチャルな表現ではなく、「実のあるおいしい料理」を、自身のフィルターを通して表現されているように感じました。非常に西洋料理的な発想というか、そのへんの意識の違いも興味深いです。

「気づき」を楽しむ

――では、3品目をお願いします。

生井――実は、これがいちばん最初にできた料理です。

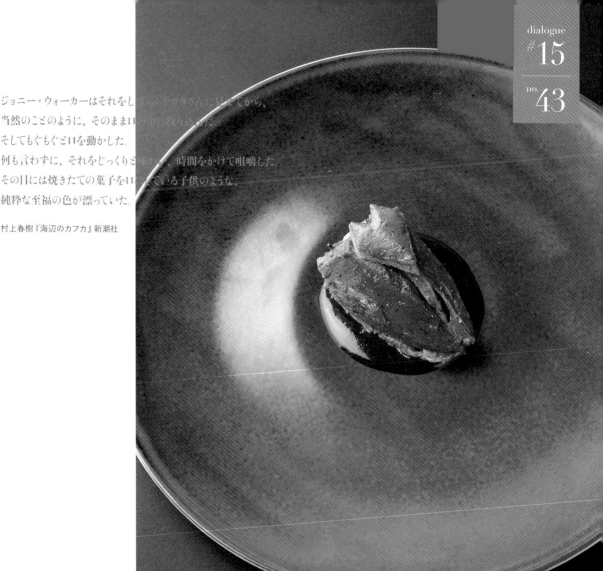

村上春樹の『海辺のカフカ』に、生きた猫の心臓を取り出して食べるというシーンがあって、妙に想像力を刺激されたんです。

川崎——それはなかなか過激ですね。

生井——登場人物が猫に麻酔をかけて、よく切れるメスを持って腹を割って、生温かい心臓を取り出して恍惚とした表情で食べるという……。グロテスクですよね。でも実際に文章を読むと妙になまめかしくて、よだれが出るようなおいしさではないけれど、食べるってそういうことだよなという気もしてくるんです。その部分を料理に落とすことができないかなと。「これ旨そうだな」という描写以外からも料理は作れるんじゃないか、という僕なりの提案です。ただ、猫の心臓だけというのはさすがにどうかと思ったので、他に2品作ってしまったという感じです（笑）。

川崎——なるほど。そうした直接的な表現をどうフランス料理に落とし込むのかがポイントになりそうです。

生井——こちらが問題の品なんですが、実際は山バトを使っています。海辺のカフカの猫が野良猫という設定なので、まず食材としてジビエを思い浮かべて、血の鉄分からハトだろうと。それでローストした山バトの胸肉を、肉の赤い断面を上にして胸骨にのせてなまめかしさを表現しました。ソースは山バトのジュにカカオマスを加えたものです。アイデアがトリッキーなぶん、料理自体はシンプルに、技術的にもベーシックなものでまとめました。

川崎——肉の赤い面を上にして盛るというのはめずらしいんじゃないですか？　通常のように皮目を上にした場合、口に入れると最初に香ばしい皮が、次にしっとりとした肉が来ておいしさを感じるわけですが、逆にすることで今まで食べたことのない独特な感触が出ているように思います。

生井——皮を下に隠すことで、香ばしさに邪魔されずハトの血の感じをストレートに味わえると思ったんです。

川崎——中には読みとばす人もいるような残酷な場面を、「何だか気になる」と思えることが新たな創作のためのカギかもしれませんね。その結果、普段通りに作った料理からは得られない、そして小説を読むだけでも得られない……そんな新しい表現が生まれる可能性がある。ちなみに、実際に提供するとしたら食べ手には料理の由来をどう説明するんですか？

生井——「猫の心臓です」と言う必要はないですよね。アイデアはあくまでもアイデアで、最終的に自分の思うフランス料理の範疇に落とし込んだつもりなので、先入観なくお客さまに楽しんでいただきたいです。

川崎——私もその考えに賛成です。今回はそうした、普段は食べ手が目にすることのない創作の裏側を見せていただいたわけですが、私がすばらしいと感じるのは、村上春樹がどこからインスピレーションを得て猫の心臓を食べるシーンを書き、それを生井さんが読んで何かを感じ取り、自分なりの視点で料理として表現した。その結果、他にはない料理が生まれた……その一連のつながりなんです。食べ手が「料理人の気づき」を楽しむという、現代的なレストランのあり方を実感させられる料理でした。

きっかけは身近にある

——2回を通した感想を。

生井——外から得たインスピレーションを形にするという作業は、料理人なら誰しも多かれ少なかれやっていることだと思います。でもその過程を実際に言葉にすることで、自分自身、理解が深まりました。これ若い人が読むととても参考になるんじゃないかな（笑）。新しい料理が生まれるきっかけは身近なところにあるよ、ということが、これからシェフになる料理人に少しでも伝わればいいですね。

川崎——そうですね。私も後輩の研究者から、「情報ってどうやって集めるんですか？」と聞かれることがあります。そんなの自分のまわりで取ってくるんじゃないか、と答えるんですが。一見自分に関係のなさそうな情報でもとりあえずすくい上げてみて、吟味して、必要がなければはずす。それをくり返して自分の〝テーブル〟を作るしかないんです。料理も同じじゃないですか？　新しい料理を作ろうと思ったら、テーブル上にいかに多様な要素を持ってくるかが問われるはずです。

生井——まずは先入観を捨てて試してみる。うまくいくこともあればいかないこともあるけれど、経験を積むうちに段々と自分なりのルールというか統一感ができてきて、その人のオリジナリティにつながっていくんだと思います。

川崎——連載を通してさまざまなジャンルのシェフたちのお話をじっくり伺ってきたわけですが、新しい技術が生まれる背景にある料理人の個人的なアイデアを「見える化」したい、という私の思いが少しでも形にできたならうれしいです。トップシェフのデザインのルールのようなものを若い料理人が参考にして、自分なりのルールを考える助けになるといいですね。料理人の数だけデザインがあると思うと、考えをまとめるにはまだまだサンプル数が足りませんが……。

２０１６年１、３月号掲載

3 …「基本の生地」と同じ要領で生地を作る。ただしアンチョビーのピュレの代わりに2のピュレを用いる。
4 … ビーツを皮ごとアルミ箔で包み、300℃のオーブンで1時間半〜2時間ローストする。皮をむいて適宜に切り、梅肉エキス、塩と合わせてミキサーにかける。
5 … 2つの温かい3で4を挟む。
★梅肉エキス … 青ウメの果汁を、どろりと濃度がつくまで煮詰めた製品。

牡蠣／カリフラワー／クミン

1 … フライパンにバターとラード（自家製）を熱し、薄切りにしたカリフラワーを入れる。ヘラでつぶしながら、ピュレ状になるまで弱火でスュエする。
2 … 1にクミンを加えてさらにスュエする。
3 … 2と少量の水を合わせてミキサーにかけ、ピュレにする。
4 …「基本の生地」と同じ要領で生地を作る。ただしアンチョビーのピュレの代わりに3のピュレを用いる。
5 … 牡蠣のピュレを作る。フライパンに太白ゴマ油を熱し、牡蠣を入れる。ヘラでつぶしながら炒める。
6 … 5にきざんだエシャロット、少量のフォン・ブラン（解説省略）、生クリームを加えて軽く煮込む。ミキサーにかける。
7 … 6が冷めたら、六分立てにしたクレーム・シャンティイ（解説省略）を加えてさっくりと混ぜる。
8 … 2つの温かい4で7を挟む。

仕上げ

3種のごちそうを皿に一列に盛る。

no. 42

豆のスウプ

［作り方］

自家製豆腐

1 … 大豆を重量の3倍量の水に浸して一晩おく。
2 … 1を水ごとミキサーにかけ、鍋に移して焦げつかないように混ぜながら20分間ほど煮る。
3 … 2を布漉しし、おからと豆乳に分ける（今回は豆乳のみを使用する）。
4 … 3の豆乳を鍋に入れ、80℃ほどに温める。ぬるま湯で溶いたにがりと少量の生クリームを入れてよく混ぜ、しばらく熱する。
5 … 4を提供用の器に、高さ1cmほどまで流し入れ、そのまま凝固させる。

スナップエンドウとツブ貝

1 … スナップエンドウ（若穫りの実が柔らかなもの）を下ゆでし、薄皮をむいておく。
2 … 鍋にフュメ・ド・ポワソン（解説省略）を温め、そぎ切りにしたツブガイを入れて風味を移す。漉す。
3 … 2の煮汁を鍋に戻し、1を入れて軽く煮る。漉す。

仕上げ

1 …「スナップエンドウとツブ貝」の煮汁に牛乳と塩を加え、ハンドミキサーで泡立てる。
2 … 器の、自家製豆腐の上にスナップエンドウとツブ貝を盛る。
3 … 2に1を流し、タイムの葉を散らす。

no. 43

ナカタさんの苦悩

［作り方］

山鳩

1 … 山バト（大分県・国東半島産）の羽根をむしり、内臓を抜く（心臓、肝臓、砂肝、肺は取りおく）。手羽元を取り除き、バトーに整える。ガラ、首ヅル、腿はソース用に取りおく。
2 … 1の山バトの皮目をさっと直火であぶってから、60℃のオイルバスで芯温が50℃になるまで加熱する。
3 … 2の皮目をフライパンでリソレする。

ソース

1 … 取りおいた山バトのガラ、首ヅル、腿肉を適宜の大きさに切り、250℃のオーブンで焼く。
2 … それぞれみじん切りにしたタマネギ、ニンジン、セロリをオリーブオイルを引いたフライパンで炒める。
3 … 2に1を加え、赤ワイン、コニャック、マデラを注いでアクを取りながら煮詰める。フォン・ド・ヴォー、フォン・ド・ジビエ（ともに解説省略）を加えてさらに煮詰める。濃度がついたら漉す。
4 … 3を鍋に移し、火にかける。バターと削ったカカオマスでモンテする。

内臓のトースト

1 … 山バトの肝臓、心臓、砂肝、肺に塩をふり、オリーブオイルを熱したフライパンで軽く炒める。
2 … 1、フォワグラのテリーヌ（解説省略）、ポマード状にしたバター、トリュフの端材をきざんだもの、ジュ・ド・トリュフを合わせてミキサーにかける。
3 … ハート形に切ったパンに2をたっぷりぬってオーブンで焼く。

仕上げ

1 … 山バトの胸肉を骨から切り離す。この際、2枚の胸肉が軟骨を中心に1枚につながるようにする。胸骨は取りおく。
2 … 皿の中心にソースを流し、1の胸骨を置き、1の胸肉を皮目を下にしてのせる。肉に塩をふり、ヴァニラパウダー（解説省略）をふる。
3 … 2の胸肉の上に内臓のトーストをのせる。

3 … 中温の大豆油で2をしっかりと揚げる。
★だし … カツオだしに追いガツオをし、濃口醤油、酒、ミリンで味をつけたもの。
仕上げ
1 … 切り株に、大豆油で揚げたエビイモの皮、オーブンで乾燥させた朴葉、黒七味トウガラシ、深煎りした焙じ茶のパウダー（解説省略）を散らす。
2 … 1の上にエビイモを盛る。

---

no.39

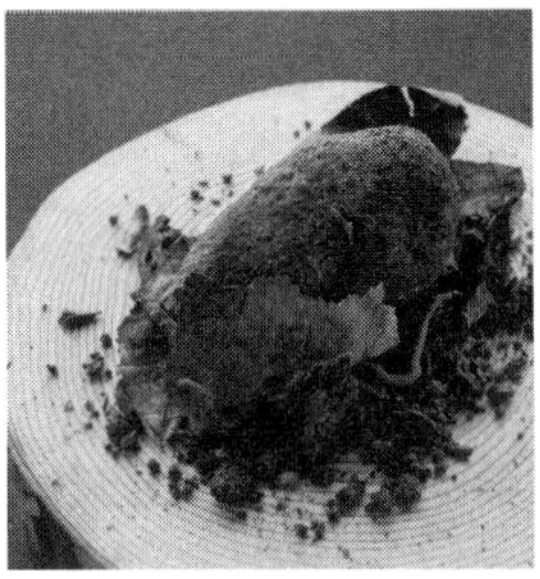

デジャヴ

［**材料**］（作りやすい分量）
「焼きいも」のファルス
エビイモ
白インゲンマメ
シロップ … 各適量
ハチミツのアイスクリーム
卵黄 … 6個分
グラニュー糖 … 100g
牛乳 … 600cc
生クリーム（乳脂肪分35%）… 200cc
ハチミツ … 150g
「焼きいも」の成形
水飴
ココアパウダー
ジェノワーズ生地 … 各適量
仕上げ
チョコレートのクランブル
小枝状に固めたチョコレート … 各適量
［**作り方**］
「焼きいも」のファルス
1 … 皮付きのエビイモをよく洗い、10分間ほど蒸す。皮をむき、裏漉しする。
2 … 白インゲンマメを一晩水に浸けてもどす。そのまま柔らかくなるまでゆでる。フード・プロセッサーにかける。
3 … 1、2、シロップを合わせ、さらにフード・プロセッサーにかける。白インゲン豆のゆで汁で硬さを調整する。
蜂蜜のアイスクリーム
1 … 卵黄とグラニュー糖をボウルに入れ、白っぽくなるまでよく混ぜる。
2 … 1に、沸騰直前まで熱した牛乳を加えて混ぜ合わせる。
3 … 2を鍋に移し、弱火にかける。絶えずかき混ぜながら熱し、とろみが出てきたら漉して冷ます。
4 … 3に生クリームとハチミツを加え、ソルベマシンにかける。
「焼きいも」の成形
1 … 水飴を鍋で熱し、ココアパウダーを混ぜる。
2 … エビイモの型に1を薄く流し、冷やし固める。これを2つ用意する。
3 … 2の一方に、冷やして適宜にちぎったジェノワーズ生地（解説省略）を詰める。もう一方の型と合わせてエビイモ形に成形する。型の合わせ目に熱した鉄箸を当てるなどしてしっかりと接着する。
4 … 3にココアパウダーをふり、エビイモの色合いと質感を再現する。
5 … 4に親指大の穴を開け、絞り袋に詰めた「焼きいも」のファルスと、ハチミツのアイスクリームをそれぞれ絞り入れる。
★エビイモの型 … エビイモで型取りした自家製のシリコン型を使用
仕上げ
1 … 切り株に揚げた朴葉を敷き、チョコレートのクランブル、小枝状に固めたチョコレート（ともに解説省略）をあしらう。
2 … 1に「焼きいも」を穴を下にしてのせる。

Dialogue #15

---

no.40

あんぽ柿／フォワグラ／コニャック

［**作り方**］
あんぽ柿のシート
1 … あんぽ柿を裏漉しし、水とコニャックでのばす。
2 … 1に凝固剤（ベジタブルゼラチン）を加え、2枚のラップ紙で挟む。麺棒でごく薄くのばす。
3 … 2を100°Cのコンベクションオーブンに1時間入れて乾燥させる。好みの形に成形する。
★あんぽ柿 … 渋柿の皮をむき、硫黄で燻蒸してから40～50日間自然乾燥させた干し柿。
白味噌風味のクレーム・シャンティイ
1 … 生クリームにヴァニラ味噌を溶かす。
2 … 1にグラニュー糖を加えて泡立て器で泡立てる。
★ヴァニラ味噌 … ヴァニラビーンズで香りをつけた白味噌。京都の味噌店「関東屋」の製品。
コニャックのジュレ
1 … 鍋にコニャックを入れ、火にかける。アルコール分をとばさないよう低温で温める。
2 … 1に凝固剤（アガーアガー）を加え、火をとめる。粗熱をとり、冷蔵庫で冷やし固める。固まったら小角切りにする。
フォワグラのコポー
フォワグラのテリーヌ（解説省略）を冷凍し、提供直前にスライサーで削る。
仕上げ
1 … あんぽ柿のシートの上に、クネル形に取った白味噌風味のクレーム・シャンティイをのせる。
2 … 1にコニャックのジュレを散らし、フォワグラのコポーで覆う。
3 … 2に柿パウダーをたっぷりと散らす。
★柿パウダー … 素材に60tの高圧プレスをかけて焼成する「瞬間高温高圧焼成法」で製造したパウダー。一瞬で均一に焼きを入れることで、栄養素やビタミンを多く保ったままパウダー状に加工できる。広島県呉市「瀬戸鉄工」の製品。

---

no.41

竜宮のごちそう

［**作り方**］
基本の生地
1 … アンチョビーと水飴を合わせて鍋に入れ、100°Cまで熱してピュレにする。
2 … ボウルに卵白、乾燥卵白、トレハロースを合わせて泡立て、メレンゲを作る。
3 … 1、2、竹炭パウダー、アーモンドパウダーを合わせてさっくりと混ぜ、絞り袋に詰める。
4 … オーブンシートを敷いた天板に、3を直径3cmほどの大きさに絞り出す。生地の周囲が乾くまでしばらくおく。
5 … 4を100°Cのコンベクションオーブンで25分間ほど焼く。この際、マカロンのようにサクッと焼き上げるのではなく、外側がカリッ、中がフワッとなる程度の火入れにとどめる。
アンチョビ／黒ニンニク
1 … 黒ニンニクのピュレを作る。皮をむいて裏漉しした熟成黒ニンニク、ハチミツ、マスタード、煮詰めたバルサミコ酢、マヨネーズを合わせて火にかけ、混ぜる。
2 … 2つの温かい「基本の生地」で1を挟む。
玉ねぎ／ビーツ／梅
1 … フライパンにバターを溶かし、薄切りにしたタマネギを飴色になるまで炒める。
2 … 1、コンソメ（解説省略）、少量の生クリームを合わせてミキサーでまわし、ピュレにする。

Dialogue # 14

no. 33

夏だから鯉しました。
……そして、アイス

〔作り方〕
鯉のあらい
1 … コイ（東京・奥多摩産。1.5kgほどのもの）を三枚におろして上身を取り、皮を引く。
2 … **1**を氷水に落として10秒間ほど冷やす。
3 … **2**の水気をふき取り、へぎ造りにする。
ビーツの酢漬け
1 … ビーツの皮をむき、薄切りにする。縦長のハート形の型で抜く。
2 … **1**を甘酢（解説省略）に1時間ほど漬ける。水気をふき取り、凍らせる。
ビーツのアイス
1 … ビーツをゆでて皮をむき、すりおろす。
2 … **1**と酢味噌（解説省略）を合わせて混ぜる。ハート形の型に薄く流して凍らせる。
仕上げ
1 … 鯉のあらいに刷毛で醤油をぬり、二ツ折にして皿に盛りつける。
2 … **1**の上に薄切りにした半白キュウリをかぶせるようにのせ、さらに鯉のあらい、半白キュウリの順にずらしながら重ねる。
3 … 皿にビーツの酢漬けを置き、型からはずしたビーツのアイスをのせる。一味トウガラシをふる。
＊半白キュウリ … 江戸時代以前に日本に渡来したと言われるキュウリの系統。上部が緑色で、先に行くにつれて白くなっていくことから半白キュウリと呼ばれる。主な品種に江戸東京野菜に認定されている「馬込半白節成りきゅうり」がある。

no. 34

土の香り

〔作り方〕
1 … 牛（富士山岡村牛）の肩肉を200gに切り出す。余分な筋を掃除する。
2 … カツオだしに濃口醤油、ミリンを加えて味をととのえ、薄切りにしたショウガとネギを入れて煮立たせる。**1**を入れて火を止め、そのまま冷ます。
3 … **2**の牛の肩肉の水気をきり、トウモロコシの葉で隙間なく包む。
4 … 深さのあるバットの中ほどの高さまで土を詰める。**3**とパースニップを置き、完全に隠れるように上から土をかぶせる。
5 … **4**を90℃のスチコンに入れ、肉の芯温が55℃になるまで加熱する。
6 … **5**の牛の肩肉とパースニップを取り出し、土を落とす。トウモロコシの葉から牛の肩肉を取り出し、強火の直火で全面を焼く。
7 … **6**を一切れ50gほどに切り分け、切り株の器に盛る。パースニップを適宜に切って別添えする。
＊富士山岡村牛 … 静岡県産の、乳牛と黒毛和種の交雑種。
＊カツオだし … 鹿児島県産・血合い付きのカツオ節を粗く削り、水から30〜40分間かけて煮出したもの。傳ではうま味が強くなりすぎるとの考えから、カツオだしに昆布は使わない。
＊トウモロコシの葉 … イチジクの葉で代用してもよい。
＊土 … 今回用いた富士山岡村牛の産地に近い、静岡県・北山農園のパースニップ畑の土を使用。あらかじめ200℃のオーブンで2時間ほど焼いて殺菌しておく。

no. 35

水貝

〔作り方〕
1 … アワビを塩磨きして、昆布とダイコンとともに2時間ほど蒸す。そのまま冷ます。殻を外して身を掃除する。
2 … **1**のアワビをぶつ切りにしてグラスに盛る。一度沸かしてから冷蔵庫で冷やした海水を注ぎ、マイクロキュウリを浮かべる。
＊海水 … 今回用いたアワビが採れた静岡県・相模湾の海洋深層水を使用。

no. 36

秋刀魚のとも和え

〔作り方〕
1 … サンマを三枚におろし、皮を引く。身を幅1.5cmほどのそぎ切りにする。内臓は取りおく。
2 … **1**のサンマの身をだし醤油（解説省略）で洗い、おろしたショウガをまぶす。水気をきる。
3 … **1**で取りおいた内臓を裏漉しし、酒、ミリン、味噌とともに火にかける。
4 … **3**がフツフツと微沸騰してきたら火からおろし、冷ます。
5 … **4**に**2**とトビコを加えて和える。器に盛り、日本酒とともにすすめる。

no. 37

パン床の漬物

〔作り方〕
パン床
1 … 大きめのボウルにパンを適宜の大きさにちぎって入れる。パン1斤に対して白ワイン100cc、塩10〜20gをふって混ぜる。
2 … **1**のボウルにタカノツメと捨て漬け用の野菜を入れてラップ紙をかぶせ、25℃ほどの場所において発酵させる。糠床を作るのと同じ要領で毎日かき混ぜる。1週間ほどしてパンの形が崩れ、発酵臭がしてきたら漬け床として使いはじめられる。
パン床の漬物
1 … キュウリ、適宜に切ったナス、四等分したカブをそれぞれ塩もみする。
2 … **1**の水気をふき、パン床に漬け込んで1〜2日間おく。
3 … **2**の野菜類を取り出して水洗いし、水気を切る。適宜にきって皿に盛る。

no. 38

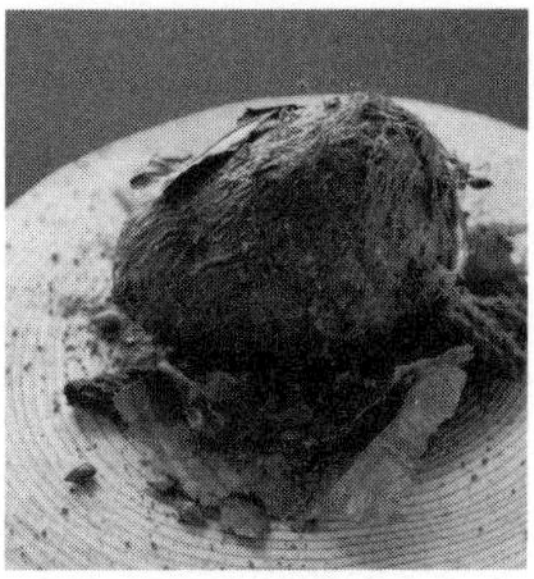

焼きいも

〔作り方〕
エビイモ
1 … 皮付きのエビイモをよく洗い、10分間ほど蒸す。
2 … **1**を皮付きのまま、だしで煮含める。

にする。片面をバーナーであぶる。

10 … **7**の米粉のテュイルに**3**の海老のマヨネーズをのせ、**8**を散らす。**9**をのせる。

11 … 漆器の皿に山椒の枝を置き、**10**をのせる。木ノ芽とカモミールの花びらを散らす。

★きび酢 … 鹿児島県・加計呂麻島産のきび酢を使用。ほのかに残るサトウキビの甘い香りと、まろやかな酸味が特徴。

仕上げ

1 … 杉材をカットした皿に、きび酢とバラのリキュールを合わせた液体を刷毛でぬる。お客が席に着く3分間ほど前に、皿をテーブルにセットしておく。

2 … **1**の皿に海老の殻を置き、手に取って食べるようすすめる。

3 … お客が**2**を食べ終わったら杉材の皿を下げ、海老のマヨネーズと米粉のテュイルの皿を提供する。

★バラのリキュール … バラの花びらから抽出したエキスを用いたリキュール。フランス・ミクロ社製。

---

no.31

潮の香り

［**作り方**］

真魚鰹

1 … マナガツオを三枚におろして上身をとる。

2 … 水1.5kgに塩120gとトレハロース70gを加えたマリネ液に**1**を1時間半浸ける。

3 … **2**のマナガツオの水気をふき取り、脱水シートで包む。35°Cの食品乾燥機に入れて2時間乾燥させる。

4 … **3**を冷蔵庫に入れて冷やす。

5 … **4**のマナガツオを1人分の大きさに切り出す。皮目を下にして置き、身側にハイビスカスのシート（後述）をのせ、マナガツオの形に合わせて切り抜き、そのまま貼り付ける。

6 … 樹脂加工のフライパンに澄ましバターを熱する。**5**のマナガツオの皮目を下にして入れ、サッと焼く。

7 … 鍋にバターを溶かし、**6**をシートを被せた側が上になるように入れる。この時、溶かしバターがマナガツオの身の7割ほどの高さになるように調整する。

8 … **7**を火にかけて温めてから、100°C・湿度100%のスチコンに入れる。7分間ほど加熱していったん取り出し、バターをアロゼする。再度スチコンに入れて7分間ほど加熱する（この時、液体の温度が約80°Cになるよう調整する）。

ハイビスカスのシート

1 … 昆布とハイビスカスティー（茶葉）、水を専用の袋に入れて真空にかける。湯煎で温め、ハイビスカスティーを抽出する。

2 … **1**を漉して冷ます。鍋に注ぎ、デンプンを加えて混ぜながら加熱する。

3 … **2**をシルパットに流して薄くのばし、冷蔵庫で冷やし固める。

4 … **3**を80°Cのコンベクションオーブンに入れて1時間半乾燥させる（乾燥させすぎると割れやすくなるので注意する）。

ニンニクのコンフィ

1 … ニンニク（皮付き）を120°Cに熱したオリーブオイルに入れ、温度を保ちながら柔らかくなるまで加熱する。

2 … **1**のニンニクを取り出し、軽く煮詰めたブイヨン（解説省略）をからめる。

ジャガイモのキャヴィア詰め

1 … ジャガイモの小芋（皮付き）の上部を切り落とし、中身をくり抜く。熱した溶かしバターでじっくりと加熱し、火を通す。

2 … **1**のジャガイモの表面をサラマンドルで焼き、皮に焼き目をつける。

3 … 鍋に薄切りにした新タマネギ、白ワインヴィネガー、白ワイン、塩、水を入れて火にかける。濃度がつくまで煮詰める。

4 … **3**をミキサーにかけてピュレ状にし、鍋に移す。火にかけ、バターでモンテする。

5 … **4**を冷まし、キャヴィアと合わせ、**2**のジャガイモに詰める。

仕上げ

1 … 皿の左側に、ハイビスカスのシートを貼り付けた側を上にして真魚鰹を盛る。上にザクロ、乾燥キャヴィアを散らす。

2 … 皿の右側に、ニンニクのコンフィとジャガイモのキャヴィア詰めをバランスよく盛る。薄切りにしたラディッシュと矢車草の花びらをあしらう。

★乾燥キャヴィア … キャヴィアを65°Cの食品乾燥機で6時間乾燥させたもの。

---

no.32

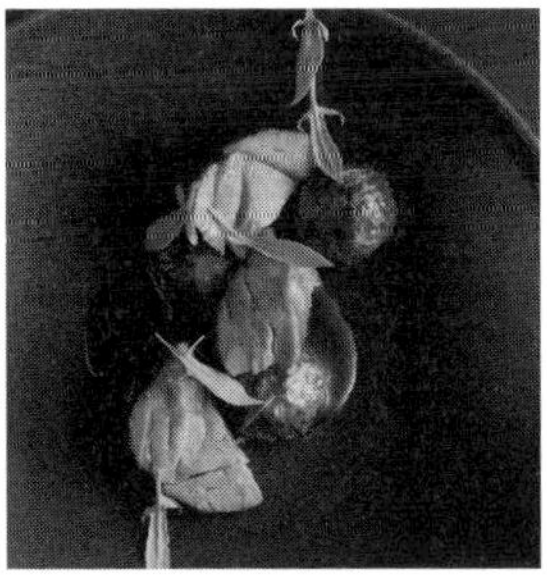

La souris souriante

［**作り方**］

仔羊のスネの煮込み焼き

1 … 仔羊のスネ肉の骨を抜き、表面を針で刺して穴を開ける。肉1kgに対し塩16g、砂糖5gを合わせたものをまぶし、冷蔵庫で一晩マリネする。骨は取りおく。

2 … タマネギ、ニンジン、セロリ、ニンニク、ショウガ（皮付き）を適宜に切ってジューサーにかける。冷ました碁石茶と合わせる。

3 … **1**のスネ肉から塩と砂糖を洗い流し、水気をふき取る。**2**とともに専用の袋に入れ、真空にかける。冷蔵庫に入れて2日間おく。

4 … **3**の袋からスネ肉を取り出す。液体は取りおく。

5 … **4**のスネ肉の骨を抜いた穴に、端肉をそぎ落として熱湯でゆでた骨を差し込む（端肉は取りおく）。スネ肉をこぶし大に成形し、タコ糸で縛り、ラップ紙で巻く。再び専用の袋に入れて真空にかけ、68°Cの湯煎にかける。16時間加熱したら袋ごと氷水に浸けて冷却する。

6 … **4**で取りおいた液体の半量をバットに薄く流し、90°Cのオーブンに入れる。水分がとび、固形になるまで加熱する。

7 … **5**で取りおいた端肉を焼く。これを**4**で取りおいた液体の残りの半量にトマトコンサントレとともに入れて火にかけ、煮詰める。漉して塩で味をととのえ、ソースとする。

8 … **5**のスネ肉に**7**のソースをぬる。適宜の大きさに割った**6**を全体に貼りつけてラップ紙で巻き、密着させる。ラップ紙をはずし、85°Cのオーブンで1時間ほど加熱する。

9 … **8**のスネ肉にサラマンドルで焼き色をつける。

★碁石茶 … 高知県の吉野川上流で作られる発酵茶葉。刈り取った茶葉を蒸してからカビ付けし、乳酸発酵させる。乳酸菌由来のほのかな酸味と渋みや甘味が特徴

付合せ

1 … 米（バスマティ米）をゆでる。バターとカレーオイルを加えて香りを立たせる。

2 … **1**にきざんで素揚げにしたエシャロットを加え、塩で味をととのえる。

3 … 直径3cmのドーム状のシリコン型に、ゆでたフダンソウを敷き、**2**を詰める。フダンソウのはみ出した部分をかぶせてドーム状に形を整える。

★カレーオイル … 溶かしバターにガラムマサラと仔羊のジュ（解説省略）を加え、熱したもの。

仕上げ

1 … 仔羊のスネの煮込み焼きを客前にプレゼンテーションする。いったん厨房に戻し、骨を再度抜き、肉を一口大に切り分ける

2 … 皿に**1**と付合せを盛り、ソースを流す。オゼイユをあしらう。

3 … **2**の袋を開け、水分を紙漉しする。

仕上げ

1 … 皿の右下から左上へと、間隔を開けながらふきのとうのブランマンジェを5〜6個置く。

2 … 皿の左上に苺のソースをたらす。

3 … **1**のふきのとうのブランマンジェにショコラ・ブランのパウダーをたっぷりとふりかける。次に、ココのパウダーをたっぷりとふりかける。

4 … **3**の皿を、最初は先端を広げたフォークとともに提供する。2種類のパウダーが溶けてきたタイミングでスプーンを提供し、苺のソースと合わせてすくって食べるようすすめる。

no.28

投影

白子、山菜、レモン

［作り方］

白子

1 … タラの白子を塩水でさっとゆでる。表面に薄く膜が張ったら取り出し、30gずつに取り分ける。

2 … ジャガイモの生地を作る。塩ゆでして皮をむき、裏漉ししたジャガイモに薄力粉、全卵、水を合わせて混ぜ、ゆるめの生地とする。

3 … 緑のパウダーを作る。春の野菜類（ナノハナ、セリ、シュンギクなど）を食品乾燥器で乾かし、フード・プロセッサーにかけてパウダー状にする。

4 … **1**に塩をふり、薄力粉をまぶす。

5 … **2**に**3**を加えた生地に**4**をくぐらせ、多めの太白ゴマ油を熱したナベに入れる。カラリと揚げ焼きにする。

6 … 少量の赤ワインヴィネガーで和えたハコベで**5**を巻き込む。

シトロンバター

1 … 薄力粉、全卵、バター、レモン果汁、レモンの皮のすりおろしを合わせて鍋に入れ、火にかける。よく混ぜながら、ポロポロの状態になるまで煎る。

2 … **1**を冷凍庫で冷やし固める。固まったら細かく砕き、液体窒素を注いで凍らせる。これをミキサーにかけて、冷凍庫で保管する。

山菜のジュ

1 … 山菜類（コゴミ、フキノトウ、タラノメなど）と水を鍋に入れて火にかける。1/10量程度になるまで煮詰める。漉す。

2 … **1**に増粘剤（クリニコ社製つるりんこ）を加え、とろみをつける。

フキノトウの芽のフリット

1 … フキノトウの花の中から、芽の部分を取り出す。

2 … **1**の芽を180℃の太白ゴマ油で素揚げにする。

仕上げ

1 … 皿を傾けて持ち、縁側に山菜のジュをたらす。

2 … 白子に少量の赤ワインヴィネガーで和えたハコベを巻き付ける。

3 … **1**の皿の中央やや奥に**2**を盛り、シトロンバターを多めにふる。フキノトウの芽のフリットを散らす。

緑のドリンク

1 … きざんだセリ、バジル、キウイフルーツ、グレープフルーツ果汁、クラッシュアイスを合わせてミキサーにかける。

2 … 客前で、冷凍庫で冷やしたワイングラスに**1**を注ぎ、続いて白ビール（クローネンブルグ・ブラン）を注ぐ。

Dialogue #13

no.29

山羊汁

［作り方］

山羊のコンソメ

1 … ヤギの肩肉と骨、ニンニク（皮付き）、水を鍋に入れ、火にかける。沸いたらアクを除き、2時間ほど煮てヤギの風味を引き出す。漉す。ヤギの肩肉は取りおく。

2 … **1**の液体を鍋に戻し、七分立てにした卵白を加えて火にかけ、クラリフィエする。漉す。

3 … **2**の液体を鍋に戻し、火にかける。沸いたらカツオ節を加え、火を止める。静置し、カツオ節が沈んだら漉す。

蓬のパート

1 … ヨモギのパウダー（解説省略）25g、薄力粉225g、ヤギの脂110g、塩5g、全卵½個、水40gを合わせてよく練る。

2 … **1**を縦12cm×横1.5cm×厚さ1mmほどのシート状にのばし、150℃のオーブンで25分間焼く。冷ましておく。

＊ヤギの脂 … ヤギの脂肪を熱して、溶け出た脂を漉したもの。ない場合はラードで代用する。

羊の皮のクルトン

1 … 羊の皮をよく掃除してからゆがき、7mm角に切る。

2 … **1**を160℃のラードで香ばしく揚げる。

＊羊の皮 … ヤギの皮が手に入る場合はそちらを使用する。その際は、一度柔らかく煮てから用いる。

仕上げ

1 …「山羊のコンソメ」で取りおいたヤギの肩肉を7mm角に切る。

2 … **1**とシェーヴルチーズを混ぜ合わせる。

3 … 蓬のパートを2枚重ね、**2**をたっぷりとのせる。羊の皮のクルトンを散らし、ウイキョウの芽をあしらう。

4 … 山羊のコンソメを温め、塩（加計呂麻島産さんご塩）で味をととのえる。

5 … **4**を器に注ぎ、器の縁に**3**をのせる。蓬のパートを食べてから、コンソメを飲むようにすすめる。

no.30

余韻

［作り方］

海老の殻

1 … ボタンエビを殻、頭、身に分ける。殻と脚はつながった状態にしておく。頭と身は取りおく（身は「海老のマヨネーズ」に、頭は別の料理やだしに使用）。

2 … **1**のボタンエビの脚を広げ、80℃のスチコンで5時間ほどかけて乾燥させる。

海老のマヨネーズと米粉のテュイル

1 … 海老のマヨネーズを作る。ボタンエビの身から背ワタを取り除き、粗くきざむ。卵黄とともにを専用の袋に入れ、真空にかける。

2 … **1**を65℃のウォーターバスで20分間ほど温める。

3 … **2**のボタンエビと卵黄を袋から取り出し、ミキサーにかけてピュレにする。

4 … 米粉のテュイルを作る。米粉にきび酢を加え、よく混ぜる。

5 … **4**をバットに薄く広げ、ラップ紙をかけて100℃・湿度100%のスチコンで透明になるまで蒸す。

6 … **5**のラップ紙をはずし、85℃のスチコンで1時間ほど乾燥させる。

7 … **6**を適宜の大きさに割り、170℃の米油で揚げる。

8 … 生クリームを固めに立て、液体窒素を注いで凍らせる（液体窒素がない場合はドライアイスで代用する）。適宜の大きさに砕く。

9 … タケノコをゆがき、穂先を薄切り

no.25

白子

ロックフォール　コーヒーパウダー

〔**作り方**〕

白子

1 … タラの白子をさっと湯通しする。水気をふき取り、表面に塩麹をぬって1時間マリネする。

2 … **1**の塩麹を取り除き、サラマンドルで焼く。

ソース

焦がしバターにロックフォール、ハチミツ、フォン・ド・ヴォー、生クリームを加え混ぜる。

コーヒーのパフ

1 … 炊いたコメにコーヒーパウダーを加え混ぜる。

2 … **1**を平らにのばし、食品乾燥機または低温のオーブンで乾燥させる。

3 … 180℃の油で揚げる。

タケノコ

縦半分に切った小さなタケノコ（掘りたてのもの）をココット鍋に入れ、塩をふって蒸し焼きにする。

仕上げ

1 … 皿に白子を盛り、食べやすい大きさに割ったコーヒーのパフを被せる。

2 … ソースを流し、コーヒーパウダーをふる。ボリジの花を添える。

3 … タケノコをココット鍋ごと提供し、白子の合間に手で皮をむいて食べるようすすめる。

Dialogue # 12

no.26

山鳩の炙り焼き

小豆と赤キャベツ添え

〔**作り方**〕

山鳩の炙り焼き

1 … 山バトの胸肉を、煮詰めた赤ワイン少量、煮詰めたジュ・ド・ピジョン（解説省略）少量、塩とともに専用の袋に入れ、真空にかける。一晩冷蔵庫におく。

2 … **1**を袋のまま100℃・湿度100%のスチコンに入れて、芯温が40〜45℃になるまで熱する。

3 … **2**の胸肉を袋から取り出し、皮目を上にして網にのせてサラマンドルで皮目のみを焼く。

4 … **3**の胸肉を皮目を下にして網にのせ、300℃のスチコンで3分間ほど加熱する。

5 … **4**の胸肉を取り出し、再度皮目をあぶる。

小豆のシュークルート

1 … 小豆を水でもどし、鶏のブイヨン（解説省略）で煮ておく。

2 … サラダ油を熱したフライパンできざんだ豚の背脂とニンニクを炒めて香りを立たせ、せん切りにしたキャベツを加える。赤ワインヴィネガーとハチミツを加え、キャベツがしんなりするまで炒める。

3 … **2**に**1**を加えてさっと混ぜ合わせる。粗熱をとり、冷蔵庫で2〜3日おいてなじませる。

赤ワイン風味の小豆パウダー

1 … 小豆を水でもどし、鶏のブイヨンで煮ておく。

2 … **1**と煮詰めた赤ワインを合わせ、さらに煮詰める。

3 … **2**を裏漉しして、低温のオーブンに入れてパウダー状になるまで乾燥させる。

くるみのペースト

1 … クルミの実を取り出し、低温のオーブンでローストする。

2 … **1**をフード・プロセッサーにかけてなめらかなピュレにする。

3 … **2**にジュ・ド・ピジョン、赤ワインヴィネガー、塩を加えて味をととのえる。

仕上げ

1 … 皿に山鳩の炙り焼きを盛り、上に小豆のシュークルートをのせる。さらに赤ワイン風味の小豆パウダーをふり、赤チコリの芽をあしらう。

2 … **1**の皿に鶏のブイヨンで煮た小豆を散らし、余白にクルミのペーストを盛る。フルール・ド・セルを添える。

no.27

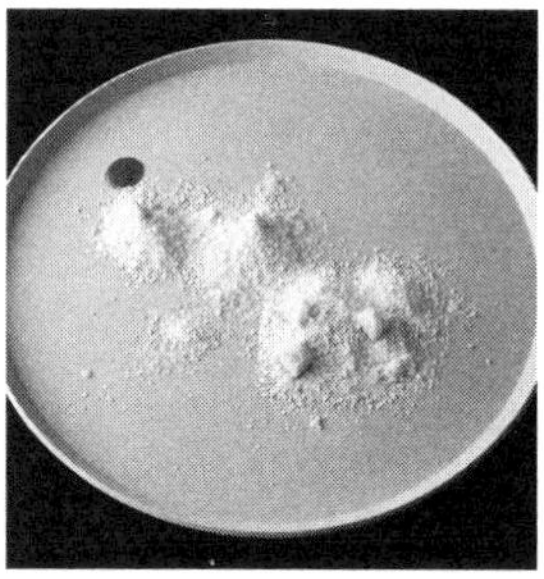

苦味と甘味

〔**材料**〕（作りやすい分量）

ふきのとうのブランマンジェ

- フキノトウ牛乳 … 100g
- 生クリーム（乳脂肪分45%）… 50cc
- 水 … 25g
- 粉ゼラチン … 5g

ふきのとうのクッキー

- グラニュー糖 … 10g
- サラダ油 … 20g
- フキノトウ牛乳 … 20g
- 薄力粉 … 70g
- コーンスターチ … 10g

＊フキノトウ牛乳 … 適量のフキノトウと牛乳を専用の袋に詰め、真空にかける。これを湯煎にかけて30分間温め、漉したもの。

ショコラ・ブランのパウダー

- クーベルチュール（ヴァローナ社 イヴォワール カカオ分35%）… 150g
- 牛乳 … 300g

ココのパウダー

- 卵白 … 100g
- グラニュー糖 … 200g
- ココナッツパウダー … 130g

苺のソース

- イチゴ … 500g
- グラニュー糖 … 90g
- クエン酸　2g

〔**作り方**〕

ふきのとうのブランマンジェ

1 … フキノトウ牛乳と生クリームを合わせて温める。

2 … 水に粉ゼラチンを加えてふやかし、**1**に加える。冷蔵庫で冷やし固める。

3 … ふきのとうのクッキーを作る。グラニュー糖、サラダ油、フキノトウ牛乳をボウルに入れて混ぜる。

4 … **3**に薄力粉とコーンスターチを加え、全体がまとまるまで混ぜる。

5 … **4**を厚さ5mmほどにのばして130℃のオーブンで色づかないように焼く。

6 … **5**をフード・プロセッサーにかけて細かく砕く。

7 … **2**を約1cm角に切り、全面に**6**をまぶしつける。

ショコラ・ブランのパウダー

1 … ボウルにクーベルチュールを入れ、沸かした牛乳を注ぐ。クーベルチュールを完全に溶かす。

2 … **1**を漉してサイフォンに入れ、ガスを充填する。冷蔵庫で冷やしておく。

3 … 提供直前にボウルに**2**を絞り出し、液体窒素を注ぐ。手早く混ぜて細かいパウダーにする。

ココのパウダー

1 … 卵白とグラニュー糖を合わせて湯煎にかけ、温度が70℃になるまで温める。

2 … **1**を泡立て器で混ぜてメレンゲを作る。

3 … **2**にココナッツパウダーを加えて混ぜ合わせる。

4 … **3**を絞り袋に入れてオーブンペーパーを敷いた天板に適宜の大きさに絞り出す。

5 … **4**を85℃のコンベクションオーブンに入れ、2〜3時間焼く。焼けたら粗く砕いておく。

6 … 提供直前に**5**をボウルに入れ、液体窒素を注ぐ。手早く突き崩し、細かいパウダーにする。

苺のソース

1 … イチゴのヘタを取り、グラニュー糖、クエン酸とともに専用の袋に入れ、真空にかける。

2 … **1**を80℃の湯に入れ、20分間湯煎にかける。

料理解説

Dialogue #01

no.01

鮎の低速調理〜2012
自家製うるかのヴィネーグル・レデュイ、ラディッシュ、小松菜、エストラゴン

〔作り方〕

低速調理した鮎

1 … アユを三枚におろす。中骨をはずす際、下身に尾が残るようにする。上身と下身に金串を打つ。

2 … 炭火にサラダ油を少量落として煙を立て、**1**の上身と下身をかざしてさっと燻す。さらに皮目をバーナーであぶり、冷蔵庫に入れて冷ます。

3 … **2**のうち、下身の尾の部分のみを、180℃のサラダ油に浸けて素揚げにする。

4 … **2**と**3**のアユの皮目に自家製うるか（後述）をぬる。その面を上にしてバットに並べ、遠火のサラマンドルで身がふっくらと仕上がるように焼く。

自家製うるか

1 … アユの内臓に10%量の塩をふる。ザルにとって3時間おき、水分を落とす。

2 … **1**を裏漉しし、専用の袋に入れて真空にかける。湯煎で3分間加熱し、ブラストチラーで冷やす。

3 … **2**の脂肪分が分離するので、袋のままよくもんで乳化させる。

ヴィネーグル・レデュイ

1 … 鍋に赤ワインヴィネガー10に対し、黒糖（沖縄産）3を合わせて火にかけ、焦げつかないように混ぜながら糖度72度になるまで煮詰める。

2 … **1**を室温に冷まし、自家製うるかを加え混ぜる。

小松菜

1 … コマツナを塩ゆでする。

2 … 鍋にバターと水を入れて火にかけて混ぜ、乳化させる。水気を絞った**1**を加えて和える。

仕上げ

1 … 皿の左奥から左手前にかけて、弧を描くようにヴィネーグル・レデュイを刷毛でぬる。その際、濃度が奥は濃く、手前は薄くなるようにする。

2 … 低速調理した鮎の上身を皿の左手前に、下身を中央奥に置く。

3 … 皿の右手前に小松菜を置く。

4 … アユの周囲にチーズおろしですりおろしたラディッシュ、きざんだエストラゴン、花穂ジソを散らす。

no.02

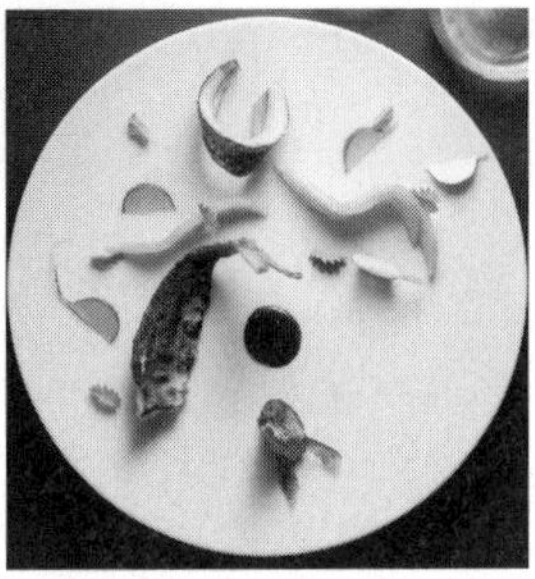

美しい夏の風景〜2013
生き生きと焼いた鮎をその澄んだジュと肝の苦みのガストリックと山山椒のオイル、マンゴー、ラディッシュ、パンプルネル

〔作り方〕

下処理

1 … アユを二枚におろす（下身に中骨と尾が残るようにする）。頭と内臓は取りおく。

2 … **1**のアユの上身に塩をふり、冷蔵庫で一晩おく。腹骨はすき取る。

3 … **1**のアユの下身は塩をふらず、冷蔵庫で一晩おく。

鮎の頭のフリット

1 … アユの頭を70℃のコンベクションオーブンで3時間加熱し、乾燥させる。

2 … **1**を180℃の太白ゴマ油で香ばしく揚げる。冷ます。

3 … 備長炭に油を落として**2**を燻し、サラマンドルで加熱して香ばしく仕上げる。

速醸うるか

1 … アユの内臓に重量の10%の塩をふる。ザルに取って冷蔵庫に入れ、4時間おいて水分を落とす。

2 … **1**を目の細かな裏漉し器で裏漉す。

3 … **2**を専用の袋に入れて真空にか

ける。沸騰した湯で袋ごと3分間加熱する。氷水に取り急冷する。脂肪分が分離するので、袋をもんで混ぜ合わせる。

香ばしく焼いた鮎

1 … 下処理したアユの下身（中骨と尾が残っている側）に塩をふる。

2 … フライパンに深さ1cmほどピーナッツ油を入れ、160°Cに熱する。1のアユの尾をサラダ油に浸して揚げる。

3 … 2のアユの中骨が付いている面をフライパンに押し付けるようにして、香ばしく揚げる（その際、身の頭側、真ん中、尾側と3エリアに分けて順番に揚げて、アユの身を反らせる。各エリアの加熱時間は1分間を目安とする）。

4 … 3のアユの皮目に速醸うるかをぬり、バーナーであぶる。中骨が付いている面もバーナーであぶる。

ふっくらと焼いた鮎

1 … 下処理したアユの上身の身側に、業務用ヘアードライヤーで熱風を当てる。表面温度が40～45°Cを保つように調整し、加熱時間は1分半を目安としてふっくらと仕上げる。

2 … 1のアユの皮目をバーナーであぶる。

うるかの苦みのガストリック

1 … 鍋に赤ワインヴィネガーと、赤ワインヴィネガーの1/10量の黒糖（沖縄県産）を合わせて火にかけ、焦げつかないように混ぜながら糖度80度になるまで煮詰める。

2 … 1を室温で冷まし、速醸うるかを加え混ぜる。

山山椒のオイル

1 … 山ザンショウを押しつぶし、ボウルに入れる。

2 … 山ザンショウの重量の2倍の太白ゴマ油を140°Cに熱し、1にかける。冷ます。

マンゴー

マンゴーの皮をむき、皮のすぐ内側の果肉を2mm幅の薄切りにする。山山椒のオイルをぬる。

鮎のアイスフィルトレーション・コンソメ

1 … アユをぶつ切りにし、160°Cのコンベクションオーブンで1時間加熱する。

2 … 1ときざんだエシャロットをスュエし、白ワイン、水を合わせて強火で煮たてる。漉して冷まし、冷凍する。

3 … 2が脂肪分とそれ以外に分離するので、脂肪分を取り除く。

4 … 3を凍ったままの状態でペーパータオルを敷いたシノワに取り、冷蔵庫に入れる。24時間ほどかけて、徐々に溶かしながら漉す。すべてが溶けきると雑味が出るので、途中で取り出すようにする。

＊アイスフィルトレーション … アイスフィルトレーションとは、コンソメのベースとなる不純物が混在する液体をいったん凍らせて、ゆっくりと解凍しながら、自らのゼラチン質に不純物をからめ取らせ清澄する手法のこと。これにより雑味がなく、凝縮感のあるだしがとれる。

仕上げ

1 … 皿の手前から時計回りに、鮎の頭のフリット、香ばしく焼いた鮎、マンゴー、ふっくらと焼いた鮎、マンゴーの順に盛る。中心にうるかの苦みのガストリックを流し、厚さ2mmの串切りにしたラディッシュとサラダバーネットを散らす。

2 … まず、鮎のアイスフィルトレーション・コンソメを器に入れて提供し、味わうようお客にすすめる。次に、1を提供する。

3 … お客が食べ終えたら、空になった鮎のアイスフィルトレーション・コンソメの器に日本酒を注ぎ、提供する。

Dialogue #02

no.03

いわて短角和牛／いちほのロティ
ブルグールと鰻のリゾット添え

［作り方］

牛イチボのロティ

1 … 牛（岩手県産日本短角種）のイチボ肉を200gほどの塊に切り出し、常温にもどす。

2 … 1に塩とコショウをふり、オリーブオイルを熱したフライパンで全面に焼き色を付ける。

3 … 2のイチボ肉をサラマンドルに移す。1分半加熱しては5分間やすませる工程を2回くり返す。

4 … 鍋にソース・ボルドレーズ（後述）を入れて58°Cに熱し、3のイチボ肉を入れる。7分間加熱する。

5 … 4を炭火であぶり、香りを立たせる。側面を切り落とし、厚さ2cmほどに切り整える。

ソース・ボルドレーズ

1 … きざんだニンニクとエシャロット、赤ワイン、赤ワインの1/3量のポルトを合わせて1/6量まで煮詰める。

2 … 1にフォン・ブラン（解説省略）を加えて1/4量まで煮詰める。

鰻のリゾット

1 … ウナギを背開きにして、サラマンドルで下焼きする。

2 … 1をスチコンに入れ、90°C・湿度100%で25分間蒸す。

3 … 鍋にバルサミコ酢、ポルト、赤ワインを同量ずつ合わせて1/6量まで煮詰める。フォン・ブランを加えてさらに1/4量になるまで煮詰める。

4 … 2の全面に3をぬり、炭火であぶる。これを3回ほどくり返し、蒲焼きにする。

5 … 下ゆでしたブルガー小麦、ざく切りにした4、フォン・ブランを合わせて炊く。ブルガー小麦が柔らかくなったら生クリームを加え、さっくりと混ぜる。

6 … 5にE.V.オリーブオイル、すりおろしたパルミジャーノ、すりおろしたワサビ、きざんだ木の芽を加える。

昆布風味のキュウリ

1 … キュウリを塩ずりして、包丁で叩く。そのまま3時間おいて水気を出す。これを流水で洗う。

2 … 昆布水に1を浸し、半日おいて浅漬けにする。

3 … 2の水気をふき取り、太白ゴマ油で和える。

＊昆布水 … 水に昆布を浸けて8時間おき、漉したもの。

キュウリのピュレ

1 … キュウリを皮ごとすりおろす。紙漉しして、水気をきる。

2 … 1にハチミツ、米酢（千鳥酢）、塩を加えて混ぜる。

仕上げ

1 … 皿の中心にソース・ボルドレーズを流す。

2 … ソースの左上に鰻のリゾットを盛り、昆布風味のキュウリを散らす。その上に牛イチボのつけ焼きをのせ、粗く砕いた黒粒コショウとフルール・ド・セルを散らす。

3 … 皿の右下にクネル形にとったキュウリのピュレを置く。スベリヒユの葉をあしらう。

no.04

枝豆のミジョテ／
バスク キントア豚のムース
モンサンミッシェル産ムール貝の
マリニエール

［作り方］

枝豆のミジョテ

1 … わらの香りのブイヨンを作る。鍋にきざんだエシャロットと薄切りにしたラルドを炒め、フォン・ド・ヴォライユ（解説省略）、ムールの蒸し汁を加えて

煮る。
2 … 1にわらを加えて蓋をし、弱火で3分間ほどアンフュゼする。漉す。
3 … エダマメのサヤの両端を切り落とし、塩もみする。塩ゆでし、豆を取り出す。
4 … 3と、3の重量の1/3量の水を合わせてパコジェット専用容器に入れ、冷凍する。
5 … 2にパコジェットにかけて粉砕した4と、3と同様に塩ゆでしてサヤから取り出したエダマメを入れて温める。塩で調味する。
＊ラルド … バスク豚の脂に1.5%の塩とローリエ、タイム、ローズマリーをまぶして1週間ねかせた自家製品。

ムール
1 … ムールの殻を洗ってヒゲを取り、蒸す。
2 … それぞれみじん切りにしたニンニク、セロリ、タマネギ、ニンジンをオリーブオイルを敷いたフライパンで炒める。
2 … 殻をはずした1を2に加えて軽く炒め、きざんだコリアンドルの葉を加える。

バスクキントア豚のムース
わらの香りのブイヨンに薄切りのラルドを加え、サーモミックスで撹拌する。サイフォンに詰め、ガスを充填する。

サラダ
ハーブ類（スベリヒユ、青芽、紫芽など）をヴィネグレットで和える。

仕上げ
皿に枝豆のミジョテを流し、右上にムールをのせる。バスクキントア豚のムースを絞り出し、サラダを散らす。

Dialogue #03

no.05

アニョロッティ・ダル・プリン

［作り方］
アニョロッティ・ダル・プリンの生地
1 … 中力粉300g、全卵2個、卵黄2個分、塩4.5gを合わせ、全体がまとまる程度に混ぜる。ラップ紙で包んで冷蔵庫で6時間やすませる。
2 … 1をくり返しパスタマシンにかけ、1mmほどの厚さにのばす。
3 … 2を21cm×25cmにカットし、空気が入らないよう、ていねいにラップ紙で覆って密封し、冷蔵庫で保管する。この際、余分な空気が入るため、生地に粉はまぶさない。

詰めもの
1 … 仔牛（骨付き）の端肉、仔ウサギ（骨付き）の端肉、サルシッチャ（自家製）、タマネギをそれぞれ適宜の大きさに切る。
2 … フライパンに薄くオリーブオイルを引き、1を入れ、少量の塩をふって軽く炒める。肉がうっすらキツネ色に色づいてきたら鶏のブロード（解説省略）を注いで水分がほぼなくなるまで炊く。
3 … リゾットを作る。別のフライパンにバターを熱し、米を炒める。米が透き通ってきたら白ワインと鶏のブロードを注ぎ、柔らかめに煮上げる。すりおろしたパルミジャーノを混ぜ込む。
4 … 手でほぐした2に3と溶いた全卵を加え、混ぜる。

アニョロッティ・ダル・プリンの成形
1 … アニョロッティ・ダル・プリンの生地を冷蔵庫から取り出し、ラップ紙をはずす。
2 … 詰めものを絞り袋に入れ、1の生地の中心ラインに4cm間隔で小指の先ほどの大きさに絞り出す。生地を二つ折りにして詰めものを包む。
3 … 2の生地の詰めものに接する両端を指でつまみ、空気を押し出すようにしながら生地を密着させる。余分な生地を波形カッターで切り取り、指でつまんだ部分で切り分ける。

仕上げ
1 … 成形したアニョロッティ・ダル・プリンを塩湯で30秒間ほどゆでる。
2 … フライパンにバターとセージを熱して香りを移し、ゆで上げた1を加える。
3 … 2に少量の塩とすりおろしたパルミジャーノを加えて和える。

no.06

白子のアニョロッティ・ダル・プリン
タラ、ジャガイモ、
トリュフ、うずら豆

［作り方］
アニョロッティ・ダル・プリンの生地
1 … 中力粉300g、全卵2個、卵黄2個分、塩4.5gを合わせ、全体がまとまる程度に混ぜる。ラップ紙で包んで冷蔵庫で6時間やすませる。
2 … 1をくり返しパスタマシンにかけ、1mmほどの厚さにのばす。
3 … 2を21cm×25cmにカットし、空気が入らないよう、ていねいにラップ紙で覆って密封し、冷蔵庫で保管する。この際、余分な空気が入るのを防ぐため、生地に粉はまぶさない。

詰めもの
1 … マダラの白子に塩をふり、包丁で叩く。余計な筋や薄皮を取り除く。
2 … 1をボウルにとり、葛粉をふって粘り気が出るまで混ぜる。
3 … 2を沸騰した塩湯でゆがく。アクが出たら除く。ザルに上げ、水気をきる。

アニョロッティ・ダル・プリンの成形
1 … アニョロッティ・ダル・プリンの生地を冷蔵庫から取り出し、ラップ紙をはずす。
2 … 1の生地の中心ラインに沿って、約10cm間隔で詰めものを15gずつ置く。生地を二つ折りにして詰めものを包む。
3 … 2の生地の詰めものに接する両端を指でつまみ、空気を押し出すようにしながら生地を密着させる。余分な生地を波刃カッターで切り取り、指でつまんだ部分で切り分ける。

ジャガイモのソース
1 … マダラを三枚におろす。身に重量の1.5%の塩をまぶし、3時間おく。水気をきる。
2 … 鍋に水と牛乳を1:1で合わせ、ローズマリーを加える。1を加えて火にかけ、沸騰しない温度を保ちながら、マダラに火が通るまで加熱する。
3 … 2のマダラの身を、線維に沿って粗くほぐす。
4 … ジャガイモ（インカのめざめ）の皮をむいて鶏のブロード（解説省略）でゆでる。裏漉しし、水と鶏のブイヨン（解説省略）を加えてなめらかにのばす。
5 … 3、4を合わせ、トリュフペースト（解説省略）を加えて混ぜる。

うずら豆のソース
1 … ウズラマメをゆでてミキサーにかける。
2 … 1にウズラマメのゆで汁と少量の生クリームを加えてなめらかにのばす。

仕上げ
1 … アニョロッティ・ダル・プリンを塩湯でゆでる。ゆで時間は2～3分間ほどを目安に、やや柔らかめに仕上げる。
2 … フライパンにジャガイモのソースを入れて温める。1のアニョロッティ・ダル・プリンを加え、ソースと和える。
3 … 2を皿に盛る。半割にしたケイパーを散らし、うずら豆のソースを流す。タイムの葉とセルフイユの葉をあしらい、トリュフのせん切りをのせる。
＊ケイパー … 塩漬けのケイパーを塩抜きして酢漬けにしたもの。

Dialogue #04

no.07

スフレ・ファーブルトン
塩キャラメルとシードルヴィネガーの
ソース

［材料］
スフレ・ファーブルトン
（直径7cm×高さ4cmのココット4個分）
プルーン風味の
クレーム・パティシエール
（でき上がりから100gを使用）
ヴァニラビーンズ … ¼本
牛乳 … 250g
生クリーム（乳脂肪分38%）… 50g
卵黄 … 5個分
グラニュー糖 … 35g
薄力粉 … 16g
ベーキングパウダー … 2g
コーンスターチ … 5g
塩 … 3g
プルーン（セミドライ）… 250g
ラム酒 … 35g
メレンゲ
卵白 … 100g
グラニュー糖 … 30g
カソナード … 適量
クランブル … 適量
塩キャラメルとシードルヴィネガーの
ソース（約10人分）
グラニュー糖 … 60g
ハチミツ … 30g
水 … 100g
生クリーム（乳脂肪分38%）… 150g
塩 …1g
シードルヴィネガー
レシチン … 各適量
仕上げ
粉糖 … 適量
［作り方］
スフレ・ファーブルトン
1 … プルーン風味のクレーム・パティシエール（後述）をボウルにとり、湯煎にかけて温める。
2 … メレンゲを作る。ミキサーで卵白を撹拌する。泡立ってきたらグラニュー糖を3回に分けて加えながら徐々にミキサーの速度を速め、七分立てに仕上げる。
3 … **1**に**2**の半量を加えてヘラで混ぜる。残りの半量も加え、メレンゲをつぶすようにして混ぜ、なじませる。
4 … バター（分量外）をぬりカソナードをまぶしたココットに**3**を流し入れる。その際、**3**が容器の縁に接する部分をぐるりと指先でぬぐって、溝をつける。中央にクランブル（解説省略）を散らす。
5 … **4**を180～200℃のオーブンで10分間加熱する。コンベクションオーブンを使う場合は160℃で5分30秒～6分間を目安とする。
プルーン風味の
クレーム・パティシエール
1 … ヴァニラビーンズのサヤを縦に裂き、種を取り出して、牛乳と生クリームを入れた鍋に加える。サヤも加えて火にかけ、沸騰直前まで温める。
2 … ボウルに卵黄を入れ、泡立て器でほぐす。グラニュー糖を加え、白っぽくなるまで混ぜる。
3 … **2**にふるった薄力粉、ベーキングパウダー、コーンスターチ、塩を加え混ぜる。
4 … **3**に**1**を少量ずつ加えながら、よく混ぜる。
5 … **4**を漉して鍋に移し、泡立て器で混ぜながら加熱する。とろりとしてきたら火を止め、プルーンとともににロボクープにかける。
6 … **5**にラム酒を加え混ぜ、冷蔵庫で保管する。
塩キャラメルとシードルヴィネガーの
ソース
1 … グラニュー糖、ハチミツ、水を火にかける。カラメル色に色づいたら火からはずし、温めておいた生クリームを加える。塩を加え混ぜ、シノワで漉す。
2 … シードルヴィネガーにレシチンを加えて泡立てる。
3 … 容器に**1**を流し、**2**をのせる。
仕上げ
1 … スフレ・ファーブルトンに茶漉しで粉糖をふる。
2 … **1**とソースを容器ごと皿にのせ、提供する。

no.08

「ブルターニュ」への敬意を表して……
鮑とプルーンのガレット
その肝と海苔のピュレ、
おかひじきのフリット添え

コキヤージュのバヴァロア
1 … ジュ・ド・コキヤージュを濃度がつくまで煮詰める。
2 … もどした板ゼラチンとヤオルトシャンティを**1**に加え、混ぜ合わせる。
＊ジュ・ド・コキヤージュ … ムールの蒸し汁。
＊ヤオルトシャンティ … ホイップすることができるヨーグルト風発酵乳。製菓材料として使われることが多いが、ムースを仕立てる際にも活用できる。
蒸し鮑
1 … アワビを掃除する。昆布で身の部分を包み、少量のブイヨン・ド・ヴォライユ（解説省略）とともに専用の袋に入れて真空にかける。
2 … **1**を80℃のスチコンで10時間蒸す。
3 … **2**のアワビを袋から出し、幅2cm×長さ10cmほどの棒状に切る。肝は取りおく。
プルーン
1 … プルーン（セミドライ）を少量のレモン果汁とともに専用の袋に入れ、真空にかける。
2 … **1**を冷蔵庫で一晩おき、マリネする。
3 … **2**のプルーンを袋から出し、ひと口大に切る。
ガレットの生地
1 … ソバ粉375g、全卵1個、塩9g、ハチミツ30g、水525g、牛乳525gをダマにならないよう混ぜ合わせ、一晩冷蔵庫でねかせる。
2 … 薄くサラダ油を敷いたフライパンで、**1**をやや厚め（厚さ2～3mm）に焼く。
鮑とプルーンのガレットの成形
1 … ラップ紙を広げ、コキヤージュのバヴァロアをのせる。上に蒸し鮑とプルーンをのせ、さらにコキヤージュのバヴァロアをかぶせる。蒸し鮑が芯になるようにラップ紙を巻き付けて、長さ10cm、直径2～3cmの円柱状に形を整える。冷蔵庫に入れて締める。
2 … ガレット生地を幅10cm×長さ15cmに切り出す。上にクリームチーズをぬる。
3 … ラップ紙を広げ、**2**をのせる。その上にラップ紙をはずした**1**をのせ、ラップ紙を利用してガレット生地でバヴァロアを巻く。余計な生地を切り取り、ラップ紙の両端を絞るようにして全体の形を整える。しばらく冷蔵庫において締める。
4 … **3**を幅3cmほどに切り分け、ラップ紙をはずす。上にカソナードを散らし、さっとバーナーであぶってカラメリゼする（複数個を同時にカラメリゼする場合は、間にアルミ箔を挟んでバーナーであぶると、カラメリゼした部分がはがれ落ちず、かつバヴァロアやクリームチーズを溶かさずに作業できる）。
鮑の肝のピュレ
1 … 蒸し鮑の肝を裏漉しする。少量の水を加えてミキサーにかける。
2 … プルーン（レモン果汁とともにマリネしたもの）をミキサーにかける。
3 … **1**と**2**を合わせる。
海苔のピュレ
生ノリをミキサーにかける。
おかひじきのフリット
オカヒジキを中温のオリーブオイルで素揚げする。
仕上げ
1 … 皿の奥側に、鮑とプルーンのガレットを2切れのせる。
2 … コルネに鮑の肝のピュレを入れる。**1**の鮑とプルーンのガレットを出発点に、皿の手前側に向かって、波を描くように鮑の肝のピュレを絞る。
3 … 別のコルネに海苔のピュレを入れる。**2**の鮑の肝のピュレに沿って、海苔のピュレを点描する。
4 … おかひじきのフリットを添える。

Dialogue #05

no.09

ピレネー産乳飲み仔豚のロースト
キャベツのデクリネゾン

［作り方］

ピレネー産乳飲み仔豚のロースト

1 … 乳飲み仔豚（フランス・ピレネー産）の骨付きロース肉（約450g）の皮のみを熱湯に浸けて下ゆでする（肉は熱さない）。

2 … 剣山状の肉叩きで**1**の皮を叩き、穴をあける（肉まで貫通しないように注意する）。

3 … 塩と重曹を3:1の割合で合わせたものを**2**の皮にまぶし、皮を下にしてバットに置く。ラップ紙をかけて5〜6時間マリネする。

4 … **3**の皮を湯で洗い、塩と重曹を落とす。

5 … **4**を鈎に吊るし、涼しい場所で3日間ほど、肉から適度に水分が抜けて飴色になるまで風干しする。

6 … **5**の肉の部分をアルミ箔で包んで保護し、皮を上にして弱火のサラマンドルで加熱する。皮の全面がこんがりと色づいてふくらみ、爆ぜるようになるまで熱する。

7 … **6**のアルミ箔をはずし、皮を上にして250℃のオーブンに入れる。1分30秒〜2分間入れては取り出し、同じ時間やすませる作業を1時間〜1時間30分ほどくり返し、皮はパリパリ、肉はしっとりとするように火を入れる。

8 … **7**の肉から骨を切りはずす。肉の先端の厚みがない部分を切り落として取りおく。

ソース

1 … 豚の骨を適宜の大きさに切り、250℃のオーブンでこんがりと焼く。

2 … **1**、ざく切りにしたニンジン、タマネギ、セロリ、鶏のブイヨン（解説省略）を鍋に入れて5時間ほど煮出し、漉す。

3 … **2**を濃度がつくまで煮詰め、タイムを加えて軽く煮詰める。

4 … **3**を漉して塩で味をととのえる。

キャベツのジュ

1 … フライパンに太白ゴマ油を熱し、細切りにしたキャベツを色づくまで炒める。

2 … **1**に水を加え、1時間ほど煮る。漉す。

3 … **2**を濃度がつくまで煮詰める。

炭のオイル

熾した炭を太白ゴマ油に浸ける。漉す。

付合せ

1 … シュークルート（自家製）をミキサーにかけてピュレにする。

2 … 黒キャベツの葉を適宜の大きさに切り、高温の大豆油で揚げる。

3 … 芽キャベツを軽く塩ゆでして、塩とE.V.オリーブオイルで和える。

4 … フライパンにバターを熱し、塩ゆでしたチリメンキャベツを入れて和える。塩をふる。

＊シュークルート（自家製）… 細切りにしたキャベツに塩、ネズの実、クローヴ、ローリエ、タカノツメ、八角、黒粒コショウを加えて重しをし、水が上がってくるまで常温におく。上がってきた水を捨てたら冷蔵庫に移し、毎日混ぜながら10日間（冬場の場合）ほどねかせる。発酵期間をやや短めとし、あっさりとした酸味を出している。

仕上げ

1 … 皿に付合せのチリメンキャベツを盛り、厚さ2cmほどに切ったピレネー産乳飲み仔豚のローストをのせ、フルール・ド・セルをふる。

2 … 皿の余白に切り落とした肉の先端部分とクネル形にとったシュークルートのピュレを盛り、付合せの芽キャベツをあしらう。キャベツのジュをたらす。

3 … **1**に付合せの黒キャベツを添え、ソースを流す。ソースに炭のオイルを数滴たらす。

no.10

乳飲み仔豚のクルスティアン、
シトロンとココ、ポワソンのジュで

［作り方］

ピレネー産乳飲み仔豚のロースト

1 … 乳飲み仔豚（フランス・ピレネー産）の骨付きロース肉（約500g）の皮のみを熱湯に浸けて下ゆでする（肉は熱さない）。

2 … 剣山状の肉叩きで**1**の皮を叩き、穴を開ける（肉まで貫通しないように注意する）。

3 … 塩と重曹を3対1の割合で合わせたものを**2**の皮にすり込み、皮を下にしてバットに置く。ラップ紙をかけて5〜6時間マリネする。

4 … **3**の皮を湯で洗い、塩と重曹を落とす。

5 … **4**を鈎に吊るし、涼しい場所で3日間ほど、肉から適度に水分が抜けて飴色になるまで風干しする。

6 … **5**の肉を2人分（約180g）の大きさに切る。

7 … **6**の肉の部分をアルミ箔でくるんで保護し、皮を上にしてサラマンドルで加熱する。皮の全面が黒焦げになるまで熱する。

8 … **7**の肉を取り出してアルミ箔をはずす。皮の黒く焦げた層を包丁などでこそげ落とす。

9 … **8**の肉を皮を上にして250℃のオーブンに入れる。1分半〜2分間入れては取り出し、同じ時間やすませる作業を1時間〜1時間半ほどくり返し、皮はパリパリ、肉はしっとりとするように火を入れる。

10 … **9**の肉から骨を切りはずす。肉の先端の厚みがない部分を切り落として取りおく。

ポワソンのジュ

1 … 白身魚（ハタ、ヒラスズキ、ヒラメなど）のアラをオリーブオイルで炒める。

2 … **1**に白ワイン、水、トマトコンサントレ、薄切りにしたタマネギ、ニンジン、セロリ、ブーケガルニを加えて2時間ほど煮る。漉して冷ます。

3 … **2**を鍋に移す。卵白ときざんだタマネギ、ニンジン、セロリを加えて火にかけ、クラリフィエする。漉す。

4 … **3**を濃度がつくまで煮詰める。

ココナッツミルクの泡

1 … ココナッツミルクにセージを入れ、70℃に設定したディッシュウォーマーに入れて4時間おく。

2 … **1**を漉してハンドミキサーで泡立てる。

シトロン・コンフィ・サレ

1 … シトロン・コンフィ・サレをミキサーにかけてピュレにする。

2 … **1**にE.V.オリーブオイルを混ぜる。

＊シトロン・コンフィ・サレ … レモンを塩漬けして3ヵ月間ほどおき、発酵させたもの。

しゃくし菜

1 … シャクシナを塩ゆでする。

2 … フライパンにバターを熱し、**1**と少量の水を入れてさっと和える。塩で味をととのえる。

仕上げ

1 … 皿にシトロン・コンフィ・サレとしゃくし菜を盛る。

2 … **1**の上にピレネー産乳飲み仔豚のローストをのせ、ポワソンのジュを流す。ココナッツミルクの泡を添え、食用花と野草（グーラッシュ、タネツケバナ）をあしらう。乳飲み仔豚のローストに、フルール・ド・セルをふる。

3 … **2**に乳飲み仔豚のローストの切り落とした部分を添える。

Dialogue #06

no.11

煮物椀　清汁仕立て
蛤しんじょう　筍　蓬豆腐
木の芽

［作り方］

蛤しんじょう

1 … ハマグリの殻をはずし、貝柱を取り除いて身を三等分する。殻に残った汁は紙漉しして取りおく。

2 … すり鉢に白身魚のすり身を入れてすりこぎでよくする。卵黄と太白ゴマ油を乳化させたものを加えてさらにすり、二番だし（解説省略）で溶いた吉野葛でのばす。1で取りおいたハマグリの汁を加え、味を調整する。

3 … 適量の2を手のひらに取り、1のハマグリをのせてラグビーボール形に成形する。

4 … 3を蒸し器で10分間ほど蒸す。

蓬豆腐

1 … 二番だしとすりゴマ、葛粉を合わせてよく溶き、すいのうで漉す。

2 … 1を鍋に入れて火にかけ、よく練る。練り上がりにヨモギを加えて混ぜ、全体をなじませる。

3 … 2を流し缶に流し、腰水で粗熱をとってから冷蔵庫で冷やす。

4 … 3を流し缶からはずし、1人分の大きさ（5cm×3cm程度）に切る。提供前に蒸し器で温める。

＊ヨモギ … 乾燥のパウダーと冷凍のペーストを合わせて使用。

筍

1 … タケノコを糠ゆがきする。

2 … 1を流水で洗い、再度水からゆがく。

3 … 2を適宜の大きさに切り、二番だしに少量の淡口醤油を加えた地で炊く。

一番だし

1 … 前日に昆布（利尻昆布）の表面を水で手早く洗い、竹の皮で束ねて一晩吊るしておく。

2 … 鍋に水を張り、竹の皮をはずした1の昆布を入れて加熱する。

3 … 2が70～75℃になったらその温度を保ちながら30～40分間静かに煮出す。

4 … 3から昆布を取り出し、火力を強めて温度を上げる。

5 … 4が沸騰する直前に、削ったマグロ節を加える。アクをすくい、火を止めてそのまま20分間ほど静置する。

6 … 5をネル生地で自然に漉す（絶対に絞らない）。

仕上げ

1 … 椀に蛤しんじょう、蓬豆腐、筍を盛る。

2 … 一番だしに塩と淡口醤油を加えて味をととのえた吸い地を熱々に熱し、1に張る。

3 … 2に木ノ芽を添える。

no.12

煮物椀
蛤しんじょう
～薫風～

［作り方］

蛤しんじょう

1 … ハマグリの殻をはずし、貝柱を取り除く。身を約7mm角に切る。残った汁は紙漉しして取りおく。

2 … すり鉢に白身魚のすり身を入れてよくする。卵黄と太白ゴマ油を合わせて乳化させたもの、葛を溶いた二番だし（解説省略）、1の汁の一部を加えてさらにすり、いったん取り出す。

3 … すり鉢にヨモギのペーストを入れてする。2の一部を加え、すり混ぜて全体をなじませる。

4 … 3に八分立てにした卵白を加え、サッと混ぜ合わせる。

5 … 4を10gほど手のひらにとってざんぐりとしたラグビーボール形に成形し、蒸し器で2～3分間蒸す。

6 … 残りの2をボウルに入れ、1のハマグリの身を加えて混ぜ合わせる。再度、ハマグリの汁を加えて味と硬さを調整する。八分立てにした卵白を加えてサッと混ぜ合わせる。

7 … 6を40gほど手のひらに取り、5をのせる。5を包み込むようにして、饅頭形に成形する。蒸し器で5分間ほど蒸して六割方火を通す。

8 … 桜の葉の塩漬けを水に浸けて塩抜きする。これを湯に浸して香りを抽出し、漉して冷ます。そこに葛を溶かして漉した後、鍋に入れて火にかける。固まりはじめたら火からはずし、さらに練って糊状にする。

9 … 7の表面を8でコーティングする。

10 … 9を蒸し器で4～5分間ほど蒸す。

一番だし

1 … 昆布（利尻昆布）の表面を水で手早く洗い、竹の皮で束ねて一晩吊るしておく。

2 … 鍋に水を張り、昆布を入れて加熱する。

3 … 2が70～75℃になったら温度を保ちながら30～40分間静かに煮出す。

4 … 3から昆布を取り出し、火力を強めて温度を上げる。

5 … 4が沸騰する直前に、削ったマグロ節を加える。アクをすくい、火を止めてそのまま20分間ほど静置する。

6 … 5をネル生地で自然に漉す（絶対に絞らない）。

仕上げ

1 … 椀に蛤しんじょうを盛る。

2 … 一番だしにハマグリの汁と酒、ごく少量の塩と淡口醤油を加えて味をととのえた吸い地を熱々に熱し、1の蛤しんじょうが少し浸る程度に張る。

Dialogue #07

no.13

八色しいたけのタルト

［作り方］

干しシイタケの下処理

干しシイタケをひたひたの水に浸けてもどし、水気を絞ってみじん切りにする。もどし汁は漉して取りおく。

マッシュルームの下処理

1 … マッシュルームを小角切りにする。

2 … フライパンにサラダ油を敷き、1を強火で炒める。時折あおって水分をとばし、茶色く色づいてきたらバターを加える。中火にして全体をなじませる。

3 … 2が均等に色づいたら火を止める。塩をふり、ザルにとって油をきる。

4 … 3をフード・プロセッサーにかける。

シャンピニョン・デュクセル

1 … 鍋にバターを溶かし、みじん切りにしたパンチェッタを炒める。脂が溶けはじめたらみじん切りにしたニンニクとエシャロットを加えて炒める。

2 … エシャロットが透明になったら下処理した干しシイタケを加え、弱火で3分間ほど炒める。

3 … 2に干しシイタケのもどし汁を少量加え、全体をなじませながら水分がなくなるまで炒める。

4 … 3に下処理したシマッシュルームを加え、軽く炒める。塩と黒コショウで味をととのえる。

八色しいたけのタルト

1 … 鋳鉄製のココットにシャンピニョン・デュクセルを入れ、弱火で炒める。生クリーム、みじん切りにしたイタリアンパセリ、コショウを加えて全体をなじませる。

2 … シイタケの石突を落とし、傘の部分を幅1cmに切る。

3 … 強火で熱したプランチャ（またはフライパン）にサラダ油を敷き、2を並べる。溶かしバターをかけて焼く。片面が色づいたら表裏を返し、両面がこんがりと焼けたら網にとる。

4 … 6cm×7cmに切って焼成したフイユタージュ（解説省略）に1をたっぷりとぬり、平らにならす。3をきれいに並べ、サラマンドルで温める。

5 … ごく薄くスライスしたラルドをラップ紙にのせ、イタリアンパセリの葉を数枚のせたものを用意する。これを4にかぶせ、ラップ紙をはがす。

＊シイタケ … 新潟県産八色しいたけを使用。菌床の上部一面だけを使う「上面栽培」を採用しており、大きく肉厚に育つのが特徴。

ジュ・ド・ポー

ジュ・ド・ポー（豚のジュ。解説省略）を軽く煮詰める。塩で味をととのえる。

ルーコラ・セルヴァティカのピュレ

1 … ルーコラ・セルヴァティカをゆがき、水気をきる。

2 … 1とE.V.オリーブオイルをミキサーにかける。

干しシイタケのヴィネグレット

1 … 干しシイタケを低温のオーブンに入れてさらに乾燥させる。ミキサーにかけてパウダー状にする。

2 … 1を湯に入れてもどす。

3 … 赤ワインヴィネガー、シェリーヴィネガー、サラダ油を合わせてヴィネグレットを作る。2を加え、塩とコショウで味をととのえる。

仕上げ

1 … 皿に八色しいたけのタルトを盛り、ジュ・ド・ポーと干しシイタケのヴィネグレットをかける。

2 … 1の周囲にルーコラ・セルヴァティカのピュレと干しシイタケのヴィネグレットを流し、サラダ（ルーコラ・セルヴァティカ、ロケット、クレソン）をあしらう。

no. 14

ブルターニュ産オマール海老を
オーロラソースで
ハーブの香るズッキーニと
マンゴーを添えて

［作り方］

オマールのティエド

1 … オマール（ブルターニュ産）を熱湯でさっと締めて頭、胴、爪に分ける。頭はソース用に取りおく。

2 … 1の爪のうち、大きな爪は3分半、小さな爪は2分半、それぞれ熱湯でゆでる。1分間ほどおいてから爪の殻をはずす。

3 … 1の胴を半割にして、断面にカレー粉をふる。プランチャで断面をさっと焼き、表裏を返して殻もさっと焼く。

4 … 3の殻を上にしてサラマンドルに入れ、遠火でゆっくりと火を入れる。

5 … 提供直前に、2にカレー粉をふってサラマンドルで温める。

オーロラソース

1 … 取りおいたオマールの頭をぶつ切りにしてオリーブオイルで炒める。

2 … 1にコニャック、白ワイン、トマトペースト、ざく切りにしたトマトを加えて水分がなくなるまで炒める。

3 … 別のフライパンできざんだニンニク、セロリ、ニンジンをオリーブオイルで炒め、2に加える。

4 … 3に水を加えて30分間ほど炊き、漉す。濃度がつくまで煮詰める。

5 … 4にソース・マヨネーズ（解説省略）とケチャップを加え、味をととのえる。

付合せ

1 … ズッキーニをせん切りにしてオリーブオイルで炒め、塩で味をととのえる。冷ます。

2 … 1にきざんだスペアミントをまぶす。

3 … マンゴーの皮をむいて角切りにする。ショウガのコンフィ、きざんだレモンの塩漬けの皮、きざんだコリアンダーの葉、E.V.オリーブオイル、レモン果汁と合わせて和える。

＊ショウガのコンフィ … 皮をむいたショウガをみじん切りにして、オリーブオイルを引いた鍋でごく弱火で炊いたもの。

＊レモンの塩漬け … レモン4個に対して塩100g、グラニュー糖20gを合わせて専用の袋に詰め、真空にかける。これを100℃のオーブンで40分間加熱したもの。

仕上げ

1 … 皿にオーロラソースを敷き、殻をはずしたオマールの胴をのせる。

2 … 付合せのズッキーニを盛り、アマランサスの葉をあしらう。

3 … 付合せのマンゴーを盛り、オマールの爪をのせる。アマランサスの葉をあしらう。

Dialogue #08

no. 15

ラカン産仔鳩のロースト
そのジュと内臓のアンチョビ

［作り方］

仔バトの下処理

仔バト（フランス・ラカン産）を半身にさばき、頭、胸肉、腿肉、ガラ、内臓に分ける。内臓は心臓、肝臓、砂肝を使用する。腿肉の骨を脚先まで付いた状態ではずす。

内臓のアンチョビ

1 … 仔バトの心臓を切り開き、肝臓は血栓を取りのぞく。ともに氷を入れたザルに取り、1時間ほど流水にさらして血抜きする。

2 … 1の心臓と肝臓の太い血管を抜く。脱水シートに包んで一晩冷蔵庫におく。

3 … 2を取り出して脱水シートをはずし、バットに移す。多めの塩と黒粒コショウ、ショウガの薄切り、ニンニクの薄切り、タイム、ローリエをまぶし、冷蔵庫に2日間おく。

4 … 3の心臓と肝臓を水で洗い、脱水シートで包んで半日おく。

5 … 66℃に熱したオリーブオイルに4を入れて、芯温が66℃になるまで加熱する。火を止めてそのまま冷ます。

6 … 5の心臓と肝臓を取り出し、裏漉しする。E.V.オリーブオイルに漬けて密閉容器に入れて最低3週間保管する。

ジュ・ド・ピジョン

1 … 仔バトのガラを長さ2cmに切る。

2 … 鍋にオリーブオイルを熱し、半割にしたニンニクを入れる。ニンニクの香りが立ちはじめたら1を入れてよく炒める。

3 … 2の骨がムラなく焼けたらきざんだエシャロットを加え、さらに炒める。

4 … 3に白ワインを加えてアルコール分をとばしつつデグラッセする。

5 … 4に水とフォン・ド・ヴォー（解説省略）をひたひたになるまで注ぐ。ブーケガルニを加えて2時間ほど、アクを取りながら煮詰めて漉す。

胸肉のロースト

1 … 仔バトの胸肉に塩とコショウをふり、オリーブオイルを敷いたフライパンで全体にサッと焼き色をつける。いったん取り出す。

2 … フライパンにオリーブオイルを入れて120℃に熱する。1の胸肉を皮目を下にして入れ、アロゼしながら焼く。2〜3分間ほど焼いては取り出し、温かい場所で5分間ほどやすませる工程を4〜5回くり返し、8割方火を入れる。

3 … 別のフライパンを熱々に熱し、2の胸肉を入れて皮目をパリっとさせる。

4 … 3の胸肉をグリエして仕上げる。

腿肉のクレピネット包み

1 … 仔バトの腿肉をミンチにする。

2 … 1とゆでた豚足・豚耳を3mm角にきざんだものをボウルに入れる。塩、コショウ、ジュ・ド・ピジョン、白ワイン、赤ポルト、きざんだエシャロット、きざんだパセリを加えて練る。

3 … 2を1cm角、長さ5cmほどの棒状に成形し、豚の網脂で包んでフライパンでこんがりと焼く。

＊ゆでた豚足・豚耳 … それぞれ水から5回ゆでこぼした豚足と豚の耳を、豚のノド肉、タマネギ、ニンジン、セロリなどとともに柔かく煮る。肉を取り出して骨をはずし、塩とコショウをふって冷やし固める。

骨のフリット

1 … 仔バトの腿の骨を熱湯で煮てから掃除し、余計な肉や筋を除く。

2 … 1を170℃のオリーブオイルで素揚げし、塩をふる。

砂肝のソテー

1 … 仔バトの砂肝を掃除する。

2 … オリーブオイルを引いたフライパンで1をソテーする。塩とコショウをふる。

頭のロースト

1 … 仔バトの頭の羽毛を抜いて縦半割にする。

2 … フライパンにオリーブオイルを熱し、1を断面を上にして入れる。中までしっかり火を通す。

3 … 2を200℃のオーブンに入れて3分間ほど焼き、塩をふる。

付合せ

1 … フライパンにオリーブオイルを熱し、ニンニクのみじん切りを入れる。適宜に切ったチリメンキャベツを加えてソテーする。

2 … 内臓のアンチョビを1に入れてからめる。

3 … 別のフライパンにオリーブオイルを熱し、ニンニクのみじん切りを入れる。コウタケを入れてソテーする。仕上げにバターを加えて香りをつける。

4 … ルビーオニオンを塩ゆでし、オリーブオイルを熱したフライパンでソテーする。

5 … オキサリスの茎を中温のオリーブオイルで素揚げする。

仕上げ

1 … 皿に付合せのチリメンキャベツとコウタケを盛る。

2 … 1の隣に胸肉のローストを盛り、フルール・ド・セルをふる。

3 … 2の周辺に腿肉のクレピネット包み、骨のフリット、砂肝のソテー、頭のローストをバランスよく盛って付合せのルビーオニオンを散らす。

4 … 3の皿にジュ・ド・ピジョンを流し、内臓のアンチョビを散らす。

5 … 4にオキサリスの葉と素揚げしたオキサリスの茎をあしらい、粗く砕いた黒粒コショウを添える。

---

no.16

麹発酵させたキヌアの温かいタブレ そのエキス

［作り方］

キヌアの下処理

1 … キヌアを6時間水に浸し、ザルに取る。100℃・湿度100%のスチコンで柔らかくなるまで蒸す。

2 … 1のキヌアを平らな鉄板に広げて、温度が38℃になるまで冷ます。

3 … 2のキヌア500gに対して1gの種麹（改良長白菌）をまぶし、手袋をした手でよく混ぜ合わせる。

4 … 3を紙袋に入れて口を閉じる。新聞紙でくるんで保温効果を高め、25℃以上（33℃程度が理想）の場所に15〜20時間おく。発酵がはじまって熱を帯び、表面に白く麹が付いたら、紙袋から取り出して鉄板に広げ、熱を逃がす。再度紙袋に戻して新聞紙でくるみ、25℃以上の場所に24時間おく。

5 … 4を33℃の場所にさらに1日おき、コウジカビがきれいに付いていたら紙袋の上から新聞紙でくるみ、25℃の場所で保管する。

キヌアのタブレ

1 … オリーブオイルを敷いたフライパンできざんだニンニクを炒め、下処理したキヌアを加える。

2 … 1のキヌアの香りが立ってきたら、きざんだエシャロットを加えてさらに炒める。

3 … 2をボウルに移し、トマトのコンカッセ、こまかいみじん切りにしたミント、レモンバーム、バジルを混ぜ込む。塩とコショウで味をととのえる。

キヌアのエキス

1 … オリーブオイルを引いたフライパンで下処理したキヌアを炒める。

2 … 1に水を注いで5〜10分間煮る。塩で味をととのえ、紙漉しする。

3 … 2の漉した液体をレモンバーム、レモングラス、ミント、バジル、タイムを入れたティーポットに移し、アンフュゼする。

仕上げ

1 … 器に塩ゆでしてヴィネグレット（解説省略）をまぶしたミニニンジンを置き、キヌアのタブレをかける。

2 … ナスタチウムの葉、ニンジンの葉、チェンマイレッドの葉を散らし、E.V.オリーブオイルを点描する。

3 … 2に客前でキヌアのエキスを注ぐ。

---

no.17

鴨のロティ 稲わらの香り 肉醤ともろみのソース

［作り方］

鴨のロティ

1 … 真鴨をさばいて腿肉と胸肉（骨付き）を切り出す。塩とコショウをふる。

2 … フライパンにオリーブオイルを入れ、100℃ほどになるまで熱する。1の胸肉を皮目を上にして入れ、オリーブオイルを5秒間ほどアロゼしては肉を取り出し、やすませる工程をくり返す。その間、フライパンの温度を少しずつ上げていく。

3 … 2の胸肉に九割方火が入ったら、皮目をグリエして仕上げる。

4 … 鉄鍋に焼いた石を入れ、稲わらを入れて煙を立たせる。網をわたして3の胸肉を置き、蓋をして1分間燻す。

5 … オリーブオイルを熱したフライパンで1の腿肉を焼く。

もろみ

1 … アワとキビを用意する。前述の「麹発酵させたキヌアの温かいタブレ〜」の「キヌアの下処理」と同様の工程で、それぞれ麹を付ける。

2 … 1のアワとキビを同量ずつ合わせる（Aとする）。ここにAと同量の全粒粉を加え、Aの3倍量の塩分濃度20%の塩水とともに、煮沸消毒した瓶に入れて密閉する。

3 … 2を25℃以下の冷暗所か、冷蔵庫の野菜室におく。毎日瓶を振ったりかき混ぜたりしながら、発酵させる。最短3日間ほどで使いはじめる。

鴨の肉醤

1 … 鴨の首肉、端肉、カットした骨に重量の20%量の塩をふり、煮沸消毒した容器に密閉して冷蔵庫に入れる。そのまま最低1ヵ月間ほどおく。

2 … 1からしみ出てきた水分を紙漉しする。

麹を付けたアワとキビのブイヨン

1 … アワとキビを用意する。前述の「麹発酵させたキヌアの温かいタブレ〜」の「キヌアの下処理」と同様の工程で、それぞれ麹を付ける。

2 … **1**を鍋で乾煎りする。

3 … **2**に水を注ぎ、5〜10分間煮出す。紙漉しする。

肉醤ともろみのソース

1 … もろみ、鴨の肉醤、麹を付けたアワとキビのブイヨンを2対1対5ほどの割合で合わせる。

2 … **1**を火にかけ、バターでモンテする。

レンズ豆のピュレ

1 … レンズマメを用意する。前述の「麹発酵させたキヌアの温かいタブレ〜」の「キヌアの下処理」と同様の工程で、麹を付ける。

2 … 鍋でバターを熱し、**1**を炒める。香りが出たら水を加えて柔らかくなるまで煮る。

3 … **2**にもろみを加え、フード・プロセッサーにかけてピュレにする。

仕上げ

1 … 九条ネギとマツタケをグリエする。マツタケにはカボス果汁を搾り、手で割く。

2 … 皿にレンズ豆のピュレを敷き、九条ネギを盛る。

3 … 肉醤ともろみのソースを流し、骨をはずして厚さ1cmに切った鴨の胸肉のロティをのせる。鴨の胸肉にソースをかけ、フルール・ド・セルを散らす。

4 … マツタケと鴨の腿肉のロティを添え、ムラメを散らし、粗く砕いた黒粒コショウを添える。

Dialogue #09

no.18

エトフェ鳩 胸肉のクルーテ
ジュ・ド・ピジョン、ビーツのクーリ、
リンドウの根のエキス

［作り方］

鳩胸肉のクルーテ

1 … 鶏の腿肉とハト（ラカン産。エトフェのもの）の腿肉をミンチにする。

2 … トランペット・ド・ラ・モール、加賀レンコン、シイタケをきざみ、生クリームと塩で味つけする。それぞれ適切に加熱してから冷ましておく。

3 … **1**、**2**、グリーンペッパー、5mm角に切って塩、コショウ、アルマニャックで味つけしたフォワグラ（鴨）を混ぜ合わせる。

4 … ハトの胸肉に皮を下にして置き、肉の上に**3**をこんもりと盛る。

5 … **4**の表面にピンクペッパー、ポワヴル・サレ、ローストしたナッツ（ピスタチオ、松ノ実、アーモンド、ヘーゼルナッツ）を貼り付ける。

6 … 樹脂加工のフライパンにゴマ油を熱し、**5**を皮を下にして入れる。バターを加えて溶かし、自家製鳥用スパイスをふる。スパイスが溶け込んだバターをアロゼしながらゆっくりと火を入れ、ハトの胸肉がロゼ色になるように仕上げる。

＊ポワヴル・サレ … 生のブラックペッパーを塩漬けしたスリランカ産のスパイス。マイルドな塩気と辛みがある。

＊自家製鳥用スパイス … クミン、ターメリック、カレーパウダー、ニゲラ（ブラッククミン）などを合わせたオリジナルのミックス・スパイス。主に鳥類の料理に使用する。

ジュ・ド・ピジョン

1 … 炒めたハトのガラを昆布だしで煮出す。漉す。

2 … **1**に裏漉ししたハトの肝臓を加え、つなぐ。

＊昆布だし … 日高昆布を一晩水に浸けてから引き上げ、10%ほど煮詰めたもの。煮詰めることでうま味成分が濃縮し、同時に昆布の香りはとぶ。この昆布だしをジュ・ド・ピジョンのベースとして用いると、短時間の加熱でうま味豊かなジュを取ることができ、結果的にハトのガラの香りを状態よく保つことができる。

ビーツのクーリ

1 … ビーツの皮をむいて適宜の大きさに切り、フード・プロセッサーにかける。これを遠心分離器にかけてビーツのジュースを取り、一度沸かした後に漉す。

2 … **1**に、水きりしたヨーグルト、塩、シェリーヴィネガー、クルミオイル、ごく少量のハチミツ（菩提樹の花）を合わせて乳化させるように混ぜる。

リンドウの根のエキス

1 … スーズを濃度がつくまで煮詰める。

2 … **1**に片栗粉を加え、とろみをつける。

＊スーズ … リンドウ科の植物の根を原料としたリキュール。黄色い色をしており、ほのかな苦味が特徴。

付合せ

1 … ビーツ（キオッジャ）をせん切りにし、塩水に放つ。

2 … **1**の水気をよくきり、少量のクルミオイルと塩で調味する。球形に整える。

仕上げ

1 … 半熟にしたウズラの卵黄（解説省略）に粗く砕いた黒粒コショウ、塩（ペルー産）をふり、鳩の胸肉のクルーテにのせる。

2 … **1**を皿に盛り、横に付合せを置く。

3 … ビーツのクーリとジュ・ド・ピジョンを流し、リンドウの根のエキスをたらす。

no.19

アングレーズで仕上げた有機カカオ
"ペパデオーロ"のガナッシュ
ハイビスカス、ベゴニア

［材料］

ガナッシュ（12人分）

アングレーズ

卵黄 … 80g
黒糖（タイ産）… 25g
牛乳 … 350g
クーベルチュール（カオカ社 ペパデオーロ カカオ分80%）… 75g

＊カオカ社 ペパデオーロ カカオ分80% … エクアドルの古来種（ナショナル種）のカカオから作ったクーベルチュール。フルーティーで穏やかな酸味と力強い苦味が特徴。カカオバター不添加のためコーティング用途には向かないが、なめらかで香り高いガナッシュを作ることができる

仕上げ

ハイビスカスのジュレ

ハイビスカスティー（茶葉）
板ゼラチン … 各適量

ベゴニアの花びら … 適量
ハイビスカスのがくの塩漬け … 適量

＊ハイビスカスのがくの塩漬け … ハイビスカスの花のがくを塩漬けしたもの。梅干を思わせる強い酸味と塩味がある。

［作り方］

ガナッシュ

1 … アングレーズを炊く。ボウルに卵黄と黒糖を入れ、白っぽくなるまですり混ぜる。

2 … 鍋に牛乳を沸かし、1/3量を**1**に注ぐ。泡立て器で混ぜる。

3 … **2**で牛乳を沸かした鍋に**2**のボウルの中身を戻し入れ、絶えず混ぜながらもったりするまで炊く。

4 … ボウルにクーベルチュールを入れ、熱々の**3**を注ぐ。ゴムベラでゆっくりと

混ぜて乳化させる。
5 … **4**の粗熱がとれたら冷蔵庫で保管する。
仕上げ
1 … ハイビスカスのジュレを作る。ハイビスカスティーを淹れて、もどした板ゼラチンを溶かす。冷蔵庫で冷やし固め、直径1cmほどの球形に抜く。
2 … ガナッシュをクネル形に取り、皿に盛る。ベゴニアの花びらとハイビスカスのがくの塩漬けをあしらう。
3 … 皿の余白に**1**を散らす。

Dialogue # 10

no. 20

海から〜山へ
グリーンアスパラガスのスープとツブ貝のコロッケ、竹の子、山岳チーズ"クワルク"、白味噌とヨモギの油

〔**作り方**〕
グリーンアスパラガスのスープ
1 … グリーンアスパラガスの根元の硬い部分を切り取る。
2 … **1**のグリーンアスパラガスを塩ゆでする。穂先は切り出して取りおく（仕上げに使用）。
3 … ミキサーに**2**、カブ風味のカツオだし、太白ゴマ油、少量のゆで卵を入れて攪拌する。少量の塩で味をととのえ、漉して冷蔵庫で冷やしておく。
✱カブ風味のカツオだし … カツオ節で引いただしにカブの葉を浸してしばらくおき、漉したもの。カブを入れることでカツオの風味の角が取れ、風味が柔らかくなる。
ツブ貝のコロッケ
1 … ツブガイの殻をはずして唾液腺とワタを取り除く。
2 … **1**のツブガイの身を薄切りにして、太白ゴマ油を引いたフライパンで炒める。
3 … ジャガイモ（インカのめざめ）を塩ゆでして皮をむき、マッシュする。
4 … **2**、**3**、トム・フレッシュを混ぜて直径3cmほどの球状にまとめる。
5 … **4**にパン粉をまぶし、170℃の太白ゴマ油でカラリと揚げる。
✱トム・フレッシュ … フランス・オーヴェルニュ地方産のフレッシュチーズ。ジャガイモと混ぜてアリゴを作るのに用いられる。
竹の子
1 … タケノコを下ゆでする。
2 … **1**の穂先を切り出し、太白ゴマ油を熱したフライパンで焼き色をつける。
仕上げ
1 … 氷水に浸けて冷やした器にグリーンアスパラガスのスープを注ぐ。
2 … **1**にグリーンアスパラガスの穂先と竹の子を盛る。クワルクを散らし、本ミリンで溶いた白味噌を少量、竹の子の近くに落とす。
3 … ツブ貝のコロッケを盛り、ヨモギオイルをたらす。
✱クワルク … ドイツ原産のフレッシュチーズ。フロマージュ・ブランやカッテージチーズに似た風味と触感がある。長野県・清水牧場チーズ工房製を使用。
✱ヨモギオイル … ヨモギと太白ゴマ油を専用の袋に入れて真空にかけ、15分間湯煎にかけてから漉したもの。

no. 21

勇気〜
フォワグラのナチュラル、グリンピースとフロマージュブラン"クワルク"、バナナの燻製＆キャラメリゼのエクラゼとミントオイル、瑠璃萵苣の新芽

〔**作り方**〕
フォワグラのナチュラル
1 … フォワグラ（鴨）を塩水に浸しながら血管を取り除き、血抜きする。
2 … **1**の水気をきり、キッチンペーパーに包んで冷蔵庫で一晩おく。
3 … **2**のキッチンペーパーをはずし、フォワグラの重量の1.2％量の焼き塩をふる。冷蔵庫で6時間おく。
4 … **3**を専用の袋に入れて真空にかけ、湯煎にかける。芯温が47℃になったら引き上げ、袋ごと氷水で冷やす。
5 … **4**の袋からフォワグラを取り出し、もとの形に戻すように形を整える。ラップ紙で包み、冷蔵庫で保管する。
バナナの燻製＆キャラメリゼのエクラゼ
1 … バナナの皮をむいて縦に三等分して、バターを熱したフライパンでソテーする。焼き色が付いたら黒糖を加えてカラメリゼする。
2 … **1**をナラのチップで燻して、フォークで粗くつぶす。
ミントオイル
E.V.オリーブオイルと塩ゆでして水気をきったミントの葉を1対2の割合で合わせ、塩とともにブレンダーで攪拌する。
赤ワインヴィネガーのソース
赤ワインヴィネガーを熱し、黒糖を加えて濃度がつくまで煮詰める。
仕上げ
1 … 皿の中心にバナナの燻製＆キャラメリゼのエクラゼを敷き、厚さ1cmほどに切ったフォワグラのナチュラルをのせる。
2 … **1**の周囲にミントオイル、赤ワインヴィネガーのソース、ブレンダーで攪拌したクワルクをたらす。
3 … **2**に塩ゆでしたグリーンピースと、ルリジサ（ブーラッシュ）の新芽を散らす。
4 … フォワグラのナチュラルにフルール・ド・セルをあしらう。

no. 22

牡蠣の温度のコントラスト

〔**作り方**〕
牡蠣のベニエ
1 … 牡蠣の殻をはずし、身の水分をキッチンペーパーでしっかりと取る。
2 … ボウルにビールとドライイーストを入れ、ふるった薄力粉を加えて泡立て器で混ぜる。
3 … **1**に薄力粉をまぶし、**2**の衣にくぐらせる。
4 … **3**にハコベとレモンタイムをまぶし、直径6cmのセルクルに詰め、160℃のサラダ油で二度揚げする。

牡蠣のディスク

1 … 鍋にきざんだニンニクとオリーブオイルを入れて加熱する。ニンニクの香りが立ってきたら、殻をはずして水気をきった牡蠣と、エテュヴェしたタマネギ（解説省略）を加えて炒める。

2 … **1**の牡蠣に火が入ったら白ワインを加えてデグラッセし、生クリームを加えてミキサーにかける。

3 … **2**の粗熱がとれたら高さ1cmになるようにバットに流し、冷凍する。提供直前に直径6cmのセルクルで抜く。

シトロン・ムラング

1 … グラニュー糖50g、トレハロース10g、クエン酸4gを合わせておく。

2 … 卵白122gをボウルに取り、**1**の半量を加えて泡立てる。六分立ての状態になったら**1**の残りを加え、さらに泡立てて硬めのメレンゲを作る。

3 … **2**をバットに流し、厚さ1cmほどになるようにのばす。90°Cのオーブンで130分間焼き、直径6cmのセルクルで抜く。

4 … **3**を提供直前に液体窒素に浸して凍らせる。

クレーム・ド・シトロン

1 … レモン果汁を鍋に入れて火にかけ、沸騰させる。

2 … 全卵2個にグラニュー糖30g、トレハロース30gを加え、白っぽくなるまでかき混ぜる。

3 … **2**に**1**を加えて混ぜ、鍋に入れて混ぜながら加熱する。沸いたら漉す。

4 … **3**にレモンの皮のすりおろしを加える。バットに流し、冷蔵庫で冷やしておく。

牡蠣のスープ

1 … アサリのジュ（解説省略）を沸騰させる。殻をはずして水気をきった牡蠣を加え、牡蠣に火が入ったらハンドミキサーで撹拌する。

2 … **1**を再度沸騰させ、紙漉しする。

3 … **2**に生クリームと塩を加え、味をととのえる。

仕上げ

1 … 皿の左端にクレーム・ド・シトロンを直線を描くように流し、オキサリスの葉をあしらう。

2 … 皿の右上に盛り塩をして土台を作り、牡蠣の殻に注いだ牡蠣のスープを置く。牡蠣の殻で蓋をする。

3 … 牡蠣のベニエを牡蠣のディスクとシトロン・ムラングで挟む。牡蠣のディスクにオキサリスの葉やハコベをまぶし、牡蠣のベニエが見える向きにして皿の中央やや下側に置く。牡蠣のディスクが下になるように手で持って食べるようすすめる。

no.23

45°Cの車海老

〔作り方〕

車海老

1 … 湯を沸かし、皮付きのショウガを薄切りにして加える。ここに竹串を打ったクルマエビ（1尾あたり90〜100gのもの）を頭から入れて、1分半ほどゆでる。

2 … **1**のクルマエビの竹串をはずし、頭と殻を取り除く。身の頭側に切れ目を入れて背わたを取り除く。提供時に45°Cになるようにそのまま冷ます。

車海老のソース

1 … 鍋につぶしたニンニクとオリーブオイルを入れて火にかけ、香りを出す。

2 … **1**にクルマエビの頭を加えて、中火で炒める。

3 … **2**に白ワインを加えてデグラッセする。水を加え、濃度がつくまで煮詰める。漉す。

フォワグラと茄子

1 … フォワグラ（鴨）の下処理をして、適宜の大きさに切り、香ばしい焼き目がつくようにポワレする。小角切りにする。

2 … ナスを皮ごと網焼きにする。中まで火が入ったら、やや厚めに皮をむく。皮は取りおく（焼き茄子のピュレに使用）。

3 … **2**のナスの水気を絞り、小角切りにしてフォワグラの油（解説省略）で炒める。

4 … **1**と**3**を合わせ、煮詰めたシャンパーニュにレモン果汁、塩、ハチミツを加えたヴィネグレットで味をととのえる。

焼き茄子のピュレ

取りおいた焼きナスの皮を少量の水とともにミキサーにかける。水で濃度を調整する。

仕上げ

1 … 皿の縁に焼き茄子のピュレをぬる。

2 … 車海老の身の上面に、車海老のソースをぬる。

3 … 皿の中央にフォワグラと茄子を盛り、**2**をかぶせる。フルール・ド・セルをふる。

Dialogue # 11

no.24

アオリイカ　芽吹き

〔作り方〕

アオリイカ

1 … アオリイカ（長崎・五島産。1kg超の大型のもの）をさばき、表面に細かく包丁目を入れる。

2 … **1**をさっと湯にくぐらせてから氷水に落とす。水気をきり、そぎ切りにする。

スナップエンドウとウルイ

1 … スナップエンドウを塩ゆでする。

2 … ウルイをさっとゆでて冷水にとって色止めする。せん切りにする。

3 … **1**と**2**を梅干しのピュレを混ぜたマヨネーズで和える。

フキノトウのペースト

1 … フキノトウを素揚げする。

2 … **1**、松ノ実、すりおろしたグラーナ・パダーノ、サラダ油、バジルを合わせてパコジェット専用容器に入れ、冷凍する。

3 … 提供直前にパコジェットにかける。

仕上げ

1 … 蓋付きの器を用意する。器にスナップエンドウとウルイを盛る。

2 … **1**の上にアオリイカを半球状になるようにのせる。塩をふり、アリッサムの花をあしらう。

3 … 器の蓋にフキノトウのペーストをクネル形にとってのせ、蓋をして客前に運ぶ。

4 … お客に蓋を開けるようすすめ、蓋が開いたら、イカにワケギのオイルをまわしかける。

＊ワケギのオイル … ワケギ、イタリアンパセリ、ディルの色と香りを移したオイル。

おわりに
未来の料理人に向けて

この本のもとになった連載では、当時もっとも勢いのあった気鋭のシェフ達ばかりに出ていただき、彼らの技術や考え方を「いかに見える化するか?」について、さまざまなアプローチを試し、そこから得られる普遍的な何か、つまり「料理の本質」を見つけようとしました。その過程で、さまざまな無理難題をぶつけては新しい料理を考えてもらい、それによって考え方を更に深掘りできたのではないかと思っています。その後の皆さんの大活躍からしても、深く考えている彼らだからこそと、納得しきりです。

本書でくり返し述べてきたように、この情報社会において、玉石混交の情報の中、これからの料理人に必要なことは、「本質を捉える」ことだと思います。一見すると、どんどん変化していくものであっても、その本質は変わらないということも多いのです。そのためには、本質とは何かを考え続けないといけません。そうすればどんな時代が来ても、間違った対応にならないはずです。

食に関わるビジネスには、必ず顧客がいます。アーティストではなく、デザイナーになりましょう。デザインとは顧客に何らかのソリューションを提供することです。料理人は、食に関わる総合的なデザイナーになれる知識と技術を備えていると思いますし、そうなるように勉強を欠かさない努力が必要です。

大変なこともあるかもしれませんが、考え方さえわかっていれば、つらくはありません。重要なのは「科学的な考え方」をできるようになるということです。科学的な考え方とは、「なんとなく」行っていることを、いかに「因数分解」して、その理由を考え、よりよいと思う方法に改善し、料理に戻すために「再構築」するか、です。その因数分解をどのレベルまで細かくできるか、が最終的な完成度を決めます。

これは料理に関することだけではありません。不得意なことがあっても、なんとなくですませず、因数分解して何が不得意かを特定しましょう。それで、不得意な点以外を伸ばせばよいのです。不得意なところは、誰かそれが得意な人と一緒にやればよいでしょうし、未来なら人工知能やロボットが担ってくれるかもしれません。

図：食の楽しみ

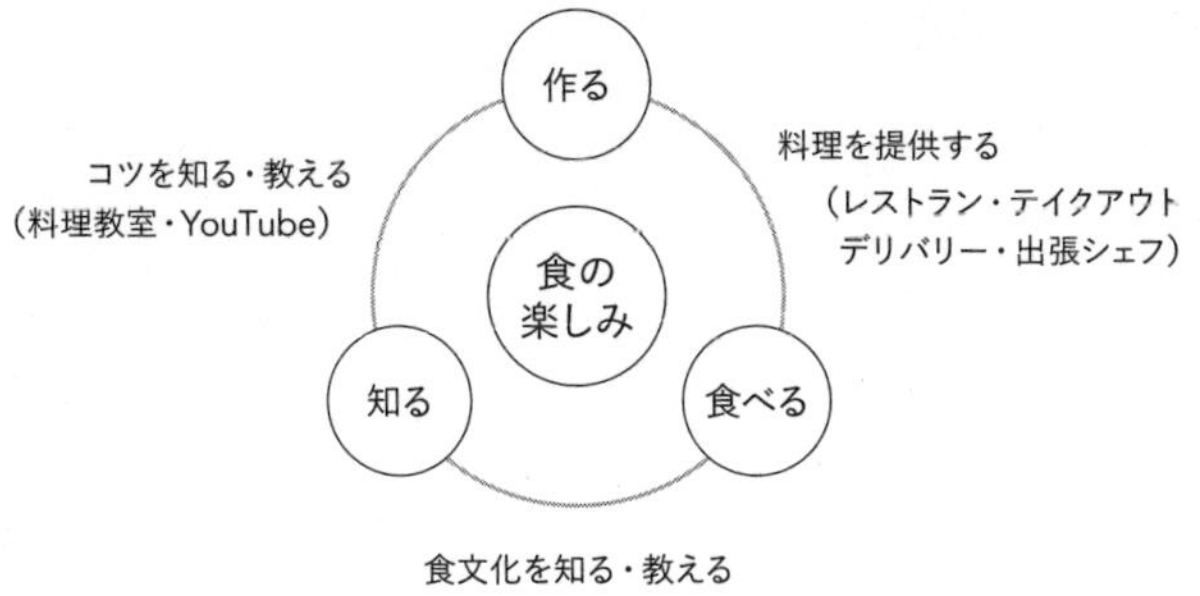

一方で、忘れてはならないのは、人間の進化が、この先100年ほどで起こるとは思えないということです。栄養欲求に変化はなく、おいしいと思うものは変わらない。仔羊のロティは100年後も誰かが作っているだろうし、食べていて欲しいと思いませんか。違いは、誰がどんな材料から、どうやって、その料理を作るか、というだけの問題で、本質的には、人間は共食し、料理をする、という点は変わらないのです。

現代では、自然も人間のせいでどんどん変化しています。自然の多様性を敏感に感じ取り、尊重する料理人になりましょう。それが料理人にとって、最初に考えるべきことであり、すべてではないでしょうか。現代では、食文化はすぐに失われてしまいます。意図的に保存しようとしないといけないのです。それでも、変化はとまらないでしょう。自然の多様性を守るためには、食べる料理、作る料理を多様にするしかありません。

逆に、今、クラシックと言われている料理や技術は、100年後もクラシックと言われてよいのでしょうか。いま、クラシックを基盤として、新しく考えられた料理は、100年後クラシックと言われる可能性を秘めています。そのつもりで新しい料理を考えてみましょう。発展しながら残していく、というのはそういうことです。100年後に残っている料理を、その時に紐解く人が現れて、ルーツを探ってくれるでしょう。その時に自分の名前が出てくることを想像してみてください。

食の楽しみは、3つに集約されます[上図]。作る、食べる、知る、の3つです。これらの楽しみはお互いに結びついており、どれかをきっかけに料理を楽しみ、好きになっていく人が増えるでしょう。料理人は、これらすべてのスペシャリストです。おいしい料理を提供して食べる楽しみを伝えるのは、これまでもこれからも料理人の主な仕事であるのは間違いありません。それも一つのレストランで働いたりオーナーシェフになったりというだけでなく、シェアキッチンやゴーストレストランなどの新しい仕組みが出てきています。一方で、作る楽しみを共有することも、積極的にできる時代です。SNSやYouTubeを使ってもいいでしょうし、ある程度まで仕込みを進めておいたものを販売し、家庭で、楽しい調理工程や盛りつけだけをやってもらうことも可能です。そして、そのような取組みの中で、料理の歴史やおいしく作るコツを教えて、知る楽しみを伝えて欲しいと思います。そうすることで、少しずつ食の楽しみを理解する人を増やしていけるのです。

川崎寛也［かわさき・ひろや］

1975年、兵庫県生まれ。実家は明治20年創業の西洋料亭「西洋亭」（北海道・根室で創業し、大正期に兵庫・加古川で営業を再開。現在は廃業）。2004年、京都大学大学院農学研究科博士後期課程修了 博士（農学）。同年、味の素株式会社食品研究所に入社。同社イノベーション研究所を経て、2021年より食品研究所エグゼクティブスペシャリスト。特定非営利活動法人 日本料理アカデミー理事。

研究分野は、おいしさの科学、プロの調理技術の解明、食の体験と心理的価値の関連解明など。

主な執筆書に、『料理すること その変容と社会性』（ドメス出版）、『味・香り「こつ」の科学 おいしさを高める味と香りのQ&A』『料理のアイデアと考え方』『料理のアイデアと考え方2』『だしの研究』（以上、柴田書店）、『日本料理大全 だしとうま味、調味料』『日本料理大全 向板Ⅰ』（特定非営利活動法人 日本料理アカデミー）などがある。

おいしさをデザインする

初版印刷 2022年8月1日
初版発行 2022年8月15日

著者© 川崎寛也
発行者 丸山兼一
発行所 株式会社柴田書店
〒113-8477 東京都文京区湯島3-26-9 イヤサカビル
電話 営業部 03-5816-8282（注文・問合せ）
書籍編集部 03-5816-8260
https://www.shibatashoten.co.jp

印刷・製本 シナノ書籍印刷株式会社

ISBN 978-4-388-06355-0